U0906766

沙盘模拟系列教材
SHAPAN MONI XILIEJIAOCAI

客户关系管理沙盘模拟教程

蒋定福 主编

KEHU GUANXI GUANLI SHAPAN MONI JIAOCHENG

蒋定福 主编

首都经济贸易大学出版社
Capital University of Economics and Business Press

图书在版编目(CIP)数据

客户关系管理沙盘模拟教程/蒋定福主编.—北京:首都经济贸易大学出版社,2015.10

ISBN 978-7-5638-2434-2

Ⅰ.①客… Ⅱ.①蒋… Ⅲ.①企业管理—供销管理—教材 Ⅳ.①F274

中国版本图书馆CIP数据核字(2015)第233749号

客户关系管理沙盘模拟教程

蒋定福 主编

出版发行 首都经济贸易大学出版社
地　　址 北京市朝阳区红庙(邮编100026)
电　　话 (010)65976483 65065761 65071505(传真)
网　　址 http://www.sjmcb.com
E-mail publish@cueb.edu.cn
经　　销 全国新华书店
照　　排 首都经济贸易大学出版社激光照排服务部
印　　刷 北京市泰锐印刷有限责任公司
开　　本 710毫米×1000毫米 1/16
字　　数 277千字
印　　张 15.75
版　　次 2015年10月第1版 2015年10月第1次印刷
印　　数 1~2 500
书　　号 ISBN 978-7-5638-2434-2/F·1370
定　　价 29.00元

图书印装若有质量问题,本社负责调换

丛书序言

改革开放以来，高等教育得到了快速发展，高校实践育人工作得到进一步重视，实践育人的内容不断丰富、形式不断拓展，取得了较大成绩，积累了宝贵经验。但是，实践育人，特别是实践教学依然是高校人才培养中的薄弱环节，与应用创新型人才培养目标的要求还有差距。《国家中长期教育改革和发展规划纲要(2010—2020年)》、教育部等部门《关于进一步加强高校实践育人工作的若干意见》强调，要创新人才培养模式，强化实践教学环节，深化实践教学方法改革，力求实践教学工作取得新突破。为此，各高校积极探索实践教学的方式、方法，其中，沙盘模拟是近年来经管类实践教学非常流行的方式之一。本系列丛书编写组成员长期工作在高校实践教学的第一线，他们对实践教学，特别是经管类的实践教学进行了大量的探索及创新。

沙盘模拟实训作为一种教学方法，在教师指导下，由学生模拟扮演企业的某一岗位角色，结合岗位对员工的技能要求进行有针对性的训练。这种教学方法在很大程度上弥补了客观条件的不足，为学生提供了近似真实的训练环境，有助于学生有效地进行技能训练并充分调动学生学习的积极性，使学生主动地参与教学过程，有利于加强师生之间、学生之间的相互合作与交流。

沙盘模拟实训的意义在于创建一种和谐的、身临其境的教学环境，拓宽教学渠道，增强教学的互动性，构筑起理论与实际相结合的桥梁。一般院校由于设备、场地和资金等条件的限制，学生很少能到实际工作岗位上实习，从而削弱了学生实际技能训练这一重要的教学环节。沙盘模拟实训改变了各专业实训方式，也更符合高校各专业实训教学的实际。本系列丛书包括《ERP沙盘模拟实训教程》《市场营销沙盘模拟实训教程》《人力资源管理沙盘模拟实训教程》《国际经济与贸易沙盘模拟实训教程》《客户关系管理沙盘模拟实训教程》《企业管理决策沙盘模拟实训教程》《物流管理沙盘模拟实训教程》《跨专业综合实训教程》等。

本系列丛书具有以下特点：

1. 知识性

本系列丛书是基于仿真模拟各学科的专业知识。如 ERP 沙盘模拟实训教程，涉及整体战略、产品研发、设备投资改造、生产能力规划与排程、物料需求计划、资金需求规划、市场与销售、财务经济指标分析、团队沟通与建设等多个方面；同时，该教程还将角色扮演、案例分析和专家诊断融于一体，让学生在分析市场、制定战略、组织生产、销售产品和财务结算等一系列活动中体会企业经营运作的全过程，认识到企业资源的有限性，从而深刻理解 ERP 的管理思想及专业知识，领悟科学的管理规律，提升管理能力。

2. 直观性

本系列丛书是基于仿真模拟的理念，大部分具备相关的实物教具，通过实物教具剥开经营理念的复杂外表，直探经营本质。如 ERP 沙盘模拟将企业结构和管理的操作全部展示在模拟沙盘上，将复杂、抽象的 ERP 管理理论以最直观的方式让学生体验、学习，完整生动的视觉感受将有效地激发学生的学习兴趣，增强学生的学习动力。

3. 趣味性

沙盘模拟是通过各组相互竞争的设计理念，让参与者在各个环节都努力获得较好的竞争优势并最终获得成功，这种设计理念极大地增强了学习的趣味性。而且，沙盘模拟课程采用各种仿真教具，让参与者游戏般地体验专业课程的学习，在学习过程中激发参与者的竞争热情，增加参与者的娱乐体验，使枯燥无味的课程变得生动有趣。

4. 仿真性

本系列丛书均采取分组进行模拟对抗的方式，即把参加学习的学生分成若干组，每组 5 ~8 人，代表不同的虚拟企业，形成若干个相互竞争的模拟企业。在学习过程中，每个公司的成员分别扮演企业中重要职位的管理者，如 CEO（执行总裁）、CFO（首席财务官）、市场总监、生产总监和运营总监等，每组在统一的市场模拟环境中经营一家企业，连续从事 6 ~8 个会计年度的经营活动。在激烈的竞争环境中，他们将选择不同的产品策略、市场策略和价格策略等一系列策略，以保持企业不断发展并经营成功。

总之，本系列丛书是对高等院校实验教学，特别是经管类实验实训教学的一种探索，同时也是对高等院校经管类实践教学的一种创新；本系列丛书凝聚了众多长期在经管类实验教学一线工作教师的经验和智慧。感谢嘉兴学院国家级经管实验示范中心、嘉兴精创教育科技有限公司、用友新道科技有限公司等为出版此系列丛书所作出的努力和贡献。

编写组

2013 年 6 月

前言

随着我国市场经济的快速发展和社会的不断进步,企业竞争日趋激烈,而企业长久的生存与发展都离不开客户的支持,客户已经成为企业中越来越重要的资源。然而,在过去几年的客户关系管理实践教学中,我们深深感到,单纯讲解客户关系管理的知识,学生难以理解;传统的客户关系管理案例教学并不能提高学生的兴趣。在"客户至上"的时代,如何让学生真正体会到客户关系管理的真谛,如何让他们动手模拟运营一个企业客户关系管理部门,成为当前高校客户关系管理实践教学的难题。

客户关系管理沙盘模拟是将客户关系的专业知识与沙盘模拟形式有机结合起来,将模拟企业置身于瞬息万变的客户需求环境中,真正围绕"客户"这一企业运营与盈利中心展开模拟与教学。学生在实训的过程中,通过团队合作,亲自扮演客户关系经理、客户开发专员、客户培养专员、产品专员、客户服务专员五个重要角色,对公司的战略规划、客户寻找与开发、客户分析、方案设计、客户预约、客户培养、产品生产与销售和客户服务等过程进行一系列运营模拟,不断提升客户忠诚度、客户满意度及客户价值,继而提高公司效益,达到提升客户关系管理能力的目的。

本教程内容分为 8 章。第 1 章主要是对客户关系管理的概述;第 2 章对客户关系管理沙盘诞生的背景进行介绍;第 3 章对客户关系管理沙盘进行概述;第 4、第 5、第 6 章对客户关系管理沙盘模拟运营规则、模拟系统及模拟运营进行详细阐述;第 7 章对客户关系管理沙盘模拟经营的成果进行分析与点评;第 8 章结合模拟案例对公司经营情况、客户培养、公司产品销售及公司经营战略进行详细阐述。

本教程由蒋定福担任主编，由周佳缘、郭梁、邢应利、张雪佳、姜利丽、曹丽花、岳焱、翁胜斌、周建峰、马健雄、金斌、沈洋共同撰写。本教程在撰写过程中得到了嘉兴学院国家经济管理实验示范中心及嘉兴精创教育科技有限公司很多内部资料的支持，在此表示感谢；张正勋、章贝贝、殷薇、叶利华、钱大可、韩帆等同志提供了无私的帮助和支持，在此致以诚挚的谢意。

由于客户关系管理沙盘模拟是一种创新性实训教学，在教学实践中，如何仿真模拟，仿真到什么程度以及要达到怎样的教学效果都是需要不断探索的问题，加之编者水平有限，书中不足之处在所难免，敬请各位专家、读者批评指正。

编　者

2015 年 8 月

目　录

1

客户关系管理概述

进入21世纪以来，随着国际国内市场中一些政治因素和经济因素的动态变化及交替更迭，企业面临的生存环境和竞争形势也不断发生变化，竞争风险加剧，经营环境不确定性增强，于是，企业之间的市场竞争态势和演进路径也随之发生了一些新的变化，其主要表现之一，就是竞争焦点从产品竞争、服务竞争逐渐转向客户竞争，竞争模式也逐步从关注产品、技术和服务演进为全面关注客户关系，并表现为客户关系领先战略的客户导向型竞争。因此，著名学者帕翠珊·B. 希伯尔德(Patricia B. Seybold)提出“客户经济”时代已经来临，并提出以客户经济为轴心的三大原则：客户主宰原则、关注客户关系原则及重视客户经验原则。的确，“客户经济”正在渗入当今市场的每个角落，传统的以产品、技术、成本为核心的竞争模式必然发生深刻的变化，企业必须从战略角度考虑如何构建和维持良好的客户关系，以获取持续竞争优势。

越来越多的实践证明，企业成功的关键在于重视客户的需求，提供满足客户需求的产品和服务，有效地管理客户关系，提升客户的满意度和忠诚度，通过维持长期的、良好的客户关系获取持续竞争的优势。无疑，客户关系管理成为学术界和产业界研究的重点。事实上，对于客户关系管理的真正内涵，人们还未达成共识，也缺乏一个统一的客户关系管理的研究框架。

1.1 客户消费行为的新特征及客户角色的改变

在管理思想史的演进历程中，企业的生产方式经历了大规模生产、大规模销售与营销、物流和供应链管理、全面质量管理及大规模定制等几个阶段，而客户在企业生产经营中的地位和角色也发生了一系列变化。对此，国内学者杨永恒、郑玉香在对客户关系管理发展的历史回顾中，曾对其发展的不同阶段进行了较为详尽的描述。值得注意的是，进入20世纪90年代以来，随着互联网技术的发展、数据库技术的推广以及商业智能、知识发现等技术的日渐成熟，电子商务已成为必要的商业手段被广泛应用于企业的管理实践中。电子商务技术的应用对企业市场环境和客户消费行为都产生了深刻而重要的影响。

1.1.1 电子商务技术对市场的影响

1.1.1.1 促进市场全球化、客户全球化

电子商务通过网络来进行，由于网络的开放互联性质，使时间的连续性增强，空间距离缩短，使经济活动逐步冲破国界的限制，从而使市场迅速成为全球性的市场，客户遍布全球。这就为企业提供了广阔的潜在市场，为企业带来机

遇的同时也要求企业必须对全球客户进行动态研究，关注全球的客户资源。

1.1.1.2 使企业直接面对客户

电子商务改变了传统的市场结构，缩短了制造商与客户之间的距离，使企业可以直接面对消费者，即通过网络进行直接交易。这有利于企业有效、实时、准确获取客户信息，提高了企业把握市场和了解客户的能力。

1.1.1.3 支付手段简捷和交易成本降低

在电子商务环境中，企业通过网络直接进行产品销售，这时就可通过电子货币进行支付，这既为国家发行货币节省投资和开支，又为客户订购商品和支付货款比其他商业模式更加节约成本，并实现了实务操作的无纸化和支付过程的无现金，节省了交易成本，提高了交易的准确性，大大方便了交易的进行。

1.1.1.4 企业与客户交互渠道日趋多样化

在传统物理沟通渠道的基础上，增加了多种虚拟交互渠道，如服务中心、呼叫中心、Internet 虚拟社区、E-mail、移动商务等。电子商务环境中的信息沟通是双向沟通，既有信息源向受众的信息传播，又有受众向信息源的信息反馈，从而一改传统的单向信息传播模式，完全实现"一对一"信息沟通。可见，电子商务为企业和客户参与市场信息沟通提供了无与伦比的巨大优势。

1.1.1.5 先进的电子商务技术解决了客户关系管理中的信息瓶颈问题

在传统模式下，客户信息的完整收集、处理和交换十分困难且成本很高，在电子商务环境中，数据库技术、知识发现技术、企业前后台应用的整合，大大降低了客户信息收集的成本，实现了客户信息的有效管理，为客户关系管理的纵深研究和应用提供了条件。

1.1.2 客户消费行为的新特征

企业市场环境的改变促使客户的消费行为出现了一些新的特征。

1.1.2.1 追求新奇

网络环境中的客户追求并易于接受新奇的思想和事物，喜欢张扬个性，希望购买的产品或服务都是根据自己的偏好和需要量身定做的。

1.1.2.2 主动参与

主动要求参与企业新产品的制造和营销，渴望能与企业坦诚平等对话，成为有助于企业的合作者，这是电子商务时代客户消费行为最突出的特点。

1.1.2.3 知识丰富

由于能从网络上方便地获取产品或服务的相关信息，因此客户拥有越来越多关于产品或服务的知识，与企业进行条款和价格方面的谈判能力大大增强，有些客户甚至评估自己对企业的终身价值，并利用这些知识要求享有更好的交易条件。

1.1.2.4 注重体验

客户超越了理性消费的模式,更加强调个性化的客户经历和客户体验。客户判断企业的产品,不再是以产品的特性来决定,而是从它能否满足需求的体验来决定。在传统模式下,企业仅仅将注意力集中于客户与公司的接触点上,而电子商务客户价值驱动的客户关系管理研究模式要求企业必须关注一个更广泛的概念——客户情境,即包括客户对产品或服务的选择、购买和使用的整个过程,卓越的客户体验已经成为客户忠诚的决定因素之一。

1.1.2.5 相信口碑

各类搜索引擎让客户成为信息更加完全的消费者,传统模式下的广告效果不再明显,客户对随时可以获取的企业口碑却深信不疑,如果企业在某一环节稍有疏忽,都可能会导致客户流失。

客户行为的这些新特征促使客户角色发生了巨大的改变。客户正走出传统角色,在作为价值消费者的同时成为价值的创造者。表 1 -1 通过四个阶段和几个关键维度,描述了客户角色的演化过程。

表 1 -1 客户角色和地位的演进

	客户作为被动的观众			客户作为积极的参与者
	劝导那些预先确定的购买者	与单个购买者交易	与单个客户联盟	客户作为价值的共同创造者
时期	20 世纪 70 年代至 80 年代初	20 世纪 80 年代末至 90 年代初	20 世纪 90 年代	2000 年以后
商业变化的特点及相应的客户角色	客户被看作一个预先假设角色的被动购买者			客户是有所改进的供应链网络的一部分,他们共同创造并吸取商业价值。他们的企业是共同合作者、共同发展者及竞争者
可管理的中间部分	客户是一个统计数据的平均值,购买者群体是由企业预先确定的	客户是一项交易中的单个统计数据	客户是一个人,培养信任和建立关系	客户不仅是一个单个的人,而且是一个日益涌现的社会和文化建筑体的一部分
企业与客户的互动、产品和服务的发展	传统的市场调研和问卷调查方式;产品和服务开发出来后没有多少反馈	从销售转向通过人工坐台、呼叫中心和客户服务等帮助客户;从客户中识别问题,然后根据这些反馈重新设计产品和服务	通过观察使用者为客户提供帮助;从领先使用者那里确定解决方案;根据对客户的深入理解重新构建产品和服务	客户是个人体验的共同开发者。企业和客户在教育、建立期望和创建市场对产品和服务的接受程度方面扮演同样的角色

续表

沟通的目的和流程	与预先确认的购买者群体接近并以其作为目标；单向沟通	数据库营销；双向沟通	关系营销；双向沟通和接触	通过积极地与客户对话建立期望并创建术语；多层次的接触和沟通

由表1－1的描述可见，伴随着企业生产和经营方式的不断进步，客户的地位经历了由被忽略到逐渐被重视，进而得以不断提升的变化过程，客户扮演着越来越重要的角色。特别是在电子商务模式下，客户可以与企业进行积极的对话，甚至可以控制这些对话，客户正成为一个创造价值的伙伴，这些变化使企业面临前所未有的挑战。正确认识客户角色的改变，对于企业适应新环境，实施有效的企业战略，在复杂多变的市场环境中获取持续竞争优势具有重要的意义。

1.2 客户分类

市场竞争越来越激烈，每一个企业都希望自己的客户数量能够不断地增加并为企业带来更大的价值，但并非每一个客户都能为企业带来利润。所以，企业要把有限的资源投入企业最具有价值和具有潜在价值的客户身上才能获得最大利润，因此，根据每个客户生涯价值的不同进行客户分类就成为首要的工作。做好客户分类，企业就可以根据客户群体价值大小的不同运用不同的服务和市场营销策略，维护企业与客户之间的关系，促进双方关系的长远发展。

目前客户关系管理（Customer Relationship Management，CRM）理论研究的重要成果之一，就是提出了客户价值的判别标准和运用这一标准进行客户分类。基于客户生涯价值的定义，我们选择客户的当前价值和客户的潜在价值两个维度指标，以客户潜在价值为横坐标，以客户当前价值为纵坐标，将客户分为白金客户（Ⅳ）、黄金客户（Ⅲ）、铁质客户（Ⅱ）、铅质客户（Ⅰ）四种类型，如图1－1所示。

图1－1显示的是目前流行的客户细分理论。基于客户细分原理，可以对客户数量、客户利润和企业资源投放进行研究，从而建立"客户金字塔"理论，如图1－2所示。

还有一种客户分类方法，是把客户分为三种类型（即三分法）：最具价值类型客户、最具增长价值类型客户和零价值以下类型客户。实际上，这

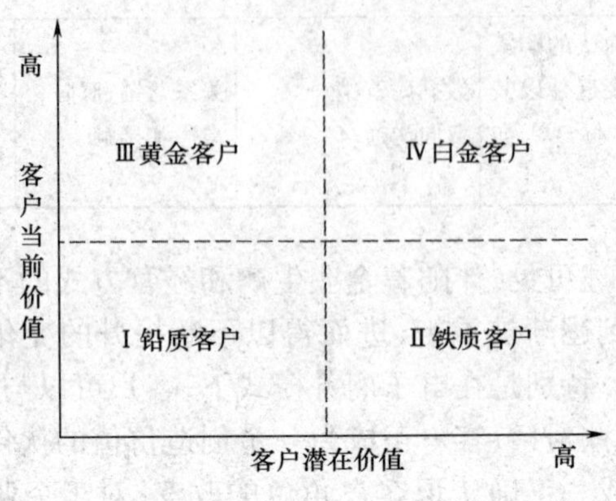

图 1－1　客户分类坐标图

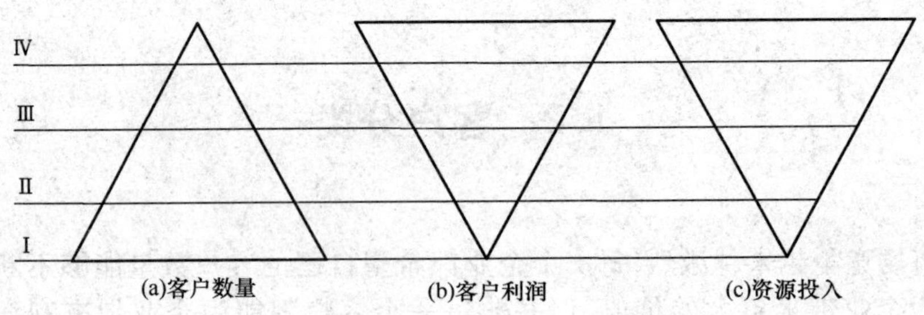

图 1－2　客户金字塔

种客户分类方法与前面所提到的客户分类方法是相同的，即白金客户和黄金客户属于企业最具价值类型客户，铁质客户属于企业最具增长价值类型客户，而铅质客户属于企业零价值以下类型客户。在不同的企业中，客户的分类方法是不同的，但总体上来说，其含义都是一致的，即企业都会归纳出自己最具价值类型客户、最具增长价值类型客户和零价值以下类型客户，根据客户为企业创造价值的不同实施相应的客户关系管理策略，从而实现企业利润最大化的经营目标。

随着市场竞争的日益激烈，对于每个企业而言，客户关系管理成为企业必须采用的企业经营策略。现在关于客户分类的理论与方法非常多，但是对于不同行业和不同企业的适用性是不同的。外向型企业的客户特征与其他类型的企业诸如零售类企业等存在着很大的不同。在外向型企业中，很多企业都在学习运用客户细分理论，但是对细分客户还缺乏理性，只是想当然地认为哪些客户重要，哪些客户不重要，这显得比较笼统，缺少理论依据。

下面以 A 公司为例了解外向型企业对客户的分类方法，如表 1－2 所示。

表 1－2 A 公司客户分类方法

名称	数据	名称	数 据(%)
客户总数量(个)	340		
白金客户数量(个)	14	占客户总数的比例	4
黄金客户数量(个)	54	占客户总数的比例	16
白金与黄金客户数量合计(个)	68	占客户总数的比例	20
铁质客户数量(个)	55	占客户总数的比例	16
铅质客户数量(个)	217	占客户总数的比例	64
铁质与铅质客户数量合计(个)	272	占客户总数的比例	80
销售总金额(美元)	26 770 524		
白金客户销售额(美元)	22 523 518	占总销售额的比例	84.10
黄金客户销售额(美元)	3 374 268	占总销售额的比例	12.60
白金与黄金客户销售额合计(美元)	25 897 787	占总销售额的比例	96.70
铁质客户销售额(美元)	650 377	占总销售额的比例	2.50
铅质客户销售额(美元)	222 360	占总销售额的比例	0.80
铁质与铅质客户销售额合计(美元)	872 737	占总销售额的比例	3.30

需要说明的是，表 1－2 中客户分类的依据就是上文所述的客户细分理论，而具体的客户分类方法是采用 2∶8 原理。首先，将 A 公司的客户分为白金客户、黄金客户、铁质客户和铅质客户四大类，然后，第一次运用 2∶8 原理，将 A 公司 340 个客户分为白金客户、黄金客户 68(340×20%)个和铁质客户、铅质客户 272(340×80%)个两大类；接下来，第二次运用 2∶8 原理，将 68 个白金客户与黄金客户再进行分类，白金客户为 14(68×20%)个，黄金客户为 54(68×80%)个，对 272 个铁质客户与铅质客户也进行分类，铁质客户为 55(272×20%)个，铅质客户为 217(272×80%)个。从表 1－2 中的统计数据可以看出，A 公司 20% 的客户为公司创造了 96.70% 的利润，而 80% 的客户仅为公司创造了 3.30% 的利润。这与通常所说的 20% 客户为公司创造 80% 的利润虽有不同，但只是表现在数字上的差异。事实上，对于每一个企业来说，这个比例肯定是不同的，但是反映的意义都是一样的，即企业一部分少量的客户为公司创造了绝大部分的利润，企业应该依据客户价值的不同实施不同的客户关系策略，以便能为客户提供优质的产品和服务，实现更大的客户价值。

在了解和掌握了外向型企业的客户细分理论和客户分类方法之后，就可以依据外向型企业中客户群体的不同特点进行不同的客户关系管理策略研究。

1.3 客户价值概述

客户关系管理的核心是客户价值管理,CRM 的实践策略应当以客户价值为中心,围绕增强客户价值开展 CRM 的实践工作。在进行客户价值管理研究和探讨之前,需要解释一下客户价值的概念。在很多的 CRM 研究文献中,谈到客户价值时都把它理解成客户为企业所带来的价值,而很少关注企业为客户带来的价值。对客户价值仅有这种理解是有失偏颇的。我们知道,CRM 产生和发展最主要、最根本的原因就在于 CRM 使企业和客户都能从二者的关系中实现自己的利益,即通常所说的"双赢"战略。CRM 的目的就是通过为客户创造最大化的价值利益来实现企业利润最大化的目标,而如果我们在研究客户价值管理时,仅仅研究客户为企业带来的价值而不研究企业为客户带来的价值,就必然会背弃 CRM 思想的本质含义,无法达到企业与客户的"双赢"状态。这样,企业就会为追求企业利润最大化而损害客户的利益,而最终也会损害企业自身的利益。因此,无论是在理论上或是在企业管理的实践中,都既要关注客户为企业带来的价值,又要关注企业为客户带来的价值,只有这样才能实现企业与客户的共同发展。

由此,我们把客户价值定义为:客户在与企业发生关系的过程中,客户为企业带来的利润贡献额与企业为客户带来的利润贡献额的总和。即在理解客户价值时,既要从企业的立场出发,同时也要从客户的角度进行考虑。前者可以简称为客户—企业价值,后者可以简称为企业—客户价值,如图 1-3 所示的客户价值所包含的内容。出于研究的方便,在下面的讲述中我们仍然以客户价值表示客户为企业带来的价值,以企业—客户价值表示企业为客户带来的价值。

客户价值从广义上说是客户为企业带来的利润贡献额与企业为客户带来的利润贡献额的总和;从狭义上说仅仅包括客户为企业带来的价值。下面从狭义的角度说明客户价值的内容,企业为客户带来的价值将在后文中进行论述。

究竟如何计算客户价值呢?根据客户生命周期理论,客户价值是从客户开始与其供应商建立交易关系一直到这种关系消亡的整个过程中所产生的一切价值利益的总和,客户为企业带来的实际销售收入仅仅是已经实现了的价值。全面衡量客户价值,必须引入客户终身价值的概念。客户终身价值(Customer

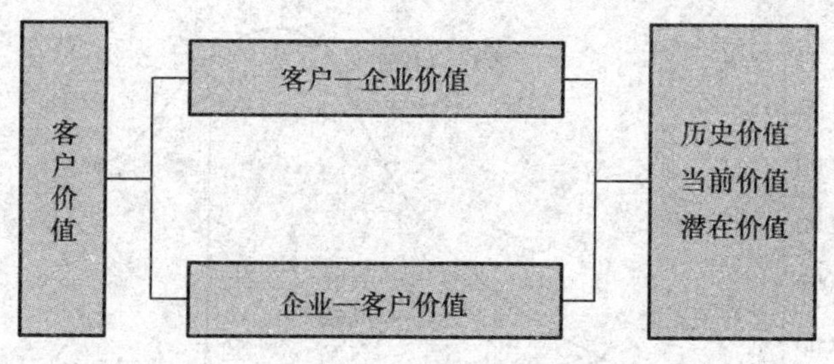

图 1－3 客户价值内容结构

Lifetime Value,CLTV)是指一个客户在未来给公司带来的直接成本和利润的净现值,也就是考虑未来产生的利润。

这里仅仅给出了客户价值的概念,但是在实际的经营管理中应如何计算不同企业的客户价值呢？这里主要列举三种方法。

第一种方法的客户价值包括历史价值、当前价值和潜在价值三个部分。历史价值是指到目前为止已经实现了的客户价值;当前价值是指如果客户当前行为模式不发生改变,将来可能为公司带来的客户价值;潜在价值是指如果公司通过有效的交叉销售,调动客户购买积极性或客户向他人推荐产品和服务等,从而可能增加的客户价值。第二种方法的客户价值主要包括争取客户所需的成本、营业收入增长、成本节约、客户之间推荐以及价格优惠五个部分。第三种方法的客户价值可以用下面公式来表达:

客户价值＝(单位客户收入－单位客户成本)×客户生命周期×折现率

客户价值的计算方法有很多种,需要依据企业数据获得的难易程度和计算的方便程度选择相应的计算方法。本书中,计算客户生涯价值采用第一种方法,在客户关系成本效益研究中分析客户价值主要采用第二种方法,在分析影响客户价值的因素时则是将第二种方法和第三种方法相结合进行探讨的。选用计算客户价值的方法虽然不同,但是其所包含的本质内容却是相同的,即评价客户价值时所注重的都是客户在未来的生命周期内可能为公司带来的收益。

在分析客户价值时,客户生命周期是一个很重要的概念,因为客户生命周期的长短决定着客户价值的大小,客户生命周期是客户价值最大化的基础。客户生命周期(Customer Lifetime Circle,CLC)是指客户从企业的潜在客户到成为企业的实际客户再到消亡的整个过程。客户生命周期可用生命周期线来描述,如图 1－4 所示。

客户价值曲线分为几个阶段:首先是客户关系建立期,然后进入成长期、成熟期和衰退期。在客户开始与公司建立关系这一阶段,因为企业与客户是第一

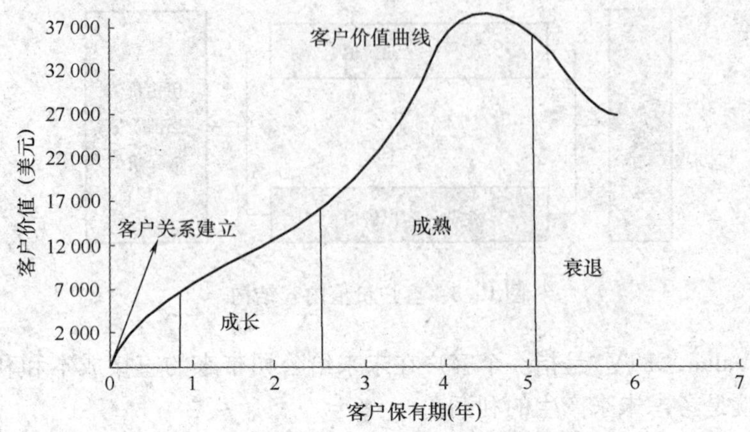

图 1－4　客户生命周期与客户价值的关系

次进行业务交往,企业在吸引新的客户时会投入很大的前期成本,企业所得利润开始时为负值。当客户与企业相互比较了解、接触一段时间后,就会由潜在客户转化为公司客户,客户价值也越来越大,客户此时开始进入成长期。随着客户与企业交往时间的增加,客户与企业的关系也就进入了成熟期,这时客户可为企业带来稳定的价值利益。客户与企业的交往时间不断增加,有可能会因为企业自身的原因或是由于客户的原因而使客户价值趋于下降,这时客户就会由成熟期转为衰退期。

从图 1－4 客户生命周期与客户价值的关系中可以看出,要想提高客户价值,可以采取三项措施:第一,延长客户生命周期;第二,如果无法延长客户生命周期,可以采取相应的营销策略,缩短客户与企业关系建立期和衰退期的时间,延长客户成长期和成熟期的时间,从而提高客户价值;第三,针对不同客户的特点实施企业的客户忠诚度计划,使客户价值始终处于成熟期,从而为企业提供长期的客户价值(客户忠诚如何影响客户价值将在后文中进行分析)。

由上述客户价值计算公式可以看出,提高单位客户收入(Customer Income)或者降低单位客户成本(Customer Cost)都可以提高客户价值。如图 1－5 所示的时间与单位客户收入和单位客户成本之间的关系曲线。

从图 1－5 可以看出,为了提高客户价值,可以从提高单位客户收入或者降低单位客户成本两个方面入手。在整个曲线中,单位客户收入开始为 0,然后缓慢增长,接着是快速增长,到达稳定状态,最后步入衰退期。单位客户成本曲线开始投入为 0,当企业开始搜索客户信息、关注企业的潜在客户时,单位客户成本开始快速增长,在经过一段时间后,单位客户成本投入达到最大值,即图中的 C 点,然后开始下降,最后达到一个维护企业与客户关系正常的

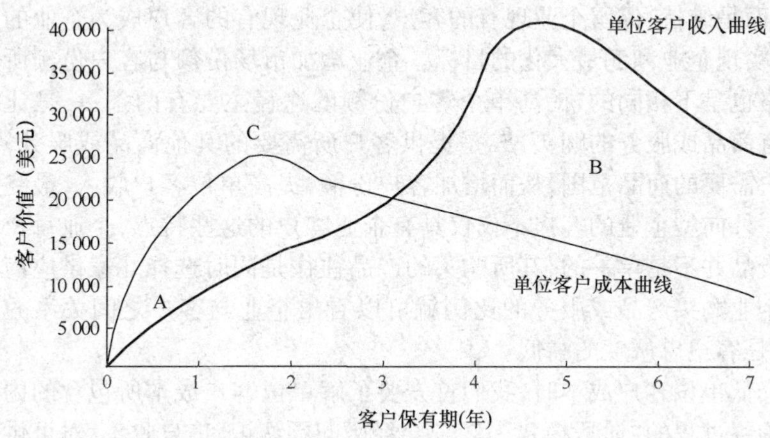

图 1－5 单位客户收入和单位客户成本与时间的关系曲线

支出水平之上。

图 1－5 中的 A 区域是客户价值的负值，因为企业在吸引新客户时会投入很大的前期成本，这个前期成本超过了企业从客户身上所获得的收入，因而为负值；B 区域是企业从客户身上获得的客户价值，为正值。显然，缩小 A 区域的面积、扩大 B 区域的面积，企业就可以提高客户价值。

提高单位客户收入通常采用以下两种营销策略。

第一，利用交叉销售法。交叉销售是 CRM 的一个重要应用领域。一般来讲，交叉销售是指借助 CRM，发现现有客户的多种需求，并通过满足其需求而销售多种相关服务或产品的一种新兴的营销方式。事实上，交叉销售不仅仅是一种营销方式，更重要的是一种营销哲学，即充分利用一切可能的资源开展营销，服务市场，赢得客户，甚至在更大范围内与合作伙伴共享市场。交叉销售对于外向型企业提高企业效益有着很大的帮助。我们知道，外向型企业的客户一般都以企业客户为主，而这些企业客户为了提高企业自身的营业额，大部分都采用多元化经营策略。也就是说，外向型企业的客户在向企业购买产品时其种类并不是单一的，而是涉及很多方面，所以，外向型企业应当深入分析挖掘企业现有客户的多种需求，争取尽可能向客户销售更多的产品，从而提高客户价值。

第二，增加客户份额法。所谓客户份额（Customer Share）是指一个企业所提供的产品或服务占某个客户总消费支出的百分比。客户份额与企业以前所追求的市场份额概念是不同的，市场份额（或市场占有率）是指一定的期间内一个企业的销售额占全行业销售额的百分比。很明显，市场份额是从企业获取新客户的角度考虑企业销售额的，而客户份额是从企业现有客户身上挖掘更大的客户价值。我们知道，CRM 的本质是客户价值管理，其目的并不在于吸引多少新客户,而是维持、保留企业现有的客户,使企业现有的客户成为企业的忠诚客户,从而实现企业利润最大化的目标。企业增加市场份额与客户份额所采用的营销策略也是不相同的,提高单个客户份额的途径主要有两条:一是让客户增加对现有商品或服务的购买;二是提供客户所需要的其他商品或服务,扩大能满足客户需要的商品范围,从而增加客户份额,提高单位客户收入,最终提高客户价值。外向型企业的客户不仅仅具有企业客户的这些特点,企业每个客户所经营的产品并不是单一的,其所购买的产品往往是同时选择几家供应商,所以,从其向企业购买产品或服务的比例就可以看出企业与客户之间关系的紧密程度,也就是客户忠诚度的高低。

在降低单位客户成本时,我们首先要了解单位客户成本所包含的内容。根据客户购买过程的"阶段模式",客户会经历问题认识、信息收集、对可供选择方案的评价、购买决策和购后行为五个阶段。具体来说包括客户收集信息所付出的搜寻成本,搜寻成本由两部分构成:一是调查不同产品的价格、质量和性能所需要的时间成本;二是现实支出的成本,如购买相关信息资料、精力和体力付出、购物风险等心理成本以及决策成本等。外向型企业的客户主要是一些大型的国际采购集团、代理商和中间商等企业客户,这些客户在成为企业的现实客户之前,企业和客户都需要花费相当大的成本了解对方,特别是由于双方文化背景、语言、所处地区等诸多因素的差异,企业为了获取每一个新客户都要经历相当长的时间。也就是说,在外向型企业中获得一个新客户的成本是相当高的。

例如,A 公司为了获得一个客户(客户代号为 A010),曾与这家客户联系了两年多的时间,最终使这个潜在客户成为企业的忠诚客户。后来,这家客户将其所有业务都给了 A 公司,使企业与客户都实现了自身利益最大化的目标。表 1-3 是 A 公司对 A010 客户的成本支出以及从 A010 客户处得到的收益统计。

表 1-3 A 公司 A010 客户的成本效益分析

成本		收入	
获取新客户成本	金额(美元)	基本收入	金额(美元)
广告宣传调查费用	2 121	2012 年	216 090
专项费用	150 000	2013 年	1 132 016
拜访接待客户费用	17 530	营业收入增长	0
维持客户关系费用	28 048	成本节约和价格优惠	0
企业与客户的交易费用	943 674	客户推荐收益	0
费用总计	1 141 373	收入总计	1 348 106
客户成本效益比	总收入/总费用 = 1.18		

对表 1 - 3 中的几个项目需要做出说明：专项费用是指公司在获取 A010 客户时，曾经为该客户设立了专用的办公室和会议室、品保部、采购部、仓库、生产线及相关设备，其他生产模具设备由该客户投资；拜访接待客户费用是指公司在获取 A010 客户之前，双方相互共拜访 5 次，每次的平均费用为 3 506 美元，共计 17 530 美元；维持客户关系费用主要是双方建立客户关系后每年的正常拜访活动，2002 年和 2003 年双方互相拜访 4 次，共计 8 次，费用总计为 28 048 美元；企业与客户的交易费用是按公司的费用率 70% 计算的。

通过表 1 - 3 中的数据可知，A010 客户成本效益比系数为 1.18，说明 A 公司从该客户处得到了收益。虽然说 1.18 的系数比较小，但是，A010 客户与公司的正式交易仅两年的时间，而且短短两年公司就收回了全部投资并实现了利润。A010 客户是世界上非常知名的行业品牌，与公司签署了长期的战略合作关系，并将其大部分设施都从国外转到了 A 公司。可以肯定地说，该客户将为公司带来更大的利润贡献。

国外客户在寻找其产品供应商时，非常关注供应商供应产品的能力，而且还非常注重企业的文化、员工的生活环境和工作环境等，他们会利用专业的中介公司对企业进行专门稽核调查，借此评估供应商在各个方面是否符合自己的要求，而其提供给每一个供应商的机会都是均等的。一旦选定自己的供应商，往往就很少更换，而且客户在与企业的业务往来中也不会太关注供应商产品价格方面的因素。因为当企业与客户之间建立了良好、持久的关系时，客户对企业的产品熟悉、信任、满意甚至忠诚，客户就会成为企业的老客户、忠诚客户，忠诚的客户使企业投入少量的成本就可以为企业创造更大的客户价值。因此，对于外向型企业而言，降低单位客户成本的关键就是降低企业与客户之间的搜寻成本，尽可能缩短客户的出现期，使其快速步入成长期和成熟期，使企业与客户之间建立起良好、持久、稳定的关系，有利于企业的交易就会随之而来。

对于外向型企业而言，降低单位客户成本应该采用以下四项策略：

第一，利用专业的稽核评估公司对企业进行全方位的评估，并提交评估报告，在与客户进行洽谈时可以将评估报告向客户展示。因为这方面的报告是比较客观公正的，很容易取得客户的信任，取得比较好的效果。

第二，对国外客户要采用主动的客户开发策略，因为企业与客户所处国家和地区不同，造成了很多不便。为了能尽快实现潜在客户转化为公司的现实客户，企业可以主动为客户收集有关产品的信息资料，并经常帮助客户解决一些实际问题，减少客户的搜寻等待时间，从而降低单位客户成本。

第三，实施低成本战略，将企业生产经营的中心放在维护现有客户身上，而不是一味地开发新客户。研究表明，吸引一个新客户相当于保持一个现有客户成本的 5 倍。因此，减少客户的流失能够增加公司的利润。由此可见，致力于经营现有的客户关系，是降低单位客户成本的主要方法。

第四，制订详细的参展计划，降低单位客户成本。外向型企业开拓国际市场最有效的方法之一就是参加国内外的一些比较专业的展览会，而到国外参展每年所花费的资金也是一笔不小的数目，所以，对国内外的一些展览会进行评估是提高企业收益、降低单位客户成本的重要方面。企业生产经营需要精细化的管理，只有这样，才能提高企业的管理水平，为企业创造更大的利益。

人们在谈到市场营销时总会认为营销仅仅是对客户的营销，而忽视了对企业内部员工的营销。世界著名管理大师彼得·德鲁克(Peter Drucker)曾经说过："市场营销是如此基本，以致不能把它看成是一个单独的功能。从它的最终结果来看，也就是从顾客的观点来看，市场营销是整个企业的活动。"由此也可以看出市场营销是企业的整体活动，而不是某个部门的单独活动，营销部门必须与公司其他部门很好协调，才能推动公司营销策略的实施。当市场营销只有一个部门时是难以开展工作的；只有当所有员工都重视他们在使顾客满意方面所起的影响作用时，公司整体的营销工作才能顺利开展。

营销观念要求公司既要进行外部营销，又要进行内部营销。内部营销是指成功地雇佣、训练和尽可能激励员工很好地为顾客服务。事实上，内部营销必须先于外部营销，在公司打算提供优质服务之前促销是没有意义的。但是在现实中，有很多企业都只重视企业的外部营销，而忽视了对企业内部员工的营销，因为一提到营销，他们就想当然地认为是对公司客户的营销，而客户只是购买公司产品或服务的用户。实际上，客户并不仅仅是购买公司产品或服务的用户，按照瓦格纳(Wagner)的定义，客户包括两类："购买商品的人"和"与自己打交道的人"。因此可将客户分为两类：外部客户和内部客户。外部客户即为人们常说的公司产品的用户，内部客户则是常常被忽视的企业员工。

客户是企业取得利润的关键，以前典型的企业组织机构图显示的是总经理在顶端，管理人员在中间，最前线的人员(销售和服务人员、电话接线员、招待员)是底部的金字塔。从营销的角度来说，这个企业组织机构图应该颠倒过来，如图1-6所示。

在图1-6中，机构顶部是顾客，其次重要的是前线人员，他们会见顾客、服务顾客和满足顾客。在他们之下是中层管理人员，他们的工作是支持前线的人员，使他们能更好地服务顾客。最底层部分是高级管理人员，他们的工作是支持中层管理人员，使他们支持最终使不同顾客对公司感到满意的前线人员。沿着图的左右两侧增加顾客，说明公司所有的高层管理人员都包括在亲自会见顾客和了解顾客之列。

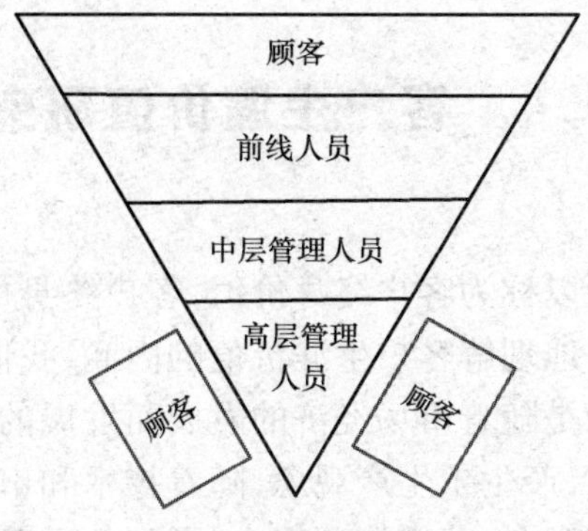

图1－6 企业组织机构

内部营销和外部营销之间是相互协调的关系，公司做好内部营销是为了更好地为外部营销打下基础，其最终目的也是为了更好地满足顾客的需求。因此，公司在实施“以客户为中心”的经营策略时，应当为公司的员工提供同样优质的服务。在CRM中，最直接、有效的服务是企业身处第一线的员工，他们最清楚怎样才能让客户满意。所以，企业为了增加公司利润，提高客户价值，首先要做的就是在公司实行内部营销。只有员工心情舒畅、工作积极、服务周到，才会让客户满意，才能为客户提供更好的产品和服务，从而促使客户满意，促使满意的客户成为企业的忠诚客户，为企业带来更多的利润，企业利润增加就会带来股东的满意，股东满意就会增加企业员工的福利，提高待遇，员工就会更加努力地工作，使客户的满意度和忠诚度不断提高。如此形成良性循环，使企业获得更长远的发展。

企业最宝贵的资源是客户，与客户打交道最多的是企业的员工，员工对企业是否满意，是否忠诚是企业客户忠诚的前提和基础。不忠诚的员工绝不可能争取来忠诚的客户，员工的流失对企业造成的损失是无法估量的，现在很多企业中出现了由于员工的流失而使企业濒临毁灭的例子。所以，企业在不断努力提高客户忠诚度的同时一定不要忽视企业最关键的资源——员工，员工的满意与忠诚是企业进行一切生产经营活动的前提和基础。

现在有很多企业只关注客户的需求而不注意企业内部员工的需求，没有认识到内部营销在提高企业客户价值方面的重要作用，忽视了企业最关键的资源——人，从而阻碍了企业的快速发展。所以，企业为了提高客户为企业带来的价值，就必须注重在企业实行内部营销，这是企业获取客户、保留客户、提高客户价值的关键所在。

1.4 客户生涯价值研究

客户生涯价值也可以称为客户终身价值,客户终身价值的概念在前面已经讲述过。为了能够更好地理解客户生涯价值的内涵,我们还是从营销观念的演变说起。营销管理观念是随着市场经济的发展而发展的,在整个社会技术水平和市场经济比较低下时,产生了生产观念,随着技术和市场经济的快速发展,产生了产品观念以及推销观念、营销管理观念,再到关系营销观念,进而在关系营销观念中又分离出客户关系管理观念,并推动了企业客户关系管理时代的到来。

营销管理观念的演变过程实际上就是客户在市场中地位的演变过程,也是客户价值在企业中重要性不断上升的过程。在营销观念出现以前,客户价值的重要性还没有为更多的企业所认识,当营销观念出现后,企业才认识到客户对于企业的价值,但是其在指导企业生产经营活动时主要注重企业单方利益的问题,这是因为企业还没有真正理解客户价值的内涵。接着关系营销观念出现了,关系营销更加强调客户价值的创造,是对传统市场营销模式的发展。关系营销的基础是供应者与其客户建立长久稳定的关系,而不仅仅是提供产品和服务。客户关系管理是在关系营销的基础上发展起来的一种更加强调客户价值的先进的管理理念,它的核心思想就是客户价值管理,它更加关注客户的满意度和忠诚度,客户满意度越高,则客户与该供应商所保持联系的可能性也就越大,客户与特定供应商所保持联系的时间越长,与该供应商做更多交易的可能性就越大,甚至高到该供应商是唯一供应来源的程度。客户关系管理强调的不是单次交易所产生的客户价值,而是强调通过维持与客户的长期关系获得最大的客户生涯价值(Coustomer Lifetime Value,CLTV)。

客户生涯价值是指一个客户在未来能为公司带来的直接成本和利润的净现值,也就是考虑未来产生的利润。客户关系管理的核心就在于客户价值管理,那么在进行客户价值管理之前,我们当然要知道怎样才能计算客户生涯价值,然后才能根据每个客户生涯价值的不同实施不同的营销策略。下面从定量的角度来看应当如何计算客户生涯价值。

下面计算的客户生涯价值主要是基于 A 公司(该公司是一家典型的外向型企业)的信息数据。定义客户生涯价值,必须建立一个数据库,以便记录客户每年的交易情况。假定 A 公司已经建立了这样一个数据库,在数据库里可以清楚地看到某个客户连续几年的产品购买量,其客户价值的计算如表1－4所示。

表1－4 A公司客户价值计算表(1)

项目	第1年	第2年	第3年
收入			
客户数量(个)	69	50	46
保留率(%)		73	92
消费金额(美元)	369 175	592 181	573 398
总收入(美元)	25 473 075	29 609 050	26 376 308
变动成本			
费用率(%)	70	70	70
直接成本(美元)	17 831 153	20 726 335	18 463 416
客户获取成本(美元)	146 349	0.00	0.00
总成本(美元)	17 977 502	20 726 335	18 463 416
利润			
毛利润(美元)	7 495 573	8 882 715	7 912 892
折现率(%)	–	12	12
净现值(美元)	7 495 573	7 930 996	7 065 082
累积净现值(美元)	7 495 573	15 426 569	22 491 651
客户生涯价值(美元)	108 631	223 573	325 966

A公司第1年获得69个客户，平均为每个客户付出的费用是2 121美元(通常是指广告和促销费用)。在获得的这些新客户中，只有50个客户(73%)在接下来的一年内购买了A公司的产品。在这“保留”下来的50个客户中，有46个客户(92%)在第3年仍然购买了A公司的产品。保留率，是计算客户生涯价值时一个非常关键的因素。对于A公司而言，第二年其客户保留率是73%，在第三年为92%(这些数据的获得都是通过对A公司近年来的实际销售数据统计计算得出的)。这是很重要的数据，因为后文中我们将利用这一数据分析A公司的市场营销策略。

第1年，新客户中平均每个客户购买产品的金额是369 175美元，那些在接下来的年度内继续保留的客户(忠诚客户)，他们产品的采购金额由592 181美元减少到了573 398美元。消费率是计算客户生涯价值中第二个重要的指标。

将这些数据放在一起就可以看出 A 公司第 1 年从 69 个新客户中所得到的总收入是25 473 075 美元,第 2 年从保留下来的客户那里得到的收入是 29 609 050 美元,第 3 年从保留下来的忠诚客户那里获得的收入是26 376 308美元(见表1 -4)。

有许多方法可以计算变动成本。为了简便起见,在这里 A 公司的成本费用是按照其收入的 70% 计算的,如果把最初获取客户的成本(每个新客户需要花费 2 121 美元的广告和促销费用)也包括在内,就可以计算出 3 年内成本费用的总和,当然也就能够计算出利润(收入减去成本)。再看毛利润,69 个新客户在第 1 年创造的毛利润是7 495 573美元,在第 2 年创造的毛利润是 8 882 715 美元。如果要计算客户生涯价值,就需要用一种方法把不同年度的利润汇总,这个方法就是利用折现率。

折现率是指将未来有限期预期收益折算成现值的比率。折现率一般由无风险报酬率、风险报酬率、通货膨胀率三者相加,为方便计算,此客户生准价值的折现率为 12%。为了计算客户生涯价值,我们必须以客户关系管理的核心——客户价值管理来计算 3 年来每个客户累积利润的净现值,然后把这些累积利润的净现值分配到最初的 69 个客户身上,计算出第 1 年每个客户的生涯价值是 108 631 美元,第 3 年上升为 325 996 美元。

如果脱离上面的论述,325 966 美元这个数字是没有任何意义的。为了能够理解我们怎样利用这个数字来引导 A 公司制定出市场策略,我们必须先做一些策略设想。假定 A 公司正在考虑是否成立一个“金牌客户俱乐部”,以便能够为这些金牌客户提供更优质的服务,使他们能够成为企业的忠诚客户。但 A 公司必须在决定之前回答:公司为什么要建立一个“金牌客户俱乐部”?这个俱乐部是怎样影响客户生涯价值的?

任何一项策略,比如,A 公司建立一个“金牌客户俱乐部”,同样需要考虑利润和成本。建立一个“金牌客户俱乐部”的利益就在于它能够提高公司潜在客户转化为公司现实客户的比率和每个客户的购买率,它还能创造出客户推荐率,鼓励一些客户成为公司的宣传者,介绍他们的亲友加入这个俱乐部。但是,建立这个俱乐部是需要成本的,需要公司付出相应的费用,购买相关的设施,雇用比较专业的服务人员为客户提供超值的利益和服务。那么这些成本支出会超过客户为公司带来的利益吗?在有些情况下,客户生涯价值实际上是呈下降趋势的。

为了制定下一步的营销策略,A 公司应该计算第二个客户生涯价值表。这个表中包括的成本和利润都是从建立“金牌客户俱乐部”策略中预期得到的,如表1 -5所示。

表 1－5　A 公司客户价值计算表(2)

项目	第 1 年	第 2 年	第 3 年
收入			
推荐率(%)	8	10	12
推荐的客户(个)	0	5	6
保留的客户(个)	69	55	48
总客户数量(个)	69	50	54
保留率(%)	80	80	80
消费额(美元)	553 763	888 272	860 097
总收入(美元)	38 209 647	53 296 320	46 445 238
变动成本			
成本费用率(%)	70	70	70
直接成本(美元)	26 746 753	37 307 424	32 511 667
获取客户成本(美元)	6 900	6 000	5 400
数据库成本(美元)	69 000	60 000	54 000
特别服务成本(美元)	0.00	2 500	3 000
总成本(美元)	26 969 002	37 375 924	32 574 067
利润			
毛利润(美元)	11 240 645	15 920 396	13 871 171
折现率(%)	–	12	12
净现值(美元)	11 240 645	14 214 639	12 384 974
累积净现值(美元)	11 240 645	25 455 284	37 840 258
客户生涯价值(美元)	162 908	368 917	548 410

表 1－5 与表 1－4 很相似，但是它有着很有意义的新特征。在表 1－5 中客户的保留率是 80%，高于表 1－4 中的 73%。这是成功实施营销策略的结果——它可以提高公司潜在客户转化为公司现实客户的比率。如果公司制定的营销策略不能提高潜在客户转化为公司现实客户的比率，那么这项营销策略就不是一项好策略。此外，从两个表的对比中可以看到，客户的消费金额也提高了，由 369 175 美元上升为 553 763 美元（增加了 50%）。为什么呢？因为有了一个成功的营销策略，就能从客户身上获得更大的客户份额，而不是以前的一小部分。那么，A 公司是怎样计算其潜在客户转化为现实客户的比率和客户的购买率呢？这是在试验的基础上进行预测的。一个精心策划、比较周密的数据库营销策略就是在竞争对手还没有注意到自己的时候能够在一个较小的地区进行调查测试。A 公司就是在竞争对手还没有注意到自己的时候进行了这

样的测试。

表1－5比表1－4增加了两行内容:一行是“推荐率”,另一行是“推荐的客户”。几乎任何一个有价值的策略都可以设想——如果这个策略能够使客户得到更好的产品和服务,客户就会把公司推荐给他的亲友,让他们也加入这个“俱乐部”中来。

将提高的客户转化率、购买率和推荐率结合起来,就可以看出公司实施新营销策略大大提高了公司的利润,当然成本也上升了。假定建立数据库的成本是每年每个客户100美元,特殊的服务成本是500美元,这样客户获取成本就由2 121美元上升为3 221美元,结果是第1年客户生涯价值提高到了162 908美元。但重要的是,由于实施了“金牌客户俱乐部”计划,使客户生涯价值在第2年和第3年大大提高了。这种差别以及对于A公司的积极意义由表1－6显示出来。

表1－6　客户生涯价值差别比较　　（单位:美元）

项　目	第1年	第2年	第3年
没有实施金牌客户俱乐部策略	108 631	223 573	325 966
实施金牌客户俱乐部策略	162 908	368 917	548 410
差额	54 277	145 344	222 444

第3年客户生涯价值由325 996美元上升为548 410美元,这就意味着A公司由于实施新的营销策略使公司的利润有了大幅度的提高。

表1－6并不是用来证明建立俱乐部的计划是成功的,它可能由于执行力不足而使这个计划失败。那么,如何证明建立这个俱乐部的策略是成功的?许多这样的假设都会证明所设想的策略是不成功的,无论执行得如何好,由于成本超出利润,也会表明设想的策略并不成功,这是客户生涯价值表的目的。

这个例证给我们的经验教训是:在开始一项新的营销策略之前,首先要建立一个客户数据库,然后建立一个客户生涯价值表。当知道了客户生涯价值时,假定成功地实施了营销策略,再构建一个新的客户生涯价值表。在数据库营销策略中有五种方法可以提高客户生涯价值。它们可以提高潜在客户转化为公司现实客户的比率,提高客户的购买率和客户的推荐率,也可以降低公司的直接成本(在某些情况下)和营销成本。应当明确的是,运用客户生涯价值评估营销策略,在评估结果未显示出可以取得成功的可能性之前,一定不要在一个新项目上花费任何费用。

客户关系管理对于提高企业的生产经营起着非常重要的作用,而研究客户生涯价值对于客户关系管理的意义是什么呢?在上述客户生涯价值概念和其计算方法分析中我们可以看出,客户生涯价值对于客户关系管理而言具有重要意义。

第一,客户生涯价值概念要求在 CRM 中以客户生涯价值作为细分客户的关系变量。

客户关系管理的思想要求企业摒弃"客户都是企业上帝"的管理思想,而是根据客户过去或现在以及未来对企业利润贡献额的大小对客户进行划分,把客户分为最有价值客户、具有潜在价值客户和没有价值客户(零价值以下客户)。然后,在客户分类基础上针对不同客户的价值制定相应的客户策略,投入相应的企业资源。企业资源有限,企业只有把有限的资源投入企业最具有价值和具有潜在价值的客户身上才能获得最大的客户价值,降低企业的客户开发维持成本,同时也会由于营销策略的针对性强而获得成功,实现企业利润最大化的目标。

第二,客户生涯价值概念表明,CRM 的核心必然是客户价值管理。

客户关系管理的核心就在于客户价值管理,因为客户关系管理的所有工作都是围绕着客户价值展开的,客户关系管理产生和发展的根本动力是由于客户价值对于企业的重要性不断提升的结果。从上述客户生涯价值概念和计算方法中可以看出,对于企业而言,企业的生产经营必须以客户生涯价值为核心,这样企业才能明确自己的经营管理方向,为客户和企业创造最大的价值利益,实现企业与客户共同发展、共同赢利的目的。

第三,客户生涯价值概念要求 CRM 培养企业客户的忠诚度,以满足客户在不同发展阶段的需要。

客户生涯价值概念中的客户生命周期的长短表明,在许多行业客户生命周期越长,客户生涯价值就越大。因此,企业应该通过实施良好的客户关系策略和促使客户满意的手段培养忠诚客户,使忠诚客户更多更频繁地购买企业的产品或服务,从而获得更大的客户生涯价值。

第四,客户生涯价值概念要求 CRM 采取措施提高客户份额,并以客户份额作为判断忠诚客户的重要指标。

一般来说,提高客户份额的方法有两种:一是使客户增加对现有商品或服务的购买:二是提供客户所需要的其他商品或服务,扩大满足客户需要的商品范围从而增加客户份额,创造最大的客户生涯价值。

第五,客户生涯价值概念要求 CRM 注意扩展客户的范围。

企业的客户生涯价值不仅与每个客户的生涯价值密切相关,而且与客户范围即规模密切相关。通过对客户数据库中的相关数据信息进行数据挖掘,从现有的客户特点和性质出发,分析客户之间的关联性,可以找出更多的潜在客户。比如在 A 公司中,以前从来没有药厂方面的客户,但是一个偶然的机会使企业获得了一个药品方面的客户，而且这家药厂在世界同类行业中排名第一，这使企业的产品销售出现了大幅度的提高(从中也可以看出少量客户对于外向型企业的利润贡献)。既然这家药厂可以成为企业的客户，那么还有很多的大型知名药厂都可以成为企业的潜在客户，所以，现在该企业正在收集世界其他著名药厂企业的信息并与他们进行了积极而富有成效的联系。通过这种方式，企业就可以扩大客户的范围。其实，对于企业来讲还有许多方法可以扩展客户的范围，比如，在客户关系管理中利用忠诚客户的口碑效应和学习效应吸引新的客户，扩大客户的范围等。

1.5 客户流失价值研究

为了能够与客户建立长期持久的关系，提高客户生涯价值，很长时间以来客户关系管理的研究主要集中在如何保留客户方面。然而，当客户关系终止时，问题就变成:那些流失的客户能够挽回吗? 是否每个客户都值得企业花费资源重新挽回? 在制订重新挽回那些流失客户的计划之前，首先应当研究客户流失价值。

客户资源是企业最重要的资源之一，随着市场竞争的日益激烈，获得客户已经变得越来越难。但是企业要想获得生存和发展，就需要不断地运用适当的客户开发策略吸引更多的客户。客户流失对企业造成的损失是非常大的，尤其是在外向型企业中，由于其客户主要是一些大型的国际采购集团、代理商、中间商等企业客户，而其中很少的一部分客户为企业创造了大部分的利润。如果企业失去一个有价值的客户，有时会给企业以致命的打击，而且我们知道，一旦客户失去就很难再回来。在这里研究客户流失价值对于企业的重要性，实际上也就是在研究客户保持对于企业的重要性，外向型企业进行客户流失价值研究具有很重要的现实意义。

一个企业所保有的客户群体是一个动态变化的客户集合。丹尼尔.查密考尔(Daniel Charmicheal)曾经用“漏桶”来形象地比喻企业的这种行为:查密考尔在教授市场营销学时曾在黑板上画了一只桶，并在桶上画了许多洞，还为这些洞标上名字:粗鲁、没有存货、劣质服务、未经训练的员工、质量低劣、选择性差等。他把桶中流出的水比作顾客。他指出，公司为了保住原有的营业额，必须从桶顶不断注入“新顾客”来补充流失的顾客，这是一个昂贵的、没有尽头的过程。因为堵住漏桶，带来的远不是顾客数量的维持和提高，留下来的顾客意味着“顾客质量的提高”，由此可见保留客户的重要。保留什么样的客户、如何保留客户是企业一个很重要的课题。由此可知,从企业的角度来说,降低客户流失率是增加企业利润的一个很重要的因素。外向型企业应该重视客户关系管理工作,提高客户的保持率,降低由于客户流失给企业造成的损失,最大化客户给予企业的价值。

这里论述客户流失给企业造成的价值估算时又提到了客户保持率,因为客户保持率与客户流失率是一个相对应的指标,比如说,客户流失率是10%,客户保持率则为90%。测算企业不同客户保持率下的利润收入就可以看出客户流失为企业造成的价值流失。

前面已经讲过,企业已经认识到了并非每一个客户都是企业的上帝,所以,企业应该有选择地对待那些流失的客户。那些与企业建立关系时间较长并且刚刚离开的客户容易再次成为企业的客户,而且,如果企业与客户第一次有较长时期的关系来往时,企业就可以预测与流失的客户再次建立关系的时间长度。那些与企业往来关系时期较长并且具有较高客户价值的客户才是企业最值得挽回的目标客户。因此,企业在制定策略防止客户流失以及挽回流失的客户之前,必须先进行客户流失价值大小的评估。

企业通过测算客户生涯价值可以了解客户生涯价值的大小,从而对客户进行分类,依据客户生涯价值的不同分类进行管理。其实,客户流失价值的计算方法与客户生涯价值的计算方法是类似的,但是也有区别。在前面已经谈到A公司曾经因为一个客户的流失而使公司的营业额大幅下降,给公司造成了很大的损失。下面以A公司那个客户的流失为例,计算客户流失的价值。

在计算客户流失价值之前,首先要明确客户流失价值的内涵。由前述已知,客户生涯价值主要包括客户的历史价值、当前价值和潜在价值三个部分及其定义。通过这些定义就会很容易地理解,如果企业的某一个客户流失了,那么他本来具有的客户生涯价值中的当前价值和潜在价值就会流失,该客户对企业的价值仅仅是已经实现了的历史价值,其流失价值就是该客户如果能够保持时的当前价值和潜在价值的总和。因此,计算客户流失价值可以用前述客户生涯价值的计算方法,计算出客户的生涯价值,再减去客户的历史价值,就可以得出该客户流失时的客户价值。计算客户流失价值的方法有很多种,下面是运用其中一种方法计算客户流失价值的案例。

假设A公司流失了一个客户,该客户2010—2013年从A公司购买产品的金额如表1-7所示。

表 1-7　A 公司某客户 2010—2013 年购买产品数据统计

项目　年份	2010	2011	2012	2013
产品购买金额(美元)	7 180 358	11 612 780	11 813 097	7 400 784
增长率(%)	-	61.73	1.73	-38.35
平均增长率(%)	8.37	-	-	-
成本(美元)	5 026 251	8 128 946	8 269 168	5 180 549
净利润(美元)	2 154 107	3 483 834	3 543 929	2 220 235

说明:A 公司现在采用的产品定价方法是成本加利润,由该公司财务部门核算可知,每个客户的支出成本是其销售额的 70%,成本中包括所有为客户支出的费用。因此,表 1-7 中的净利润 = 产品购买金额 - 产品购买金额 ×70%。

假设该客户不流失,其生命周期为 N,平均增长率为 i,第 1 年的净利润为 P_0,该客户流失价值为 P,年利率为 d,第 m 年的历史价值为 P_m。那么,该客户流失价值的计算方法为:

$$P=\sum_{n=1}^{N}\frac{P_0(1+i)^{n-1}}{(1+d)^n}-\sum_{m=1}^{N}P_m(n=1,2,3,\cdots n,m=1,2,3,\cdots m)$$

假设 A 公司在 2013 年失去了这个客户,而且该客户如果不流失,其生命周期为 10 年,年利率为 10%,那么该客户的流失价值应该是 14 647 255 美元。从中就可以看出,外向型企业中一部分少量的客户对于企业生存与发展的影响是多么重要。外向型企业中每个客户所创造的价值远远大于以终端顾客为对象的企业中客户所创造的价值,外向型企业要重视每一个客户为企业创造的价值,时刻把握它们的需求特征,对其进行全方位的服务和管理,以便获得最大的客户价值。

激烈的行业竞争使获得每一个新客户的成本越来越大;相反,现有客户的流失却越来越容易。优质客户的流失对公司的影响如釜底抽薪,不但使公司开发客户时投入的成本毁于一旦,使目前已稳定的收入水平直线下降,还会让竞争对手日渐强大。所以,防止客户流失,提高客户的保持率对于每个企业尤其是外向型企业更具有深远的意义。那么,企业究竟采取哪些策略才能降低由于客户流失给企业造成的损失呢?下面将探究影响客户流失的原因并找出相应的解决方法,以便为企业制定相应的客户维系策略提供一定的帮助。

客户与企业建立业务关系,就证明了客户已经认同企业的产品价值,认为企业可以为客户带来一定的利益。如果不是由于客户自身的原因,企业为客户提供了超值的产品和服务,在一般情况下客户不会流失,而且有可能会成为企业的忠诚客户。因为没有哪个客户会无理由地离开自己的供应商。所以,企业要想防止客户流失,首先要做的就是分析客户流失的原因,以便企业能够制定改善措施,防止更多的客户流失。

每个企业都有过客户流失的情况,只不过有的企业客户流失率高,有的企业客户流失率低罢了。但是很多企业只知道自己的客户在流失,但不知道客户为什么会流失？他们只是一味地埋怨客户,而不去探究影响客户流失的真正原因,所以也就不知道如何采取相应的补救措施防止客户流失。

上例提到了A公司曾经流失了一个非常重要的客户,这个客户与A公司的业务往来已经超过了8年时间,该客户为A公司创造了很高的利润,是A公司的一个白金客户。但是该客户为什么突然流失了呢？通过对A公司相关人员的了解,知道其中最主要的原因就是:该客户每个月的订货数量很大,但A公司总是延期交货,影响了客户的销售经营计划;另外,该客户对公司产品与服务的抱怨和投诉从来都没有得到很好的解决,经常是同样的问题不断地出现,令其极不满意;再一个原因就是负责该客户的业务员离开了A公司,他就把该客户推荐给了其他厂商。这些因素叠加在一起,最终导致了该客户的流失。

相关研究表明,客户流失主要有六方面的原因,如表1-8所示。

表1-8　客户流失原因及其占比

流失原因	百分比(%)
客户消亡	1
客户所在地发生变化	3
特殊的竞争性报价	5
别处普遍的低价	9
未处理的抱怨与投诉	14
供应商缺乏投入	68

从表1-8中的数据可以看出,造成客户流失最主要的原因是供应商缺乏投入和未处理的抱怨与投诉,这两项所占比例达到82%。因此,企业客户流失最主要的原因还是由于企业内部或自身的原因,而涉及客户的因素还是很少的。对于不同的企业来说,造成客户流失的原因是不同的,但总体上来讲都是供应商缺乏投入和未处理抱怨与投诉方面的原因。所以,企业要针对自己客户的特点经常开展有关客户方面的调查,了解客户对企业的产品、质量、价格、服务、企业文化和业务处理流程等多个方面的评价,找出每个客户的关注点,企业才能做出相应的改进,防止客户流失。

防止客户流失主要有以下四项应对措施。

措施一:建立客户流失预警系统。在一般情况下,客户不会一下子离开自己的供应商,客户在流失之前一般都会有一定的迹象或者说是征兆。所以,企业平时就要注意定期对客户的购买行为进行分析,以便能够及时发现客户的异常行为,并对此制定相应的补救措施防止客户流失。首先,对客户的购买频率进行分析,这样可以了解客户购买的行为规律,掌握客户每年中大致的购买时间。如果客户以前的购买频率很有规律,而突然与企业长时间没有进行交易了,那么企业就要及时与客户进行联系,找出其中的原因并积极改进,以防止客户流失。其次,对客户的交易量进行分析,如果客户与企业的交易量一直都很稳定或呈上升趋势,那么说明企业与客户之间的关系是正常的;如果客户与企业的交易量突然下降,且一直呈下降趋势时,企业就要分析其中的原因,并制定相应的客户维系策略,防止客户流失。

措施二:建立客户调查系统。客户与企业进行交易的过程就如同两个互不相识的人从认识再到朋友的交往过程一样。人与人的交往过程中经常会出现这样那样的误会或错误的行为,而造成双方关系的僵化,在客户与企业交往的过程中也难免会出现误解或者一些错误的行为,如果这些问题不能及时得到解决,肯定会影响双方之间的关系,最终影响到双方的利益,但损失最大的还是企业自身。因此,企业要建立一个有效的客户调查系统,能够定期或不定期地对客户进行全方位的调查,以便能够及时了解客户和企业之间的问题,了解客户的需求并满足客户的需求,建立起企业与客户之间长久稳定的关系,促进双方共同发展,实现双方的利益共赢。

措施三:制定合适的价格策略。对于已经流失的客户,企业要制定合适的价格策略以便能够挽回这些流失的客户。研究表明,企业的价格策略、企业与客户的第一次交易,特别是第一次建立关系的时间长度、企业与客户交往持续的时期和客户最后一次与企业交易的价格,在重新获得那些流失的客户和保持接下来的客户关系中起着非常至关重要的作用。企业管理者应该根据原有客户对价格的敏感性程度制定相应的策略,以挽回那些流失的客户。这些策略通常包括降低产品价格,即该价格与该客户离开企业前所付出的产品价格相比是比较低的。

获得流失客户最理想的策略是为其提供较低的价格,从而与客户重新建立关系,当流失客户再次成为企业的客户时可以再逐渐提高价格。为重新挽回客户或是挽回客户后,以第一次关系中客户最后付出的价格为基准或作为参考。如果企业为客户提供的价格低于客户在第一次关系中最后付出的价格,那么客户很可能会重新回来。另外,相对于在第一次关系中给客户最后提供的价格而言,企业与客户第二次建立关系的时间长短并不受价格提高的影响。

措施四:加大企业对客户的投入,实施客户满意度策略和忠诚度计划。从前面的分析中可以看出,造成客户流失最主要的原因是供应商缺乏投入和未能有效地处理客户的抱怨和投诉。实际上,供应商也许在满足客户需求方面投入了很多,而客户并没有感受到企业对他们的关怀,原因可能就在于企业没有把有限的资源投入企业最具有价值和具有潜在价值的客户身上。企业要计算每个客户的生涯价值,根据客户生涯价值的不同投入相应的企业资源,争取投入与回报成正比,让客户感受到企业对他们的关注,感受到企业时时刻刻都在为客户着想,感受到企业给予客户的价值。另外,企业一定要处理好客户的抱怨和投诉,因为既然客户有抱怨和投诉,就说明客户希望企业能够很好地处理,能够加以改善。客户抱怨和投诉实际上是给了企业改正错误的机会,企业必须抓住这个机会,尽心尽力地解决好客户的抱怨和投诉,那么客户就一定会满意,感到企业是可信任的,就会继续与企业保持关系,并成为企业的忠诚客户,为企业带来更大的价值。因此,客户的抱怨和投诉并不可怕,怕就怕在客户购买产品或服务后出现了问题不抱怨、不投诉。研究表明,出现问题而不抱怨、不投诉的客户往往会离开其供应商,而且会告诉更多的亲友避免上当,并把该供应商列入黑名单中,致使企业遭受更大的损失。

A 公司一白金客户的流失为公司造成了很大的损失,据 A 公司相关人员介绍,由于该客户流失使公司的销售额急剧下降,A 公司为了削减成本费用开始大幅度裁员;董事长、董事会相关成员进行了专门研究,并拜访了该客户,希望能与该客户继续建立业务关系。在经过长达一年的协商洽谈后,该客户终于同意继续与 A 公司进行贸易合作,但是为了降低自身的风险,该客户的订单数量明显比以前少了。另外,A 公司还承诺该客户对 A 公司新开发的产品拥有优先选择权和专有销售权,降低相关产品的价格,并保证不再出现以前所发生的问题。虽然说 A 公司最终又获得了这个客户,但是这件事情给公司所造成的影响是非常大的。所以,企业要重视客户的抱怨和投诉,针对每个客户价值的不同进行相应的投入,提高客户的满意度和忠诚度,防止由于客户流失为企业造成的损失。

1.6 客户关系成本效益研究

客户关系是客户价值的基础,企业追求长期稳定的客户关系,目的就在于提高客户的满意度和忠诚度,使他们成为企业忠诚的客户,从而提高客户为企业带来的价值利益。客户关系成本效益研究追求的是客户的忠诚,研究客户关系首先要从客户忠诚方面开始,客户对企业忠诚,自然会带来更大的客户价值。

在 CRM 中,客户满意和客户忠诚是最重要的两个因素,因为客户满意度和客户忠诚度的高低决定着客户价值的大小,客户满意度和忠诚度是客户价值的核心。一个满意的客户将产生两种效果:一是客户本身会重复购买;二是客户的购买会产生广告效应,吸引新客户进入企业。这两种效果都为企业节省了资源,而且,客户满意度也是挽留企业客户的一个重要因素,满意度较高的客户会成为企业的忠诚客户,一个高忠诚度的客户意味着他愿意为获取企业产品付出一定的溢价。

但是,并不是说客户满意了就会成为企业的忠诚客户。客户行为研究表明,客户满意不是客户忠诚的充分条件。研究发现,44% 据称满意的顾客改变了购买的品牌,90% 的背离顾客对他们以前获得的服务表示满意。客户满意与客户忠诚的中介因素包括产品质量、产品替代性、客户价格敏感性和转换成本等。根据施乐公司的报告,在客户满意度的调查中(每个问题设有五个等级,5 分最高,1 分最低),给出 5 分的客户再次购买施乐产品的可能性比给出 4 分的客户多 6 倍。施乐经验说明,获得全面客户满意对形成客户忠诚和高重复购买率是极为重要的。

客户满意度与客户忠诚度是紧密联系在一起的,前者是后者的基础,后者是前者发展的目标。目前有关客户忠诚度的研究越来越多,因为企业都已经认识到了客户忠诚对于企业价值的重要性。研究表明,公司每减少 5% 的客户流失率,所带来的利润将增长 25% ~85% 。

如图 1 – 7 所示,客户忠诚度提高 5% 对不同行业客户利润产生的影响程度不同,由此也可以看出客户忠诚度对企业利润影响的重要性。

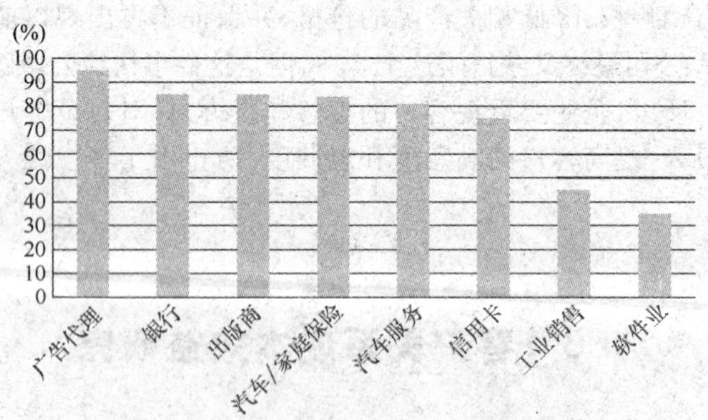

图 1 – 7　客户忠诚度提高 5% 对企业利润的影响

客户忠诚为企业带来的价值是多方面的,它并不总是以直接利益的形式展现在企业面前。尽管各个企业情况不同,但客户忠诚为企业带来的效应都是相同的,它们都很重要,最终都会反映在经济效益上,如争取客户所需的成本节约、营业收入增长、客户之间口碑相传以及价格优势。

忠诚的客户可以为企业带来更大的利润,但是不同行业、不同企业的忠诚客户为企业带来的利润表现是不一样的。我们知道,在一般情况下,如果企业新获得的客户是从忠诚客户那里介绍而来的,那么这些新获得的客户就很容易与企业交往并很快购买企业的产品或服务,可以大大降低企业的成本,这与企业通过其他营销策略吸引来的客户相比是非常明显的。但是在外向型企业中,客户之间的相互介绍(客户口碑效应)作用并不总是很明显,这与一般零售类型的企业相比有很大的区别。因为在零售类型的企业中,其客户主要是许许多多的终端消费者,他们之间很少有直接的利益冲突,并不存在着竞争(或者说他们之间几乎很少有竞争关系存在)。但是外向型企业就不一样了,因为外向型企业的客户主要以企业客户为主,这些企业客户所购买的产品基本上是雷同的,而且他们只有通过销售这些产品才能获得利润得以生存发展,他们之间的竞争非常激烈。因此,一旦他们找到了一个中意的供应商,他们就会想方设法不让竞争对手知道,避免与竞争对手在同一市场销售同样的产品,从而保证自己的最大利益。因此,在外向型企业中,客户忠诚所带来的利润中,客户之间的相互介绍(口碑效应)作用并不是很明显(但一旦客户推荐了其他潜在客户加入,就会给企业带来很大的收益,这在后面的案例中可以看出),外向型企业在评估客户关系效益时一定要关注这个问题。

企业吸引、获取新的客户并保持双方之间的关系必然会涉及成本。这些成本包括多个方面,有争取新客户所需的初期成本(广告费用、销售人员费用、收集信息成本和评估成本等),也有维持客户关系所需要的成本(包括双方交易成本、服务成本等)。在评估企业客户的赢利能力时,需要明确每个客户的全部成本和单位客户收入,对客户所花费的费用和所获得效益进行比较,确定出客户关系的效益比,从而决定是否与该客户继续发展双方之间的关系。外向型企业为每个客户所付出的成本是相当大的,当然,客户带来的收入也是非常可观的。企业必须估算每个客户的成本与收入,评估客户关系的效益比,才能根据适当的客户关系制定合适的客户关系发展策略,争取获得企业最大的利益。

每个企业所涉及的成本因素相差不多,只是表现的方式不同而已。在外向型企业中,维持客户关系所需要的成本主要包括以下三个方面(这里以 A 公司某个客户为例进行说明)。

1.6.1 争取客户所需的成本(C_1)

企业在吸引新的客户时会投入很大的前期成本,这在外向型企业中表现得更加明显。企业为了吸引新的客户,首先需要收集市场的相关信息,关注客户的需求特点,不断开发新的产品,而且要在相应的广告媒体、展览会、国际买家采购会上推荐企业和自己的产品。这其中就会涉及信息收集费用、新产品开发费用、广告宣传费用和参展费用等一系列成本。外向型企业争取客户所需的成本(C_1)主要有如下六项。

(1)市场调查费用:产品市场信息收集费用、委托第三方公司调查费用等。

(2)参展费用:外向型企业获取新客户最主要的方式就是通过参加国内外的展览会,与潜在客户直接面谈,从而获得客户,这也是截至目前外向型企业获取新客户最有效的一条途径。

(3)广告宣传费用:制作企业网站费用、用于专业媒体的广告宣传费用。

(4)新产品开发费用:在获得新客户之前,企业需要为他们开发新的产品,就会涉及模具费用、样品制作费用等新产品研发费用。

(5)拜访或接待客户费用:有的新客户在成为企业的客户之前,需要企业经常拜访或接待他们(这主要是一些大型的国际采购集团、知名品牌企业,如沃尔玛、家乐福等)。因为这类客户本身具有很强的实力,有许许多多的企业都想成为他们的供应商,企业为了展现自己的实力,就需要企业高层经常拜访这类超级潜在客户,加强企业与他们的交流,使他们尽快成为企业的客户,而且在实践中发现,这种方式获得的效果是非常明显和有效的。

(6)其他费用:根据企业的不同,这部分费用的投入会有所不同。

2010 年 7 月,A 公司在日本参加了一个国际知名的专业展览会,由于该公司是第一次参展,对该展览会了解得很少,所以其参展的目的主要是调查该国市场的基本情况。结果是,A 公司在这个展览会上洽谈了很多客户,但最终成为公司客户的只有 1 个(客户名称为 F001)。不过,可千万不要小看了这 1 个客户,他为 A 公司带来的价值收益远远大于 A 公司为争取新客户的投入。在这个展览会上,A 公司投入的费用主要是参展费用 15 600美元(包括市场调查费用),广告费用 31 707 美元,目录制作费用 1 829美元,没有新产品开发费用和拜访客户费用(由于是第一次参加展览会,参展前无法知道该国市场产品需求情况,所以就用企业以前产品做参展样品),总费用 C_1 为 49 136 美元。

A 公司争取新客户所需成本大体上为上述各项,那么企业在计算争取每个客户的成本时就要注意到费用的分配问题。企业在核算获取新客户的成本时有一个明确的界定方法,使每个客户都能合理分摊企业的成本,这样,在评估客户关系的成本和效益比时才不会有失公平。上述所列市场调查费用、参展费用和广告宣传费用可以由企业的所有客户平均分摊,但新产品开发费用就要由具体情况决定了。如果企业开发的新产品是为了吸引新客户,那么这部分费用就可以平均分摊到每个新客户身上;如果企业开发的新产品是为了获取某个新客户而开发的(一般情况下都是一些大客户),那么这部分费用就只能计算到这个客户身上;拜访或接待客户的费用只能算到企业已经拜访的客户身上,而不能由所有的客户分摊。

1.6.2 维护客户关系所需的成本(C_2)

企业在获取新客户以后并不是就可以高枕无忧了,因为维持客户关系仍然需要企业投入巨大的资金和精力,以巩固双方之间的关系。外向型企业为维持客户关系涉及的成本大多与争取新客户所需的成本(C_1)相同,其中最主要的就是拜访或接待客户的费用,费用分配的方法是分摊给相应的客户。例如,在A公司与F001客户进行交易的过程中,F001客户与A公司约定每年进行两次相互拜访,实际需要费用为28 048美元。

1.6.3 企业与客户的交易成本(C_3)

企业与客户的交易成本主要包括管理费用、生产费用,这两项费用是企业最主要的成本支出。管理费用、生产费用分配给每个客户主要有两种方法:第一,依据客户利润贡献度的比例分摊;第二,生产费用依据客户购买产品金额的多少分摊(每个客户购买产品金额的多少与生产费用是成正相关的,企业利用产品成本核算方法可以很容易地计算出每个客户所需的生产费用)。表1-9所示的就是F001客户与A公司的产品交易数据。

表1-9 F001客户购买A公司产品金额统计

交易时间	总金额(美元)
2011年5月	58 300
2011年6月	1 071 961
2011年7月	1 146 471
2011年8月	23 736
2011年9月	97 952
2011年10月	58 372
2011年11月	682 573
交易额总计	3 139 365
费用率(%)	70
交易总费用	2 197 556

A公司在2010年7月的展览会上与F001客户第一次接触,该客户在2011

年5月开始与A公司正式进行交易,交易费用总额为2 197 556美元。

当然,企业在与客户建立和保持关系的过程中所涉及的费用会因为企业类型的差异而不同,所以,针对不同的企业就还会存在其他一些费用,但最主要的还是上述三项费用。而且,企业估算客户的成本时不需要也不可能很精确,只要不影响企业评估客户关系的成本和效益比就可以了。这样,外向型企业建立和保持客户关系的总成本 C 就可以由公式表示为:

$$C = \sum C_i \quad (i = 1, 2, 3, \cdots)$$

综合上述,F001客户在与A公司进行业务往来过程中,A公司支出的总费用为:$C = C_1 + C_2 + C_3 = 2\ 274\ 740$(美元)。

1.6.4 客户为企业带来的价值利益

企业与客户建立和保持关系的过程中需要投入很大的成本,同时,客户为企业带来的利润也是非常可观的,这一点在外向型企业中表现得非常明显。客户为企业带来的利益一般包括四项。

(1)基本收入(P_1)。基本收入是客户为企业带来价值中的最主要的部分,这部分收入很容易计算出来。在外向型企业中,一部分很少量的客户为企业创造的基本收入是非常大的,这在前面的客户生涯价值计算中就可以清楚地看出来。F001客户在与A公司进行交易的过程中为公司带来的基本收入总额为3 139 365美元(见表1-9)。

(2)营业收入(P_2)。在正常情况下,客户会慢慢地成长、规模扩大,这样就会带来更大的客户价值。这里所说的营业收入,主要是因为在外向型企业中,企业的客户主要以企业为主,这些客户所购买的产品并不是单一的,企业可以利用交叉销售扩大客户对企业产品的采购份额,从而提高客户为企业带来的收益。这样,营业收入增长可以采用客户在购买企业其他产品或服务方面所增加的销售收入来计算。通过对F001客户的购买历史数据分析,该客户购买公司的产品只有一项,其他产品还没有涉及(因为该客户与公司的交易时间还不长,以后有可能购买A公司的其他产品),所以营业收入增长为0。

(3)成本节约和价格优势(P_3)。客户关系的质量越高,客户与企业保持交易关系的可能性也就越大。而且,只有企业提供的交易条件和服务让客户满意,才会有优质的客户关系,优质的客户关系就会使客户变得更加忠诚,忠诚的客户可以大大降低企业的成本。因为企业可以与客户长期交往,双方了解的程度更加深入,而且相互信任,这样双方工作的质量和效率就会大大提高,可以节约很多成本。同时,我们还知道,忠诚客户对企业产品价格的敏感性会大大降低,他们只在乎企业为他们提供的服务和价值,而很少关注企业的产品价格(当然价格是合理的)，这与那些不断讨价还价的客户相比会给企业带来很大的价格优势。F001 客户与 A 公司的交易时间不长，还很难计算出成本节约和价格优势为 A 公司带来的收益，而且这两项收益本身就很难计算，需要企业在一开始就设计出一系列的标准和模式，同时还需要一段长期的交易数据才能进行统计，所以这里假定成本节约和价格优势的收益也为 0。

(4)客户推荐收入(P_4)。长期的客户关系对企业还有一个好处，那就是如果客户满意，他们会向他人推荐企业的产品和服务。值得注意的是，根据他人推荐而找上门的客户，往往在客户关系质量上更胜一筹。也就是说，与那些冲着诱人的广告、价格减让而来的客户相比，找上门的客户对企业更为有利，与企业保持交易关系也会更加长久。

在外向型企业中，由客户推荐带来的收益是比较少的，主要原因前面已有论述。但是，推荐客户收益少并不代表没有，因为外向型企业的客户主要以企业客户为主，如果大客户能够为企业推荐来一个客户，其所带来的收益有时也是不可估量的。不过，在计算客户关系的收益时，有关客户推荐方面的收益还是需要慎重对待，如果没有很大的把握，就不要把这部分收益计算在内，不然就会造成很大的误差而影响对企业的正确评估。

在 A 公司的这个案例中，F001 客户在客户推荐收入中为 A 公司带来了很大的收益。在 F001 客户与 A 公司建立业务关系不久就举荐了另一个客户(客户名称为 F002)。F002 由于与 F001 存在着一定的关联关系，所以 F002 客户很快就开始购买 A 公司的产品了，而且其购买金额正在不断上升。

表 1－10 所示的就是 F002 客户与 A 公司的产品交易数据。从表 1－10 中可以看出，F002 客户为 A 公司创造的价值不菲，其收入为 178 526 美元，扣除交易费用(70%)后的收益为 53 558 美元。

表 1－10　F002 客户购买 A 公司产品金额统计

交易时间	总金额(美元)
2011 年 5 月	25 400
2011 年 10 月	20 539
2011 年 11 月	22 990
2012 年 1 月	23 557
2012 年 2 月	224
2012 年 3 月	19 079
2012 年 4 月	66 737
交易收入总计	178 526

客户关系为企业带来的总收益 P 的计算公式为：

$$P=\sum P_i \quad (i=1,2,3,\cdots)$$

通过上述数据统计，可以看出 F001 客户为 A 公司带来的收益为：$P=P_1+P_2+P_3+P_4=3\ 192\ 923$（美元）。

需要说明的是，这里把 F002 客户的收益加到 F001 客户的收益中，并不是说 F002 的收益就是 F001 客户的收益了，仅仅是为了测算 F001 客户与 A 公司的客户关系成本效益比，通过客户关系成本效益比系数来看双方之间的关系状态。把 F002 客户的收益计算为 F001 客户收益肯定是不妥当的，但从根本上讲，这样的测算本身就很难进行精确的计算，只是做个基本的估计而已。明确这一点，对于理解忠诚客户为企业带来的收益是很有帮助的。

在估算出客户关系的成本和收益后就可以测算客户关系的成本和效益比系数了。企业测算客户关系的成本和效益比一个最主要的目的就在于，企业可以根据客户关系的发展前景预测双方关系的变化动态，以及为企业带来的成本和收益变化，从而决定企业是否有必要同这个客户继续保持目前的客户关系。因为市场竞争日益激烈，企业的资源有限，企业不可能吸引和保持与每一个客户的关系，企业要根据客户的种类进行有针对性的投入，通过保持优质的客户关系实现企业更大的收益。

用 N 表示客户关系的成本收益比，N 可以由下面的公式计算出来：

$$N=P/C \quad (N\geqslant 0)$$

当 $0\leqslant N<1$ 时，表明企业与客户之间的关系是不正常的，即企业处于亏损状态，这时企业可以分析其中的原因，是因为企业的原因还是由于客户的原因导致的不盈利。经过分析，如果发现客户不能使企业盈利，企业就可以终止与该客户的关系。当 $N\geqslant 1$ 时，就表明企业与客户之间的关系是正常的，企业在与客户的贸易往来中是有收益的，企业就可以与该客户继续保持关系。而且，企业可以根据 N 值的大小决定投入多少费用巩固双方的关系，以便获得更大的客户价值。

下面计算 F001 客户的客户关系成本效益比系数：

$$N=P/C=(3\ 192\ 923)/(2\ 243\ 156)=1.42>1$$

系数 $N>1$，也就是说，A 公司从客户 F001 那里得到的收益是正的，A 公司可以与 F001 客户建立长期的客户关系，以便从中获得更大的价值利益。

利用上述方法判断企业与客户之间的关系显得比较笼统，但大体上可以得出一个总体的判断。前文中我们已经计算了如何获得客户的生涯价值，利用客户生涯价值判断客户关系的状态，这个指标相对精确。另外，企业还可以利用客户满意度指数和客户忠诚度指数判断客户关系的状态。事实上，评估客户关系的方法有多种，要根据企业的情况进行相应的选择。但总体来说，经常进行客户关系评估，可以使企业时时掌握自己与客户之间关系的发展状态，可以及时发现企业与客户交往过程中出现的问题并能及时解决这些问题，从而实现客户最大的满意度，提高客户的忠诚度，为企业和客户带来更大的利益。

1.7　客户价值研究对于企业的意义

上述各节论述了客户价值对于外向型企业的重要性，但是还没有研究企业给予客户的价值。客户关系管理的核心是客户价值管理，这里的客户价值是一个广义的概念，不仅包括客户给予企业的价值利益，还应包括企业给予客户的价值利益。客户关系管理实质上是在企业与客户之间建立起一种长期、稳定的关系，建立这种关系能够降低双方的成本，并能够使双方获得良好的体验，实现双方“共同赢利，共同发展”的经营目标。但是，目前无论是企业界还是学术界，谈论最多的只是客户给予企业的价值，很少有企业给予客户价值的探讨，显然这是背离客户关系管理核心思想的。

无数的实践证明，如果企业仅仅追求单方面的利益势必会给企业造成更大的损失。外向型企业面对的是企业客户，企业客户要生存和发展，它们也要努力与能够给予它最高价值利益的供应商建立起长期稳定的关系，由此获得自己的最大利益。研究企业给予客户的价值，能够让企业在追求自己利益的同时保证客户的利益，只有这样，企业才能在为自己创造最大客户价值的同时实现客户的利益，提高客户对企业的满意度和忠诚度，使双方建立起长期的战略伙伴关系，实现企业与客户的共同发展。

客户给予企业的价值和企业给予客户的价值在本质上是相同的，都是在追求自身利益的最大化，但是，双方在进行业务往来的过程中，企业所关注的内容与客户所关注的内容却存在着很大的不同，如表1－11所示。

表1－11　企业—客户价值研究异同点

	企业关注点	客户关注点
相同点	客户的资信	企业的资信
	客户的规模	企业的规模
	价值理念	价值理念
	与客户关系的质量	与企业关系的质量

续表

	企业关注点	客户关注点
不同点	客户生命周期	交流沟通的难度
	客户生涯价值	企业的合作能力
	客户份额	企业优惠政策
	客户的赢利能力	企业产品竞争力
	客户满意度	企业服务质量
	客户忠诚度	自己的购物体验
	客户产品需求特征	企业快速交货能力
	客户砍价能力	企业的知识产权

1.7.1 企业给予客户价值的表现形式

表1-11中对外向型企业客户主要关注的价值内容的列示,在实际的生产经营管理中显得有些笼统。下面以A公司的实际经营情况为例,说明在外向型企业中企业给予客户价值的主要表现形式。

1.7.1.1 产品优先选择权

企业中每个客户的价值不同,其特点不同,每个客户在与企业交易中所关注的内容也就有所不同。企业都在不间断地进行着新产品的研发设计,不同客户对于这些新产品的需求并是不一样的。一般来说,企业的产品开发速度跟不上客户所期望的开发进度,所以,一旦企业生产出新产品,企业的客户都争先恐后地挑选自己喜爱的新产品,选择具有市场潜力的产品。对于企业的大客户来讲,他们总希望自己能够独家享有某一款产品在市场上的销售权,因此他们就要求企业给予他们新产品优先选择的权利,一旦某一款产品被他们选定了,企业就不能再把这款产品销售给其他客户。给予企业产品优先选择的权利,可以使某类客户拥有差异化的产品,在市场上树立独特的产品优势,避免与其他客户发生直接的竞争,从而保证客户的收益,为客户创造最大的价值。

1.7.1.2 产品独家代理权

产品优先选择权与产品独家代理权是不一样的。产品优先选择权是指企业给予某一客户优先选择新产品的权利,如果该客户选定了某一款产品,则其他客户就不能再销售该款产品;产品独家代理权是指某一客户在某一地区可以独家代理企业的某一款产品,与此同时另外的客户也可以在其他地区销售该款产品(不能在已授权客户独家代理的区域销售该款产品)。从二者的内涵上来说,前者的权利范围要比后者大得多,前者所能产生的价值也要比后者大得多。在企业的实际应用中,产品优先选择权一般都给予企业的白金客户和黄金客户,而产品独家代理权一般都给予铁质客户。这样做的目的是为了给不同的客户创造不同的价值,体现出企业客户价值管理的经营策略,以便实现客户与企业双方的最大价值。

1.7.1.3 产品生产优先权

在外向型企业中,最困扰企业与客户的一个问题就是产品出货。大多数的企业都是因为不能及时为客户提供产品而引起客户的不满,客户不能及时得到产品,就会影响销售计划,尤其是一些时令性的产品,一旦过了最佳的销售季节其价值就会大大贬值。企业的大客户很注重企业及时供应产品的能力,如果企业缺乏这种能力,势必会影响到客户的收益。所以,企业的客户,无论是小客户还是大客户,他们都非常关注企业及时供应产品的能力。企业为了能够保证大客户的利益,就要在生产部门为他们设立专门的生产线,同时配备专门的生产员工,专门为他们生产产品。这样,由于享有专用的资源,就可以满足客户的需求,给客户创造最大的价值,使客户获得最大的满意。目前 A 公司中就有几个这样的特例,公司为客户配备专用的生产资源,同时为客户提供最好的产品和服务,使客户获得企业给予他们的价值,实现了客户的最大满意,同时也为企业实现了价值。

1.7.1.4 服务质量

企业经常说"给予客户优质的服务",但究竟什么才是优质的服务呢?不同的企业对优质服务的看法也是不同的。A 公司在接待一个大客户时,专门派了一辆奔驰车把客户从香港接到公司,安排其下榻于一家五星级酒店,公司聘请了专业的礼仪小姐迎接客户。公司董事长、总经理等高层人员每天都陪同客户一起参观工厂,还请客户与公司的职工一起打篮球,周末打高尔夫球等,全方位满足客户的需求,赢得了客户的好评。公司对于不同的客户有不同的接待标准,公司提供的服务要让客户真切地感受到公司给予他们的价值,使客户获得完美的体验,使客户乐于与企业交往,促进双方的利益实现。

1.7.2 提高客户价值的策略

企业要想获得客户价值,首先要做的就是能够为客户创造价值。企业在获取客户价值之前,必须满足企业为客户创造价值利益的需求。外向型企业在进行企业—客户价值管理中可以采取以下五项策略提高企业为客户创造的价值。

1.7.2.1 实施客户满意度计划

客户可以选择继续成为企业的忠诚客户,也可以选择离开企业,特别是随着市场竞争的发展,客户的自主选择权越来越大。客户选择企业的一个前提是满意企业提供的产品和服务。企业要留住客户,首先要做的就是让客户满意。客户满意是企业一切生产经营活动的基础。但市场竞争非常激烈,企业自身资源有限,企业不可能让所有的客户都达到自己所期望的满意程度,而且企业也开始认识到并不是所有客户都能为企业带来利润,所以,企业应根据客户价值的不同进行分类管理。通过客户的分类管理,实现不同客户的满意度。

1.7.2.2 实施客户成功策略

对于企业客户,企业要用成功原则替代满意原则,即企业不仅要让客户满意其服务,更要协助客户获得成功。在为这些客户提供产品和服务的过程中,企业要主动考虑为客户的发展不断提供增值服务,把客户的问题和困难当作自己的问题和困难,为他们提供相应的管理咨询、方案设计以及战略合作等,使客户明白企业是其成功的重要伙伴。企业客户在与企业的交往中,非常重视企业的合作能力、规模和企业信用等,国外客户在选择供应商时很注重这些方面的因素。他们希望供应商能够快速提供优质的产品和服务,保证客户在市场上的竞争力。并非每一个客户在开始时就很强大、成熟,他们希望企业能够帮助他们共同开发市场,协助他们成功。实际上,企业与客户的利益是双向的,在客户成功的同时企业也实现了成功。

1.7.2.3 扩大客户选择的自由

企业一定要明白,把选择的自由充分留给客户,对提高客户满意度有重要的意义。譬如,A 公司有个客户,他几乎把他的所有业务都交给了 A 公司,而且还把他在国外的工厂也搬到了 A 公司,形成了一个“厂中厂”。该客户可以说是 A 公司最具有价值的客户,因为该客户是世界上非常知名的企业,虽然说双方的关系质量非常高,A 公司也非常希望能够全部拥有他的所有业务,但是出于商业保密以及自身经营风险的考虑,客户并没有把工程研发和一些零部件生产转移到 A 公司,而是留在了自己的企业。A 公司并没有一味去争取这些业务,把自由留给客户并不断为客户提供最优质的产品和服务,使客户非常满意,结果该客户不断提高产品购买量,为企业创造了更多的利润。

1.7.2.4 建立客户关系评估系统

企业与客户的交往过程实际上就是建立关系的过程,其中肯定会出现诸多问题,企业可以利用已经建立的客户数据库,定期对客户的购买行为进行分析,以实时了解双方关系的发展程度。而且,企业还要对一些重点客户进行追踪调查,及时掌握客户的需求动态,以便能为客户提供优质的产品和服务,促进双方关系的良好发展。

1.7.2.5 与客户建立长期关系

企业在为客户提供产品和服务的过程中,要注重与客户建立长期关系,这种关系更多的是一种战略合作关系,包括消费信用、协助成功、多领域合作、危机支持和销售优惠政策等。与客户建立长期关系是企业留住客户的一个关键因素。

1.8 客户价值与企业竞争优势

竞争优势可以简单地理解为在某个竞争领域,企业较其他竞争者具有较强的竞争地位。企业竞争优势的获取一直是学术界关注的重点。在这一领域的研究成果中,影响较大的是美国哈佛商学院教授迈克尔·波特(Michael E. Porter)提出的产业分析理论和普拉哈拉德(Prahalad)等提出的企业核心能力理论。国内学者董大海回顾了20世纪的竞争优势实践和理论,归纳出探求企业竞争优势的三个不同的范式:客户视角、竞争者视角和企业资源能力视角。客户视角主要集中于探察客户需求及其变化方面,通过发现客户需求的变化,适时地提出和实施满足客户新需求的战略,从而获取竞争优势。竞争者视角以对竞争对手的研究作为起点,把对竞争者的研究作为重点。对这个范式,迈克尔·波特的竞争战略理论做了很好的理论概括。他指出,竞争战略主要有两种:成本领先和差异化。成本领先战略即努力使企业的成本成为同业竞争者的最低者,通过低价格获取竞争优势;差异化战略则把重点放在产品与服务的卓越性方面,强调要用比竞争对手更高的质量吸引客户。企业资源能力视角的代表学者是普拉哈拉德,该范式批评以往的战略或是专注于战略计划的设计,或是专注于竞争者与竞争结构的设计,很少关注企业资源和能力的差异,该范式认为是资源和能力的性质与水平决定了企业的竞争优势,构建竞争优势应该从培育企业的核心资源和能力上着手。

上述三个研究范式归根结底挖掘出企业竞争优势的来源是客户价值,这与迈克尔·波特的价值链思想一致。他指出,一个企业的价值链必须与客户的价值链相匹配,企业的价值优势来自于它能够为客户创造价值。关于客户价值,目前还没有统一的定义,客户价值是一个基于客户感知的概念,它是指客户从购买的产品或服务中所获得的全部感知利益 (perceived benefits)与为获得该产品或服务所付出的全部感知成本 (perceived costs)之间的权衡。客户只有认为所购买的产品和服务对他有价值的时候他才会购买;只有当他感知到购买的产品和服务满足其期望的时候才会满意,从而持续购买或增加购买。企业只有能够持续地为客户创造、提供和传递卓越的客户价值,即比竞争对手为客户提供更大的客户价值,才能获取客户的青睐和选择。因此,可以认为客户价值是企业获取竞争优势的来源。

同时,可以从竞争优势的形成路径进一步研究客户价值对企业竞争优势的意义。经济学学者德易和温斯利(Day & Wensley)认为,竞争优势的评价分为三个层次:第一层次是竞争优势的来源,包括优势技能(如优势的技术能力、优良的管理系统和组织构架、优秀的学习能力和创新能力等)、优势资源(如渠道优势、原料供应和客户资源优势等)。第二层次是竞争优势的地位,优势的地位是由竞争优势的来源产生的,其基本思想是企业的优势技能或资源可以带来较高的客户价值或较低的相关成本,从而带来优势地位。第三层次是竞争优势的结果,它是由企业的优势地位所带来的。优势的结果包括两个方面:客户的满意和忠诚以及产品的市场份额和企业利润,如图 1-8 所示。

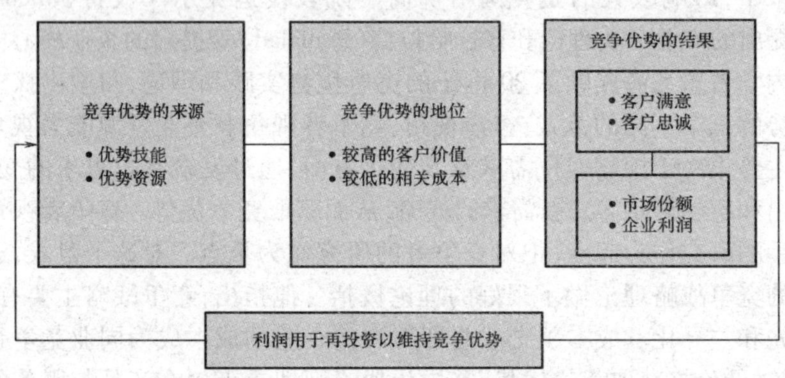

图 1-8 企业竞争优势的形成路径

对于一个企业而言,竞争优势从企业的长期经营业绩和短期经营业绩中反映出来。其中,客户满意度和忠诚度可以较好地反映企业的长期经营业绩,这是由于满意和忠诚的客户将重复购买企业的产品,对企业品牌进行积极的宣传并可能接受较高的产品价格。短期的经营业绩一般采用当前的市场份额和利润额进行衡量。一般而言,企业长期的经营业绩更能反映竞争优势的结果,企业的竞争优势归根结底产生于企业所能为客户创造的价值。经济学学者沃道夫(Woodruff)认为,由于市场竞争越来越激烈,仅仅是产品质量的提升、产品创新和企业内部资源的调整已经不足以获得企业的竞争优势,产生较高的客户价值才是获得竞争优势的关键。客户价值是竞争优势的来源的直观理解是,客户更愿意购买和重复购买他们感知成本较低、感知利益较高的产品,这时,企业只有整合其各种优势资源生产出客户价值比竞争对手更高的产品才有可能获得竞争优势。此外,可以从以下两个方面理解客户价值是企业竞争优势的来源。

1.8.1 客户价值是企业获得竞争优势的出发点

要获得竞争优势,企业必须优化配置其技能和资源,为客户提供高价值的产品或服务。那么,企业在进行产品开发时就必须倾听“客户的声音”,知道他们在购买某类产品时都看重哪些因素,这些因素在他们进行购买决策时的重要性如何;同时,企业还要了解竞争对手在这些重要因素上的表现。只有掌握了这些信息,企业才能开发出高客户价值的、有竞争力的产品。因为消费者的偏好是不断变化的,所以企业要定期地倾听“客户的声音”,有效地倾听“客户的声音”,在消费者中进行学习,已经成为企业核心竞争力的一部分。

1.8.2 客户价值是企业竞争优势的标志

客户价值是企业竞争优势在市场上的具体体现。每个企业都会认为他们的产品能为客户带来一定的价值,那么,他们的产品在市场上的竞争力如何呢?这就要看他们相对于竞争对手是否能够提供更高的客户价值,客户感知价值高的产品对客户的吸引力也大,其结果将是吸引更多的新客户、保留更多的忠诚客户,进而为企业带来更高的销售量、更低的管理成本和更多的利润。

总之,客户价值是企业竞争优势的来源,已得到很多学者的认同。这就是一些管理大师提倡把客户价值管理作为公司管理层的首要任务的原因。

1.9 客户价值的内涵及其关键维度

为客户创造和传递卓越的客户价值是企业获取持续竞争优势的基础和前提,也是客户价值驱动的客户关系管理的主要内容。企业要为客户创造价值并进行有效的客户关系管理,必须探索客户价值的真正内涵及关键维度。目前,关于客户价值的内涵还未达成共识,其主要原因在于研究客户价值必须基于客户视角进行。随着不同的经济形态的出现,客户的认识和潜在需求不断变化和延伸,客户价值的内涵随着时代的发展和客户需求的不断变化而不断扩展、延伸和丰富,因此,要清晰界定客户价值的内涵必须结合具体的时代特征。

要结合传统客户价值理论,考虑到电子商务模式下客户消费行为的新特征,分析客户价值的合理内涵,探讨客户价值的关键维度,基于此,通过分析客户价值驱动 CRM 战略的机理,构建客户价值驱动的 CRM 战略模型,鉴别出其中的关键子过程和支撑技术,并分析客户价值驱动的 CRM 战略的关键特征。

对于客户价值的深入研究主要发生在 20 世纪 90 年代,是由一些营销领域的学者以及管理实践领域的大师们进行的研究和倡导。由于学者们研究的视角不同,对客户价值内涵的理解也有所不同,具有代表性并有一定影响的定义有如下三个。

经济学学者葛尔(Gale)的定义:客户价值是根据产品的相对价格调整后市场感知的质量。

泽丝曼尔(Zeithalnl)的定义:价值是消费者根据对所得和所失的感知而对产品效用的总体衡量。

经济学学者沃道夫的定义:客户价值是客户对产品的属性、属性表现以及通过在使用过程中帮助(或阻碍)实现客户的目标和目的后果进行的感知偏好和评估。

葛尔的概念在企业界颇具影响,泽丝曼尔对客户价值的定义与葛尔比较接近,都强调"得"与"失"的权衡关系。沃道夫的定义要更宽泛、更丰富、更复杂。它强调客户价值判断中的三个重要因素:产品是实现客户目的的媒介;产品通过结果(客户体会到的结果)的交付创造价值,而非固有特性;客户对价值的判断极易受特定使用情境的影响。因此,在强调客户体验的电子商务模式下,这个概念最能反映客户价值的本质。在电子商务模式下,客户更加强调在购买产品或服务中的体验价值,客户的价值目标不再是只注重产品本身,而且还注重接受和使用产品时的感受。所以,本书的观点以沃道夫的定义为基础,将客户价值的内涵界定为:客户价值是在特定情境下,客户相对于自己的期望对产品属性、产品功效以及在接受和使用过程中实现目标的结果与相应的全部感知付出的评价。对客户价值内涵的界定,强调了特定情境的影响,整合了期望价值和感知价值,同时强调了客户价值的层次性和客户学习的作用。客户价值内涵的界定对深入研究客户价值的关键维度奠定了理论基础。

客户想要在与企业的关系中有所收获,这就是客户价值的维度。传统意义上客户价值大体被理解为两部分:质量和价格。随着市场中客户角色的变化,这样描述客户价值的维度过于简单。经济学教授菲利普·科特勒(Philip Kotler)提出客户让渡价值的概念,他认为客户让渡价值是指总客户价值和总客户成本之差。总客户价值可以从产品价值、服务价值、员工价值和形象价值四个方面给予理解,而总客户成本包括货币成本、时间成本、精力成本和体力成本,如图1-9所示。

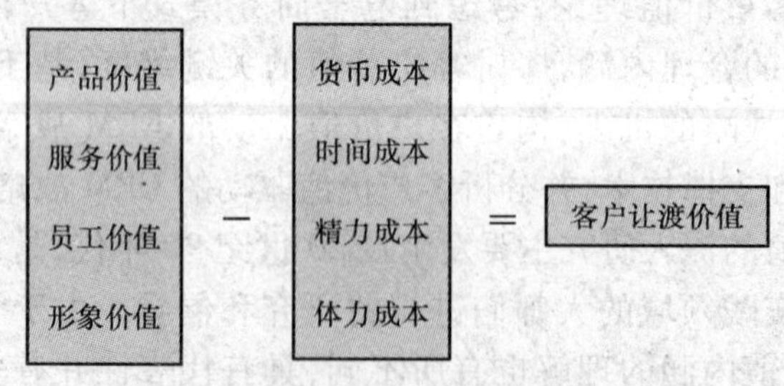

图1-9 客户让渡价值模型

上述观点主要是从企业视角进行考虑的。要有效地理解客户价值,最好的方式是基于客户视角进行研究。经济学学者塞斯(Sheth)等人提出一个较为完整的客户价值维度模型,即客户价值包括社会价值、情感价值、功能价值、认知价值和条件价值五个维度,为进行客户价值关键维度的研究奠定了基础。近年来,经济学学者斯维尼(Sweeney)把功能价值分成两部分:质量和价格,然后通过对一些行业的实证研究,建立了经典的"PERVAL"模型,这可以说是客户价值研究的最完整模型。然而,该模型对客户在获取客户价值时所付出的代价的考虑不够充分。此外,客户价值的关键维度不是一成不变的,而应是动态变化的,这可以用马斯洛(Maslou)的需求理论来解释。马斯洛把人的需求分为五个层次:生理需要、安全需要、社会需要、尊重需要和自我实现的需要。人总是在满足了低层次的需要之后,才将注意力转移到更高层次的需求上。在过去的几十年里,社会经济发生了巨大变化,很多消费者的收入水平达到了某一关键程度,开始追求消费的个性化,强调需要个性化的产品和服务。同时,社会的物质资本也积累到了一定的程度,劳动的基本性质从体力的支出转变为脑力的支出。企业只有为客户提供个性化的解决方案,才能在市场中形成一定的竞争力。经济的快速发展使客户需求的结构、内容和形式都发生了显著的变化。

1.9.1 客户价值的内涵

1.9.1.1 客户消费结构

从客户的消费结构看,情感需求的比重日益增加。客户在注重产品质量的同时,更加注重情感的愉悦和满足,互联网上的虚拟社区得以建立并日益繁荣就是证明。客户购买商品的目的不再是出于生活必需的要求,而是出于满足一种情感上的渴求,或者是追求某种特定产品与理想的自我概念的吻合。人们更加关注产品与自己关系的密切程度,偏好那些能与自我心理需求引起共鸣的感性商品。于是,许多迎合这一变化的产品或服务大行其道,如好莱坞的大片,意甲、西甲足球联赛以及迪士尼乐园或传奇游戏等。

1.9.1.2 客户消费内容

从客户的消费内容看,客户对个性化产品和服务的需求越来越高。客户越来越追求那些能够促成自己个性化形象形成、彰显自己与众不同的产品或服务。客户在接受产品或服务时的"非从众"心理日益增强,相信自己的判断,相信自己的感觉日益明显。

1.9.1.3 客户价值目标

从客户的价值目标看,客户从注重产品本身转移到注重接受产品时的感受。当今,客户似乎不仅仅关注得到怎样的产品,而是更加关注如何得到这一产品。或者说,客户不再重视结果,而是重视过程。最典型的莫过于星巴克咖啡在咖啡市场的成功,人们宁愿花费更多的钱到星巴克享受喝咖啡的感觉,而不愿意在家或者办公室为了解渴而饮用雀巢速溶咖啡。另外,请客户参与的、互动的服务日益受到欢迎:在休闲业,人们从过去的观光旅游正逐渐转变为体验旅游,诸如野外生存训练、挑战极限等项目受到客户的青睐;在传媒业,类似浙江电视台的"中国好声音""中国梦想秀"等节目更能吸引受众的注意力等。

对于企业而言,所有这些新时代中客户消费需求的变化趋势,既是机遇也是挑战,企业必须紧跟时代发展,有效发掘客户价值关键维度的变化趋势,调整自己的营销、服务战略,以获取持续竞争优势。

1.9.2 客户价值的关键维度

结合上述客户消费需求的变化特征可以发现,客户价值包含五个关键维度:功能价值、情感价值、社会价值、知识价值和感知成本,如图 1-10 所示。

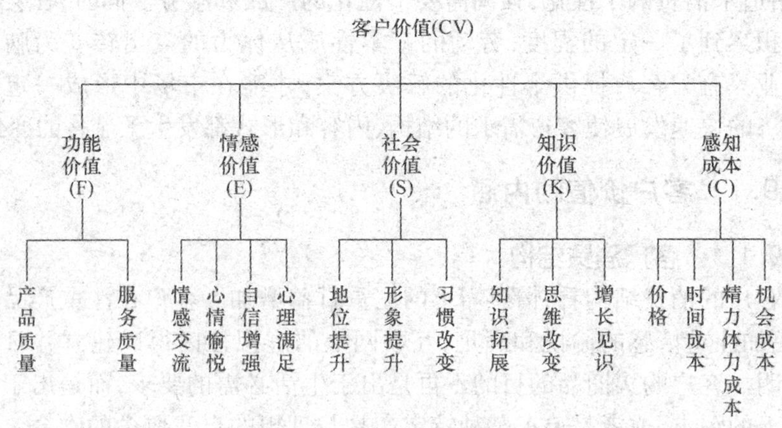

图 1-10 客户价值的多维模型

由客户价值的五个关键维度可以发现客户价值的五个特性。

(1)主观性。客户价值具有强烈的主观性,因为客户价值是客户的主观感知,它有别于产品或服务的客观指标,因此,任何脱离客户视角的客户价值研究都是没有意义的。

(2)层次性。客户价值的层次性特征的最有力的解释是沃道夫的客户价值层次模型。从对沃道夫的客户价值层次模型的分析中可以看出,客户价值对客户而言并不是一个很笼统抽象的概念,实际上客户会在不同的层次上分别形成感知价值,客户价值具有清晰的层次特征。从管理实践的角度来说,客户价值的层次性也有利于企业在操作层面上实施这一概念的丰富思想。

(3)情境依赖性。客户价值是基于特定情境的,在不同的情境下,客户个人的偏好和对价值的评估会有显著差异。沃道夫认为,客户的使用情境对客户感知价值的形成起着重要作用,如果使用情境发生变化,产品属性、结果和目标及其相互之间的联系也会发生相应的改变。客户价值的情境依赖性除了表现在同一产品或服务发生在不同情境时,也可能出现在客户连续经历的不同产品的使用或服务的消费中,也就是说,客户在特定环境中的消费氛围会影响到他对其后的另一消费过程的感知价值评估。

(4)相对性。客户价值的相对性表现在两个方面:一是因客户个体和情境差异而形成的相对性;二是与竞争对手的产品和服务进行比较所形成的相对性。客户价值不是仅局限于客户自身的感知,而是把对企业提供的价值感知与竞争对手的相关价值提供物进行比较,从而做出价值判断。

(5)动态性。客户价值的上述特性都在一定程度上决定了客户价值的动态性。张明立等人把导致客户价值动态变化的因素归纳为三类:一是时间变化因素,客户在不同的消费阶段对价值的感知和关注的因素是变化的;二是需求因素,在满足客户不同层次需求的过程中,客户对满足其需求的价值要求是变化的;三是触发事件因素,它是特定环境中的一个与客户目标相关的刺激因素,它不仅会影响到价值形式的变化,同时也会引起期望价值和价值判断的变化。经济学学者弗林特(Flint)等人针对产业营销中的"供应商—客户"互动问题,罗列了能改变客户价值的一些触发事件,如使用情境的变化、源于供应商的触发事件、源于客户的触发事件以及人们观念的变化等。经济学学者巴拉苏罗(Parasuraman)在对沃道夫 1997 年发表的一篇论文的评述中指出,随着客户从第一次购买到短期客户、再到长期客户的转变,他们的价值评判标准也可能越来越全面、抽象。第一次购买的客户也许主要关注属性层次的标准,但是短期和长期客户可能关注的是结果属性和全局属性的标准。他还进一步提出了一个系统监测模型,把客户区分为初次客户、短期客户、长期客户和流失客户四种基本类型,并形象地论述了各自的动态变化。

1.10 客户价值驱动的 CRM 战略模型的构建

虽然人们对于客户关系管理的概念还缺乏共识,但无论是从大量相关研究文献的梳理,还是从当前企业进行的 CRM 实践中都可以发现,把 CRM 看成是一种战略是研究文献的主流,得到大多数学者的认同。CRM 的本质是采用先进的信息技术(如数据挖掘、数据仓库、知识发现等)获取客户信息,探测组成客户价值的关键维度,进而理解客户的消费行为和偏好特征,为客户提供个性化的产品或服务,培养客户的长期忠诚,从而使企业获取持续盈利。客户价值驱动 CRM 战略的机制如图 1-11 所示。

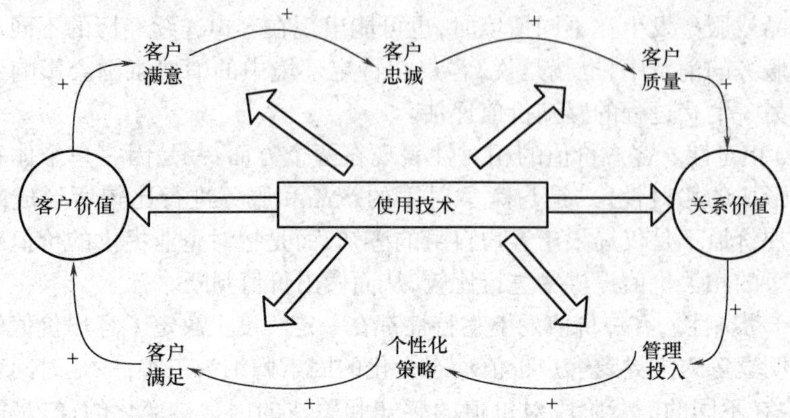

图 1－11　客户价值驱动 CRM 战略的机制

客户价值是企业获取持续竞争优势的来源，通过获取卓越的客户价值，客户将保持忠诚，从而对企业的产品或服务进行购买、重复购买、扩大购买或交叉购买，同时也为企业传播良好的口碑，这将大大提升客户关系的质量，从而增加企业有形或无形的收益，促使关系价值得到提升。关系价值的提升驱动企业增加对关系管理的资本投入，同时，企业通过评估客户绩效，对客户进行识别和分类，针对不同的客户采取不同的管理策略，为客户提供个性化的产品或服务，满足其个性化的需求，这将促进客户价值的进一步增加。客户价值和关系价值是客户价值驱动的 CRM 战略的两个支撑点，它们之间的互动是一个增强系统。因此，为客户创造的价值越多，客户的满意度越高，提高客户忠诚度，实现客户保持，也有利于增加企业收益。

根据上述客户价值驱动的 CRM 基本原理，结合斯利瓦斯塔瓦（Srivastava）、谢尔瑞（Shery）和费伊（Fahey）的研究成果，我们认为 CRM 战略模型的构建应依照以下五项准则。

第一，必须致力于企业宗旨的实现，即提供给客户卓越的客户价值，满足客户需求，提高客户忠诚度，使企业获取持续盈利。

第二，每个过程必须处于战略水平，以保证鉴别的每个过程都具有较强的系统性和完整性。

第三，必须有利于价值创造过程。CRM 中的价值创造过程应包括客户价值创造过程和关系价值创造过程，它们是一个互动的增强系统，其他关键过程必须有利于增强该系统，使两者相互协调、不断提升。

第四，模型中每个子过程必须有清晰的因果关系，基于此，可以鉴别出 CRM 目标实现的驱动因素及关键的资源、技术和能力。

第五,每个子过程应有利于 CRM 战略的实施。通过模型的建立,可以达到为企业实施 CRM 界定清晰的实施流程,提供一个结构性的方法进行 CRM 实践的目的。

根据 CRM 的合理内涵,运用上述准则,可以构建客户价值驱动的 CRM 战略框架模型,这一模型包括五个关键的子过程:客户价值探测过程、价值创造过程、价值传递过程、CRM 绩效评估过程和客户知识管理过程。这些过程相互关联且具有交叉功能,共同构成了客户价值驱动的 CRM 战略体系。

客户价值探测是实施客户价值驱动战略的前提,是以客户认知价值为基础、发掘客户进行产品和服务购买决策时关注的关键价值要素,确定正确的价值主张,然后进一步将其转化为新产品和服务特性,使产品和服务能够更好地满足客户的期望需求。客户价值鉴别过程的理论基础是客户价值的动态层次模型,从模型的顶部向下看,客户会根据自己的目标确定特定情境中各类结果的重要性。相应的,重要结果又进一步引导客户认定属性和属性绩效的重要性。这种层层递进的结构提供了一个探测客户价值的视角和方法,即可运用"途径—结果链"的方法探测客户价值,通过运用统一的模式组织途径目标和结果目标,发掘途径目标和结果目标的相互联系,根据特定情境中客户对这些目标关注的重要程度,可以揭示客户价值的实现机制。

客户价值探测过程主要包括客户价值挖掘和价值主张两部分。客户价值挖掘主要是从客户视角运用"途径—结果链"的分析方法发现和度量特定情境中的客户价值要素;客户价值主张描述了企业传递给客户的产品、服务、价格、关系和形象等的独特的混合体。客户价值主张决定了企业的客户定位,以及针对目标客户,企业怎样做得比竞争对手更独特、更出色。企业在决定客户价值主张时往往考虑很多因素,这些因素构成了客户价值的维度;客户对各个因素的重视程度不同,因此,各个价值因素对客户价值判断的影响也不同。根据客户价值要素对客户的激励程度和对竞争优势的贡献程度,可以把客户价值要素分为两类:一是激励因素,这是对客户购买决策最具决定性作用的因素,它对客户具有很强的激励作用,也为企业提供了获取竞争优势的机会;二是保健因素,即企业在这些价值上做不好就会失去客户,但做好了也无法增加客户满意度的因素。还需注意的是,在激励因素中还存在这样一类关键因素,即一些尚未开发的、现在未得到客户或企业足够重视的价值因素,可以称之为潜在因素,它是价值创新的来源。客户价值的一个特性就是动态性,客户价值的激励因素、保健因素及潜在因素是动态的,存在着相互转化的现象。包括客户价值潜在因素在内的客户价值激励因素构成了对企业具有战略重要性的客户价值要素的集合。在一定的搜索成本、有限的知识、灵活性和收入情况等因素的限定下,客户能够判断哪些产品或服务能提供最高价值,理性的客户是价值最大化的追求者。因此,企业应集中主要的资源和能力,创造和提升客户价值中关键的价值要素。

价值创造过程本质上是管理客户关系价值链,实质上是强调解决三个关键问题:一是企业能提供给客户什么样的价值(客户价值),如何提供;二是企业能从客户中获取什么价值(关系价值),怎样获取;三是企业在管理客户关系的整个过程中,如何使客户价值和关系价值这对矛盾的统一体达到平衡和互动。

当今市场是买方市场,客户变得越来越挑剔,如果不能很好地为他们提供价值,满足他们多变的需求,他们就会大量流失。为了保证价值创造和交付系统的有效性,应当首先从选择价值入手,并与价值的创造与提供直接联系起来,在此基础上完成价值信息的有效沟通。在价值选择阶段,企业的主要任务包括采取正确的价值主张,理解不断变化的客户需求及其驱动因素、客户经济性和采购过程,深入理解产品、服务和价格等因素是如何满足这些需求的;在价值提供阶段,企业的主要任务是开发产品及服务,实施客户定制化,重点是关注产品质量与绩效、服务成本和反应性、制造成本与柔性、渠道结构与一致性以及价格结构等;在价值沟通阶段,企业要开展多项促销活动,包括销售促销、广告与销售人员管理以及提供优质的服务等。这就是麦肯锡公司提出的客户价值创造与传递系统(如图 1-12 所示)。同时,企业还要分析现有能力,特别是生产能力、交付能力、流程改进能力、关系能力、网络能力、渐进与突破创新能力以及把握客户业务的能力等价值创造能力;然后,将其满足客户价值需求的能力进行比较,识别出能力差距和相应的支持要素,采取措施缩小这些差距。

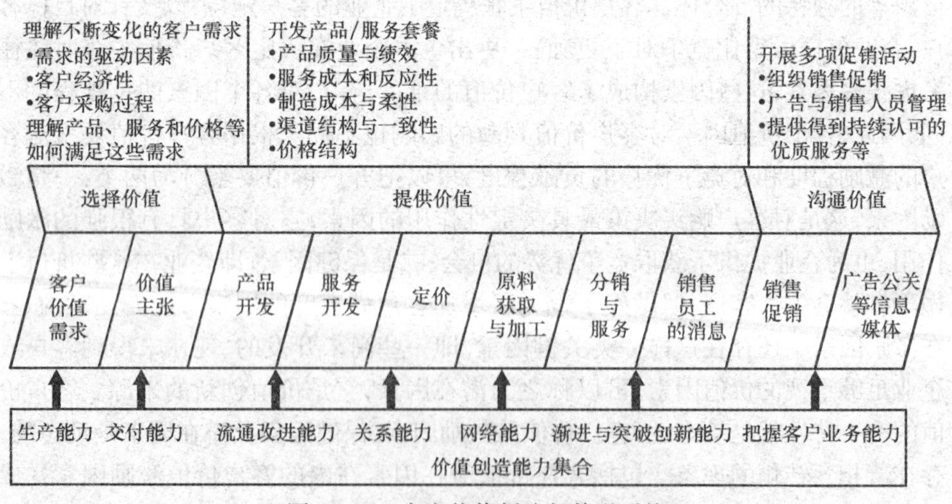

图 1-12 客户价值创造与传递系统

通过对各个层面的客户价值的深入理解和对竞争者的分析,企业需要设计和配置自己独特的客户价值创造和传递系统,以求为客户提供最大化的客户价值,使客户建立起对企业的承诺并持续下去。客户一旦与企业形成了关系承诺,企业就愿意与其保持长期合作的关系,并愿意付出努力维持这种关系,使客户关系得到良好发展。

与客户价值相对应的是关系价值,即企业从客户中获取的价值总和。对关系价值分析的目的是对客户进行评估,识别出高价值客户,从而采取相应的管理策略,有效地分配企业资源和能力,使商业价值达到最大化。关系价值主要研究三个问题:企业获取新客户和保持老客户的经济性主要体现在何处?如何根据关系价值的评估识别出关键客户?针对不同的客户个体或客户群体,企业应采取怎样的管理策略,使客户收益最大化?弗雷德里克(Frederick)的一项研究表明,客户流失率降低5%将使不同行业的企业利润提升25%-85%。而且,这些行业企业所获取的客户关系利润都表现出随着客户忠诚年限的增加而增加的情形。据此,一些学者提出客户资产(Customer Equity)这一概念,认为企业要赢得高价值的客户,获得高收益的回报,就要将客户作为资产来看待,实行客户资产化管理。客户资产定义为企业所有客户终生价值的贴现之和。客户资产是企业对关系价值理解的一种新观念,客户资产不仅仅是指客户当前的盈利能力,还包括客户的潜在盈利能力,即包括客户在其生命周期中对企业的所有贡献。客户生命周期(Customer Lifetime Cycle)是指从客户对企业进行了解或企业想要吸引客户开始,直到客户与企业的业务关系完全终止且与之相关的事宜完全处理完毕的这段时期。客户全生命周期价值(Customer Lifetime Value,CLV)是指客户在其整个生命周期过程中为企业所做贡献的总和。由于客户在生命周期的不同阶段,对企业所做的贡献有所不同,同时,由于时间价值的存在,所以计算客户终生价值时,必须对不同时期的客户贡献进行贴现。

设某客户的生命周期为T,在第n年中为企业所带来的收益为R,企业为其投入的成本为C,银行的贴现率为i,该客户的全生命周期价值CLV的计算公式为:

$$CLV=\sum_{n=0}^{T}[R_n-C_n\times(1+i)^{-n}]$$

计算出单个客户全生命周期价值后,将所有单个客户终生价值加总就可得到企业的总客户资产。企业可以根据客户全生命周期价值进行客户识别,依据客户盈利能力的不同合理分配营销、服务资源,实现客户资产的最大化。

现有文献中对关系价值的定量研究比较多。定量研究无疑对客户关系管理决策做出重要的贡献,但是,对关系价值仅仅从货币价值角度研究显然不够,因为客户为企业创造的无形价值更珍贵,如客户对企业的忠诚和信任、为企业传播良好的口碑、向其他客户进行推荐等。这些无形价值对客户评估至关重要。同时,由于企业的竞争环境不同,战略重点也有所区别,不同的关系价值维度对企业的重要性也不同,所以,企业需要根据自身的特定战略、竞争环境对客户进行综合评估,识别出高价值客户,在企业资源和能力有限的条件下,基于客户评估结果,对资源和能力进行有效分配,实现企业收益的最大化。

客户价值传递过程实质上是对企业与客户交互渠道的管理过程,主要包括多种渠道的整合过程和与客户的互动过程。对交互渠道的有效管理已成为企业获取持续竞争优势的有效方法。传统渠道如销售人员、经销商、代理商等物理渠道一直以来成本居高不下,迫使企业寻找新的客户交互渠道。信息技术的发展和电子商务的应用使企业与客户建立成本更低的虚拟渠道成为可能。

交互渠道大致可以分为六类:一是人员销售,包括现场账户管理、服务代理和个人代理等;二是销售网络,包括零售代理、各类店铺等;三是电话,包括传统的电话方式、传真、电报和呼叫中心等;四是直销,包括直接信件、收音机和电视等;五是电子商务,包括E-mail、网站、交互数字电话、虚拟社区等;六是移动商务,包括移动电话、短信服务、无线应用协议和3G移动服务等。

对渠道的整合管理主要是解决两个问题:如何完整地收集客户信息和建立统一、准确的客户视图,包括客户统计特性、消费行为以及偏好等信息;如何通过与客户的交互产生价值增值。佩恩(Payne)等人提出可以采取以下渠道战略实现价值传递:

第一,单一的渠道战略。企业通过唯一的渠道与客户进行交互,如亚马逊公司就是通过单一的网络渠道收集客户信息和传递客户价值的。

第二,基于客户分割的渠道战略。考虑到不同客户群体偏好不同的交互渠道,企业需要基于客户分割实施渠道战略。

第三,基于关系价值的渠道战略。根据客户当前价值和潜在价值的大小配置渠道。

第四,渠道转移战略。企业为了增加客户价值或减少运营成本,采取金钱激励或降低服务水平等手段,促使客户从以前的某种渠道转移到另一种渠道的战略。

第五,基于活动的渠道战略。考虑到客户会根据不同的采购活动综合运用不同的交互渠道,如戴尔公司就是采取这一渠道战略,客户购买计算机,通过网络进行个性化配置,通过呼叫中心确认订单和查询订单情况等。

第六,整合多重渠道战略。企业尽可能地运用多种物理渠道和虚拟渠道服务于客户,使渠道的覆盖面更广,这大大方便了企业与客户的交互,但成本较高,对渠道进行有效整合、统一客户信息的难度较大。

在多重渠道中建立统一的客户视图,通过个性化的服务为客户提供卓越的客户经历(Customer Experience),可以有效地传递客户价值。同时,价值传递过程也是客户信息的反馈过程，企业需要及时、全面收集客户信息，分析客户行为和偏好，以最有效的方式快速响应客户需求，提高客户忠诚度。

客户知识管理过程支撑着整个CRM战略，对企业成功实施CRM战略具有重要作用。CRM过程是一个知识密集型过程，在CRM战略体系中，主要存在三种类型的客户知识流：客户需要的知识（Knowledge for customers）、来自客户的知识（Knowledge from customers）和关于客户的知识（Knowledge about customers）。

关于客户的知识的收集和分析是传统的知识管理主要关注的内容，不仅包括客户的基本人文统计数据和历史交易数据，还包括客户的财务情况、当前需求、未来期望和由此形成的消费活动等。这类知识是企业进行客户分析的重要基础，它能帮助企业准确地分析和定位客户资源，了解客户需求，并据此为客户制定相应的个性化或一对一的营销策略。

为了在客户消费周期内支持客户，存在着从企业流向客户的持续知识流，即客户需要的知识，包括产品、服务、供应商、市场等信息，这类知识由企业传递给客户，帮助客户更好地理解企业的产品和服务，从而使客户的需求与企业的产品和服务有效地匹配。如何使这类知识既能被客户普遍接受，又能有针对性地为每个客户提供相应的知识，即达到广泛性与精确性之间的平衡是管理这类知识的重点。这个知识维度主要通过CRM服务过程进行传递，它也影响着客户对企业提供的服务质量的感知。

同时，来自客户的知识不但能够使企业及时响应客户需求的变化，进而相应地调整营销策略，而且可以被集成用于企业产品和服务的创新，或者是用于对产品和服务的持续改进。从客户获取知识和把客户纳入创新过程有几种方式：客户支持主义、基于团队的共同学习、共同创新、创造社区、共享知识产权、结果导向的客户倾听和面向客户的资源外取等（如表1－12所示）。其主要目的是建立特定的回馈机制，实现客户关于产品、服务及市场需求趋势等知识的收集和分析。

表1－12 客户知识管理方法一览表

风格/特征	关注点	目标	过程	系统	绩效测量	知识类型	互动程序
基于数据挖掘的客户知识发现	建立可见的企业收益	发掘客户需求与行为模式	预测分析模型、聚类分析模型、关联性模型	数据库、数据仓库、数据挖掘技术、知识发现	市场营销活动的效率和客户满意、客户忠诚	显性和隐性	从低到高
客户支持主义	建立可见的资产和收益	改进产品，产生收益	与产前并行的产后整合	计划、控制和决策供应系统	有效性和效率、客户满意或成功	显性	相对较低

续表

风格/特征	关注点	目标	过程	系统	绩效测量	知识类型	互动程序
基于团队的共同学习	创造企业社会资产	促进团队学习,应对系统变革	团队工作、授权、案例开发,质量项目	知识共享系统、数字神经系统和客户访问	系统生产力、质量、客户满意与成功	显性和隐性	从低到高
共同创新	创造新产品和过程	实现新思想的最大回报	头脑风暴、客户策划	思想产生支持系统	新产品、新过程和投资回报率、客户成功	隐性	相对较低
创造社区	共同的使命、职业的专家	获得和使用职业特长	最佳实践、专家网络	专家系统、共享的电子工作空间、群体决策支持系统	知识分享行为、决策的适时性	隐性	相对较高
共享知识产权或所有权	可见的客户知识产品共享	最大化知识产权的回报	学徒、正式培训、在岗培训	群体知识产权支持系统	新知识产权的价值、新收入源泉的投资回报率	显性	相对较高
结果导向的客户倾听	不是从客户那里获取解决方案,而是实际需求	理解客户的真实需求	客户调研与小组访谈	计划、控制与决策支持系统	客户满意与新产品成功率	显性和隐性	相对较高
面向客户的资源外取	积极发挥客户的主动作用	满足客户需求的新产品开发	客户直接从事新产品设计	客户创新工具箱	降低产品与服务的设计成本	显性和隐性	非常高

通过现有的管理信息系统可以获取客户数据,但单独的数据不能产生客户知识,为使客户数据发挥作用,必须把客户数据转换成客户信息,并将这些信息集成到整个组织内部产生客户知识。而且,需要把客户知识应用于企业日常的运营过程之中,促使客户价值和关系价值的创造与传递。因此,企业必须培育卓越的客户知识管理能力,实现对特定客户信息的产生和集成,使客户知识在整个组织内得到有效运用,进而实施有效的CRM战略。

研究发现,客户知识管理能力包括五个关键维度:①功能部门之间的协同;②支持的组织系统;③与客户的协作;④支持的IT系统;⑤支持组织学习和面向客户的组织文化。为提升客户知识的产生、分享和运用,有效支撑整个CRM战略,必须管理这五个关键维度。

第一,支持组织学习和面向客户的组织文化。支持组织学习和面向客户的组织文化可以被认为是培育客户知识管理能力的平台。在当今超强竞争的时代,企业的竞争优势更多地来源于与合作伙伴的亲密关系,来源于企业外部的可以学习、使用和强化的知识,企业必须使全体员工认识到客户的战略价值,通过强调组织内部部门之间的沟通和与客户的互动,营造和谐的组织学习氛围。

第二,功能部门的协同。不同功能部门之间的协同对管理客户知识十分重要。这是因为:首先,客户知识的产生和传递主要是基于正式的和非正式的会议或不同部门员工之间的讨论,在实现显性知识传播和提升的同时,一些隐性知识也实现了有效分享和显性化。其次,在建立和更新一个共享的客户数据库中,需要不同的部门通力协作,决定什么样的客户数据需要存储以及如何存储。同时,通过设定一定的共享规则,部门之间可以共享一些必需的客户数据,以支持部门用于客户的决策。因此,企业通过提供正式和非正式的沟通途径,加强部门之间的相互信任和相互受益的理念,实现功能部门之间的协同,有效支持企业的客户知识管理能力。

第三,支持的组织系统。支持的组织系统指的是员工发挥应有功能基础上的正式管理系统,主要包括组织结构、员工责任和义务的层次结构以及员工评估和回报系统等。企业需要根据客户的价值链重组企业的组织结构,构建真正的客户中心型组织。研究表明,高层管理者支持客户价值驱动的客户关系管理研究对发展客户知识能力、实现CRM战略十分关键,高层管理者在沟通客户知识对企业的价值方面起着重要的作用,他是把客户和合作伙伴作为知识的有价值源泉的驱动力。员工评估和回报系统对客户知识管理能力起着重要的支撑作用,为了鼓励员工获取客户数据,分享和运用客户信息,员工的评估和回报系统应该与客户满意、客户忠诚和知识共享绩效紧密联系。然而,目前很多企业所采取的员工评估和回报系统更多地注重收入而忽略了行为,这种系统存在着一定的短视行为。为有效地管理客户知识,员工的表现应通过销售小组生产力(客户保持率、响应率、客户消费增长)表现的质量(客户满意率、与客户交互的效果和效率、保持客户的能力)、销售业绩(销量和利润)和领导力来衡量。

第四,与客户的协作。与客户的协作能力在管理客户知识中十分关键。首先,客户能提供他们的经验和关于提升企业产品和服务的知识。其次,由于信息技术的发展,尤其是互联网和电子商务的发展,客户已经变得更加主动,从传统的产品和服务的被动购买和接受者,变成主动的共同价值创造者和消费者双重角色,客户主动参与企业的消费、营销和设计等流程的积极性增强,这也为企业提供了一个契机。构建一个共同创新的环境与客户进行交互的平台成为企业的主要目标之一,这对建立和维持长久的客户关系十分重要。企业需要建立一个完善的机制,激发客户合作与分享知识的意愿,实施有效的价值分享机制,提高企业与客户彼此的投入程度和依赖程度，如微软和亚马逊公司在建立、试验甚至生产他们的产品和服务的过程中已成功地运用客户知识，并获得了良好的效果。

第五，支持的 IT 系统。支持的 IT 系统指的是组织内部和组织与客户之间知识产生和共享的渠道和平台。IT 系统不仅可以在个性化服务、服务延伸和转变产品等方面帮助企业改进服务战略，还可以为企业提供与客户进行互动沟通的机会，为进行客户知识管理（Customer Knowledge Management，CKM）提供便利和技术工具。具体来说，企业根据客户互动和接触点、产品特点以及企业的发展阶段等要素，选择合适的与客户交互的渠道。如 Internet、Intranet 和 Extranet、E－mail、客户社区和客户接触中心等系统被设计用来主导客户对话。这些 IT 系统的集成和管理可以实现客户知识的完整收集、精确储存、有效分析和广泛传播，对企业进行客户知识管理十分关键。

CRM 绩效评估的目的是为了监测企业实施客户价值驱动的 CRM 战略是否达到了预期目标；同时，对现阶段 CRM 的有效性进行评价，是下一步实施 CRM 战略的客户价值驱动 CRM 战略的研究基础。由于 CRM 战略框架中包括很多交叉功能的子过程，强调多重目标的实现，所以评价 CRM 的有效性是一项复杂的系统工作。传统的财务评价方法，如投资回报率、市场份额等主要是立足于事后评估，不能反映 CRM 实践的未来发展和获利能力；而当前流行的 CRM 绩效评估方法是基于结果的测量方法，如运用客户获取率、客户保持率、交叉购买率和客户全生命周期价值等指标进行评价。虽然这些指标对于 CRM 绩效的评估十分重要，但是客户价值驱动的 CRM 战略的本质是实现企业和客户的双赢，为客户创造和传递最大化的客户价值，从而使企业获取最大化的关系价值，显然它们之间存在对立和冲突。因此，对于 CRM 战略实施绩效的测量处于两难困境。此外，由于缺乏有效的绩效评估体系和难以实现客户价值与关系价值之间的平衡，出于成本的考虑，很多企业片面强调客户保持而忽视客户获取的作用。

因此，很有必要构建一套结构性的方法，将客户价值与关系价值的双向创造过程紧密联系，实现客户价值与关系价值的平衡，兼顾客户价值与关系价值的具体驱动因素，以有效实现客户关系管理的绩效评估。考虑到平衡计分卡的优点，本书提出了一个基于平衡计分卡的 CRM 有效性评价模型，修改了传统 BSC 的四个视角为客户知识、客户交互、客户价值、关系价值，并通过对四个视角的作用分析，构造了四个视角的评价矩阵，这样能较好地平衡客户价值和关系价值，体现了客户收益和企业收益“双赢”的性质，同时运用案例研究验证了模型的可行性和有效性。

2

客户关系管理沙盘诞生背景

实践教学一直以来就是高校人才培养中的一个薄弱环节。解决实践教学问题的对策就是要转变观念，构建相对独立而系统的实践教学体系，加快适应实践教学需要的师资队伍建设，加强校内和校外的实习基地建设，并不断完善实践教学的考核制度。

据报道，中国高等教育规模已先后超过俄罗斯、印度和美国，位居世界第一。随着我国高等教育的快速发展，高校毕业生人数逐年增加（如图 2-1 所示），2009 年大学毕业生人数已经突破了 600 万，且其后几年都保持着上升的态势，2014 年大学生毕业人数突破 700 万大关，达到 727 万，2015 年达到 749 万。

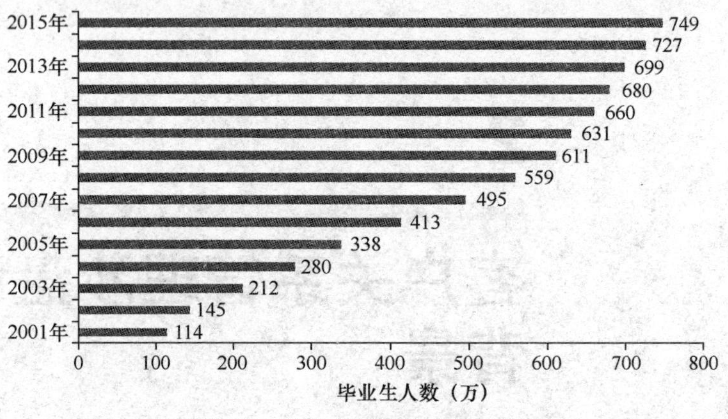

图 2-1　近年全国高校毕业生人数

随着我国高等教育的蓬勃发展，相伴而生的问题也显现出来：一方面是扩招带来的毕业生人数的激增；另一方面是学校教学中社会适应性的培养能力不足，越来越多的毕业生毕业即失业的问题也日益严重。学校是服务社会的，学校只有培养出社会需要的人才，它才会有生存和发展的基础，而毕业即失业的现象必然会阻碍我国高等教育事业的良性发展。近年来，为了能够让学生更好地适应社会需求，一些高校已经意识到了实践教学的重要性，开始顺应市场导向，开设了各种热门专业，增加了实践教学环节。然而，从总体上看，由于传统高等教育中不够重视理论与实践的结合，在教育教学中忽视实践教学环节的惯性作用依然存在，因此，当前的实践教学仍存在着一些问题。

2.1　当前实践教学中的问题与原因分析

实践教学通常是指有计划地组织学生直接从事实际操作的一种教学活动。虽然目前高校都在尝试或开展实践教学，但从实践教学的效果来看，我国的实践教学总体水平不高,还处于起步阶段。我国实践教学发展缓慢的原因主要表现在以下五个方面。

2.1.1 受惯性作用的影响,在认识上仍轻视实践教学

从我国高等教育的历史来看,高校对实践教学重视不足,始终存在着重知识传授、轻能力培养的问题,直至目前,这种影响也未完全消除。一些办学者观念陈旧,不顾形势变化的需要,仍强调以理论教学为主,实践教学为辅,把实践教学看成是偏门甚至是可有可无;即使开展实践教学,其重心也不是为了培养学生的动手能力和分析问题的能力,而仅仅是将其作为一种加深对有关理论课程的理解和掌握的工具。这种对实践教学重要性缺乏认识、缺乏全员参与的现象依然存在,实践教学在很大程度上仍只是停留在理念上、宣传上,导致相关的工作难以推进,相关要求也很难落到实处。实事求是地说,这是我国实践教学发展缓慢的首要原因。

2.1.2 实践教学体系不完善,实践教学课程设置不到位

尽管目前大多数高校都能认识到实践教学对大学生就业的重要性,并在制定教学计划时明显增加了一些实践教学课程的课时,但是仍有很多实践课程是虚设的。由于一部分高校教育工作者认为实践教学只是理论教学的一个环节和适当的补充,因此,实践教学尤其是文科专业的实践教学被普遍弱化,在教学内容的安排上仍普遍存在着重理论、轻实践,重知识、轻能力的现象,缺乏培养学生动手能力和分析问题能力的一整套规划。加之近年来一些高校在条件尚不具备的情况下扩招速度较快,致使办学经费严重缺乏,实践教学基地无法保证,实践教学进一步被削弱,很多实践教学课程和环节无法安排到位。这些情况不可避免地导致了学生的理论学习与实践脱节、创新意识与动手能力不强。

2.1.3 实践教学的方法和手段落后,教学设施及基地不健全,教学效果差

在我国高校,以讲授为主的教学方法始终占据重要地位,而一些被国外证明效果很好的教学方法,如讨论法、案例教学法、项目课题研究教学法等,在教学中的运用并不广泛。在实践教学中沿袭的一般做法是,在实验、实习前,教师将实验实训的内容、操作方法与步骤、报告格式,甚至每一步都将得到的结果等写得一清二楚。在这种情况下,学生完成教学大纲的规定内容、掌握基本原理和方法,完全是在教师设定的范围内,都是机械地完成操作,学生缺少或者说根本不需要主动积极的思考。然而,一旦离开了教师,学生就会不知所措,其结果只能是学生的独立创造性日渐消磨,动手能力较差。当然,教育经费的紧张与

逐年扩大招生的现实矛盾也使很多大学的硬件建设受阻,教学设施差,教室安排紧也是导致教育手段、教学方式单一的客观原因之一。此外,一些高校不重视校外实践基地的建立和完善,没有建立相对稳定的校外实践教学基地,学生的社会实践多是凭关系,由学生自己去找,这种基地分散、临时性、随意性较多的实践教学状况,不但给教师及时指导和解决学生在实践中出现的问题增加了难度,而且,由于督查难以到位,学生不参加实践活动的情况也较为突出。这些问题的存在,不利于学生实践能力的培养,不利于学生自主创新意识和良好工作作风的形成,导致学生社会适应性不强。

2.1.4 师资队伍实践教学水平不高

从高校进人方面来看,当前一大批高学历的年轻教师成为高校教学的主力军,使教师学历层次有了较大提升,然而这同时也成为教学水平提高的瓶颈。目前,高校招聘教师,学历是主要条件,可是,我国的博士、硕士大多是从校门到校门,他们在接受教育时重理论、轻实践的现象相当普遍,他们所受到的教育基本上就是理论教育,本身并没有经过职业技能训练,毕业后也因课务重或基于职称的压力,也难有实践锻炼的时间和愿望。由于教师自身先天的缺陷,所以在指导学生动手训练时难免能力不足,很难对学生进行实践性教育的指导,在这种情况下,学生实践教学的学习效果差也就在情理之中了。从高校用人方面来看,对实践教学人员重视不够,与同等学力、具有相同专业技术职务的教师相比,实践教学人员往往地位低、待遇差,很多人认为从事实践教学工作低人一等。这些情况轻则影响到实践课教师工作的主动性和积极性,重则会导致许多优秀教师不愿意专门从事实践教学。毫无疑问,实践教学师资队伍的不稳定也是我国实践教学发展缓慢、教学水平不高的重要原因。

2.1.5 实践教学考核评价体系不科学,制度不严格

从评价体系来看,很多高校不注重营造实践创新的环境,没有制定有效的专门的实践教学考核办法和考核标准。长期以来高校采用的评价体系是一种以学习成绩为主的人才培养考核评价体系。这种考核制度,面对学生在实践中获得的千差万别的创新成果和达到的创新水平,显然无法做出公正而又科学的评价,其结果是既难以考查教师的实践教学水平,也不利于对学生创新意识和实践能力的培养。此外,多数高校还缺乏应有的激励机制,对学生参加学术报告、小发明、小创造等各种学科竞赛活动,参加科研立项或参与教师科研课题的科研活动,参加社会实践调查活动、科技服务和科普宣传活动等基本上不给予相应的学分,这种现象也严重抑制了学生开展实践活动的积极性,阻碍了实践教学的发展。

2.2 加强实践教学改革的对策分析

针对高校在实践教学中存在的问题,应当从转变观念入手,从学校和学生发展的实际出发,有针对性地制订相关措施和培养计划,并要有切实的措施对实践教学进行监督。具体来说应做好以下方面的工作。

2.2.1 从思想上重视高校实践教学,建立完整和相对独立的实践教学体系

重理论、轻实践的思想必须在教育界从上到下得以彻底改变,否则,加强实践教学就是空谈。此外,加强实践教学还应重构实践教学体系。由于实践是创新的基础,所以应当彻底改变传统教育模式下实践教学处于从属地位的状况。当前,摆在高校面前的一个重要任务就是要加紧构建能为更多学生提供一个具有综合性、设计性和创造性的实践环境,使每个大学生在4年的学习中都能接受多个实践环节的学习,这不仅能使学生掌握扎实的基本知识与技能,而且对提高学生的综合素质大有好处。

要建立完整和相对独立的实践教学体系,就一定要制订出相对独立的实践教学计划,进一步调整理论教学与实践教学的比例,适当减少理论课的教授时数,增加专业实习和课程实习的时间;要围绕学生走上社会所必须具备的能力和技能来设计每学年的实践教学课程,统筹安排,并以教学文件的形式固定下来。

2.2.2 改进高校进人用人方法,加强实践课教师队伍建设

培养一支结构合理、事业心强、技术水平高的实践课教师队伍是提高实践教学质量的关键,是大学毕业生及时适应社会需要的重要保证。为此,高校在引进教师时应尽可能将那些既具备专业理论知识,又有较强实践能力的综合型人才吸收到教学队伍中;要努力改善和提高从事实践教学工作的教师的待遇,使实践教学教师这一岗位成为能够吸引人才和留住人才的岗位;应当注意把那些素质好又有培养前途且乐于献身实践教学的教师,优先送到实训基地或相关部门进行实践锻炼,逐步提高教师队伍的整体水平;要加快兼职教师队伍的建设,采用请进来的办法,聘请一批企事业单位的专家、在实践基地里有丰富经验的技术骨干等作为兼职实习、实训的指导教师,这样,通过多种渠道的合力,组建一支以专职为主、专兼职结合的实践教学师资队伍。

2.2.3 加快实验或实践基地建设，为学生创造实践机会和展示才干的平台

让学生在设施良好的实践环境中接受案例教学，无疑会极大地激发学生学习的积极性和实践热情，更快、更好地培养学生的实践能力和职业能力。因此，实验或实践基地建设对实践教学的重要性是不言而喻的。对于实践基地的建设，一方面可依托高校资源，加大专项经费的支持力度，努力做好校内实践基地的新建、扩建和改建；另一方面应积极寻求外单位的支持，积极拓展校外实践基地，通过校外实践基地培养并为社会输送所需的技术应用人才。

2.2.4 改革实践教学的教育模式，积极实施以学生为主体的教学模式

学生能力的提高主要不是依靠老师教出来的，而是在实践中练出来的、悟出来的。鉴于此，实践教学一定要改革以教师为主体的传统教学模式，实施以学生为主体的教学模式。要让学生经常置身于一定的实践环境中，通过在实践中的亲身经历不断获得真正的感悟。实践教学应形式多样并且自成体系，可包括教学实验、实习课程设计、业务实习过程实践、社会调查研究、课外科技活动、科研训练、组织各类学科竞赛、直接参加生产一线的劳动，以及毕业实习等。而对于实践教学模式的选择，除了固有的教学方式外，还可以让学生走出去，积极参与到社会实践中，也可以把社会上具有丰富实践经验的专家请进来进行指导。当然，不管是何种形式，都必须以培养学生的实践能力为目的，都必须以学生为主体开展各项实践活动。

2.2.5 探讨实践教学考核的新方式，通过实践考核改革促进实践教学发展

传统的考试题型和方式只适合于对学生进行理论知识的评价，而实践能力则是学生将理论知识应用于实践的综合性能力，传统的考试题型和方式显然无法胜任这方面的评价任务，因此，对实践教学的考核一定要注重适合实践的考试方式。唯有如此，才能发挥考试的多种功能，并通过实践考核促进实践教学。为了使学生毕业后能更好地适应社会的需要，当前在探索实践考核的新方式时一定要注意与社会职业技能鉴定接轨，要建立起基本技能、专业技能及综合技能考核体系，学生技能模块教学完成后，要鼓励学生参加社会各种职业技术能力和技能考试、测试，取得社会公认的职业技能资格证书；应在教学中推行职业资格培训，通过职业资格考试系统检验学生的技能，培养从业

规范和良好的职业素质,使学生在毕业时能达到劳动准入制度所要求的相关技能等级。

近年来,一些高等院校已经开始重视实践教学。强化实践教学环节,深化实践教学方法改革是当前高等院校实践教学工作的重点。为此,各高校积极探索各种实践教学的方式方法,其中沙盘模拟是近几年经管类实践教学非常流行的方式之一。

2.3 沙盘模拟概述

2.3.1 沙盘模拟的定义

沙盘模拟是通过引领学生进入一个模拟的竞争性行业,由学生分组建立若干模拟公司,围绕形象、直观的沙盘教具,实战演练模拟企业的经营管理与市场竞争,在模拟经营企业 4 ~ 6 年的过程中提高战略管理能力,感悟经营决策的真谛。

2.3.2 沙盘模拟的来源

应用于沙盘研究作战情况在我国有着悠久的历史。《史记 · 秦始皇本纪》中记载:"以水银为百川大海,机相灌输,上具天文、下具地理。"据说,秦在布置灭六国时,秦始皇亲自堆制沙盘研究各国的地理形势,在李斯的辅佐下,派大将王翦进行统一六国的战争。后来,秦始皇在修建陵墓时,墓中堆塑了一个大型的地形模型,以地形模型作为殡葬品。这说明,秦始皇从统一战争中认识到地形的重要性。模型中不仅砌有高山、丘阜和城邑等,而且用水银模拟江河、大海,用机械装置使水银流动循环。可以说,这是最早的沙盘雏形,至今已有2 200多年的历史。南朝宋史学家范晔撰《后汉书 · 马援传》中已有记载:汉建武八年(公元 32 年),光武帝征伐天水、武都一带地方豪强隗嚣时,大将马援"聚米为山谷,指画形势",使光武帝顿有"虏在吾目中矣"的感觉,即东汉光武帝刘秀的伏波将军马援,用谷米堆制战场地形,用各色豆粒标出高山、平原、河流、峡谷、要地、隘口、城池、道路,以及敌我双方军队兵士的布置情况,直观地展现战场场景,为将领指挥作战提供了极大的方便。这就是世界上最早出现的沙盘。

北宋著名科学家沈括(1031—1095 年)发展了沙盘制作方法,把宋朝与契丹(辽)接壤的沿边地形制成木制地形模型。为方便起见,后来改为石粉糊木屑做在木面板上。他所在的定州(今河北定州市)冬天寒冷,模型做在木板上容易脱落,所以又改用熔蜡的方式制作,报送皇上,神宗看后甚为嘉评,并下诏边疆各州俱效法制作。因沙盘适用于军事,使用价值高,很快得到推广。

三国时期,蜀国军师诸葛亮,在四川奉节县南江边上一个被称为鱼腹浦的地方,聚石布成了"八阵图",使吴国大将陆逊望而生畏。诸葛亮的"八阵图"一直是个谜,经现代军事科学家研究发现,这个"八阵图"共有乱石八九十堆,原来是秦岭地区的地形模型,诸葛亮用它模拟训练蜀国军队,是用于为出汉中、越秦岭、北伐在中原的魏国做军事准备。

由于沙盘使用价值高,因此,第一次世界大战后,沙盘在军事上的应用更加广泛。第二次世界大战时,德军每次组织重大战役都预先在沙盘上予以模拟演练。后来,随着电子计算机技术的发展,出现了电脑模拟战场情况的新技术,促使沙盘向自动化、多样化的方向发展。

最初的企业运营沙盘仿真实验是瑞典皇家工学院的科拉斯·梅兰于1978年开发的课程,其特点是采用体验式培训方式,遵循"体验—分享—提交—应用"的程序达到学习的目的。最初该课程主要是从非财务人员的财务管理角度进行设计的,其后不断改进与完善,针对职业(如CEO、CFO等职位)的沙盘演练课程也被相继开发出来。目前"沙盘演练"的各项专业课程被世界500强企业作为中高层管理者的必要培训课程之一,也被欧美的商学院作为EMBA的培训课程。

2.3.3 沙盘模拟课程的形式

沙盘模拟课程通过形象直观的沙盘教具,仿真模拟特定环境中的客户关系管理。课程中,把学员分成4~6组,每组4~7人,每组各代表一个虚拟公司,每个小组的成员分别担任公司中的重要职务(客户关系经理、客户开发专员、客户培养专员、客户服务专员、产品专员),每个公司都是同行业中的竞争对手。学生们通过实战演练模拟企业的客户关系管理与市场竞争,在模拟企业4~6年的经营过程中提高战略管理能力,感悟经营决策真谛。每一年度经营结束后,通过对企业经营业绩的盘点与总结,反思决策成败,解析战略得失,梳理管理思路,思考所暴露出的经营误区,并通过多次调整与改进的练习,切实提高综合管理素质。每门沙盘模拟课程时间安排为2~3天,可安排24~36名学生同时学习。教室布局采用岛式教学,将学生分组通过实战模拟演练完成体验式学习。教学过程采用分组讨论、角色扮演、情景演练、案例分析、集中研讨和点评分析等多种方式,同时运用国内领先的软件分析工具进行动态数据分析。

2.3.4 沙盘模拟的优势

沙盘模拟课程完全不同于传统的灌输式的教学，具有实战性、互动性、趣味性、竞争性等特点，能够最大限度地调动学生的学习兴趣，使学生在学习中处于高度兴奋状态，充分运用听、说、学、做、改等一系列学习手段，调动所有的感官功能，对所学内容形成深度记忆，并能够将学到的管理思路和方法很快地运用于实践。在沙盘模拟课程中，学生学到的不再是空洞乏味的概念、理论，而是极其宝贵的实践经验和对理论产生的深层次的领会与感悟。

2.3.5 沙盘模拟课程的特点

2.3.5.1 体验式学习

在传统培训中，讲师是主体，学生是客体，参加培训是一种灌输式的被动学习。这种学习形式显然不适合成年人的认知特点，虽然教师输出的信息不少，但学生真正掌握的却不多。而且，由于学生的学习感官调动不充分，不能形成深度记忆，学到的知识很容易被忘记，很难获得预期的学习效果。

沙盘模拟解决了传统教学的这一缺陷。在沙盘模拟课程中，学生是主体，教师是客体，学生就是通过对模拟经营的完整体验，通过对模拟管理中的成功与失败进行反思和总结感受企业运营规律，感悟经营管理真谛，并对所学知识形成深度记忆，而且能够将学到的管理知识运用到工作实践中。

2.3.5.2 培养经营能力

沙盘模拟课程的根本立意就在于围绕经营学习管理。通过对企业经营过程的亲身参与和体验，使学生感受到能够成为为企业发展发挥更大作用的经营型人才的成就。通过对企业经营各环节的实际运作，使学生了解企业整体的运营流程，树立整体经营意义上的协作意识和全局观念。

传统管理培训无法营造学习经营的理想环境，而沙盘模拟通过学生分组模拟相互竞争的企业，模拟行业的真实市场环境，很好地解决了这一难题，这也是沙盘模拟无可替代的情景教学优势。

2.3.5.3 在失误中认识错误

所有管理者在日常的管理中都养成了一定的工作习惯，这种习惯的养成都是靠管理中的感悟和认识形成的，这种习惯、管理思想和方法是否存在误区，可以通过模拟经营进行检验。在虚拟经营中犯错误不可怕，重要的是借此提高认识，避免在现实中犯错误。

2.3.5.4 基于组织智慧，演练团队决策

一个组织是否成熟，明显的标志就是看它是否有能力形成并运用组织的智慧。学生要避免靠个人能力的单打独斗，必须快速建设高效团队，形成团队个

体之间的优势互补，运用团队智慧，对环境变化做出准确的判断和正确的决策。沙盘模拟课程最重要的内容就是让学生在每一次经营决策中感受团队智慧的价值，并在团队决策的过程中学习，成为参与决策的高手。

2.3.5.5 拓宽经营视野

很多时候，学生在模拟课程中往往可能只专注于某个业务单元或某个领域，有的还存在狭隘的部门意识，不利于内部各部门的沟通。通过培训，可以使学生从更宽的角度、更高的起点认识企业经营。

2.3.6 沙盘模拟的目标

在模拟经营中，学生必须和团队一起分析市场、发现机会、识别问题，做出决策并组织实施。无论结果是成功还是失败，学生都会在这种近似实战的模拟演练中深刻领悟经营和管理的真谛。通过经营决策模拟，学生不但完成了围绕培训主题的高质量学习，达到有效提高并熟练运用不同管理技能的目的，还将在思想上发生深刻的变化，他们不但能够清晰地认识企业经营管理的实质，而且能够跨越性地完成从职能型管理到经营型管理、从经验型管理到科学化管理、从内窥式管理到开放式管理、从反应式管理到运筹式管理的思想转型，从而培养管理者的全局意识和系统思考能力，更新管理者的决策模式，拓宽管理者的思维领域。

2.3.7 沙盘模拟的价值

(1)打造积极向上的组织文化，创造具有共同心智模式的团队。

(2)体验企业的系统运营流程，重新认识本企业的经营目标、经营方针等。

(3)树立全局观念，冲破部门分割，拓展管理视角，增进沟通交流，培养协作精神。

(4)提高洞察市场和理性决策的能力。

(5)拓展管理视野，谋求有利于企业发展的外部条件。

(6)认识不同战略选择与经营业绩之间的逻辑关系，及时反思企业战略的正确性。

(7)培养管理者快速应变能力和危险管理能力，增强企业危机意识和抗风险的能力。

(8)打破部门界限，树立全局意识，使各部门经理充分认识企业经营的本质，对企业整体经营状况达成共识，增进部门间的沟通与合作。

(9)全面了解企业，获得企业系统运营的实践经验。

(10)提高企业中高层管理者的战略思考能力，提高企业整体经营的效率。

2.4 构建沙盘模拟教学体系的目标与措施

2.4.1 建立基于沙盘模拟教学环境的实践教学体系的优势

2.4.1.1 侧重实践和现场参与,激发学生主动思考和创新精神

沙盘模拟训练课程能提供现场实践的氛围,使学生们在对抗中有身临其境的感觉,在成功和失败、权力和责任、决策和风险中领悟管理的知识和技巧,学会团队协作,全面提高管理的素质与能力。在课程中,学生基本上处于"发现问题—解决问题—发现新问题"的过程之中,每个团队必须共同分析问题,制定解决方案,具体实施并评价效果。从怎样才能避免破产到如何掌控市场优势,从怎样精确控制生产成本到如何提高资金周转速度,从一人领导到群策群力,从盲目操作到精细分工,在对抗的过程中促使学生主动地进行目的性极强的思考,激发学生的积极性,激发学生的潜能和创造力,提高课程的学习效果。相对于理论知识,沙盘模拟训练课程更多地侧重于实际操作能力的培养,最大限度地模拟一个真实企业的生产、财务和营销等过程以及多个企业间的战略对抗与合作,使学生能够直观地了解各种专业知识在日常工作以及战略决策中的实际应用,"在参与中学习知识,在实训中提升能力",这与目前倡导的"行动导向""任务驱动""工学结合"的教育教学改革理念和人才培养模式是一致的。

2.4.1.2 激发学生兴趣,明确专业价值

在管理类课程的授课过程中,经常会有学生问这样的问题:"我们学习这门课程有什么用?"总体来说,一方面,高校中管理类课程相对于技术类、专业类课程,概念性的内容偏多,并且传统的授课方式以讲授为主,学生的课堂体验相对较少,授课效果很不明显;另一方面,高职高专的学生层次和知识积累决定了他们很难对管理类课程有一个整体的掌握和深刻的理解。另外,管理类课程的授课效果也很难有一个行之有效的检验和考核方式,主观性较强。沙盘模拟训练课程与传统课程相比,其最大的特点是摒弃了教材的约束,课堂的主体由授课教师变成了参与其中的学生团队,教师的角色由知识的传授者、演讲者甚至是表演者转变为市场的组织者、经营的指导者、能力的促进者。在组建模拟企业、进行对抗的过程中,学生会遇到成本控制、资金周转、市场定位、原料采购、产品研发、应对突发情况、沟通和决策等多方面的问题,在解决问题的过程中学生自然而然地认识和了解管理、营销、财务、信息和商务等学科的相关知识点,对自身专业的价值也有了一个非常直观的体验。

2.4.1.3 培养学生的专业素养，提升学生的竞争力

管理类专业学生能力和素质的提升，主要靠的是实践而不是读死书、记定义、闭门造车或纸上谈兵。沙盘模拟训练课程是以实践作为绝对的主体，教师讲授和总结只是提纲挈领、画龙点睛。在课程中，学生能够自发地领悟有关合作、沟通、竞争、应变等方面的能力，提升自己的“3Q”，即智商 IQ、情商 EQ 和逆商 AQ。经历了破产的刻骨铭心和成功盈利的欢呼雀跃，学生不仅能认识到战略决策的重要，更能明白“细节决定成败”的道理。通过对企业经营过程的模拟，学生对专业的方向和前景有了直观的了解，从某种意义上来讲，沙盘模拟训练课程对学生最有效的培养和教育不是能力上的而是心理上的。通过沙盘模拟训练课程的学习，学生从心理上更加自信并坚定信心，能够更好地应对竞争和挑战。

2.4.1.4 拓展知识体系，提升综合素质

在高职院校的专业设置中，专业划分较细，这种专业壁垒禁锢了学生的发展空间和思维方式。沙盘模拟训练课程是对企业经营管理的全方位展现，通过学习，可以使学生在营销、生产、财务和战略管理等方面获益，养成基于信息管理的思维方式，全面提高学生的综合素质，使学生树立共赢理念、全局观念与团队合作精神，领悟保持诚信的重要性，了解自身个性与职业定位，甚至感悟人生，实现从感性到理性的飞跃。在沙盘模拟训练课程中，学生们经历了一个从理论到实践再到理论的螺旋式上升过程，这符合哲学上“肯定—否定—否定之否定”的客观规律，将自己亲身经历的宝贵实践经验转化为全面的理论模型。学生借助沙盘推演自己的企业经营管理理念，从宏观到微观，从战略到战术，从感性到理性，每一次基于现场的案例分析及基于数据分析的企业诊断，都会使学生恍然大悟，达到磨炼其商业决策敏感度，提升决策能力及长期规划能力的目的。

沙盘模拟教学是集知识性、趣味性、对抗性于一体的企业管理技能训练课程。在高校中，沙盘模拟课程往往通过游戏教学的方式让学生在模拟企业经营决策的过程中体验得失、总结成败。通过沙盘模拟课程的学习，学生的学习积极性和主动性明显提高，综合运用所学知识的能力得到了很大的提升，独立思考能力和团队精神得到了很好的锻炼，这些都有助于解决管理类专业实践教学培养学生能力不足的问题。

2.4.2 建立基于沙盘模拟教学环境的实践教学体系的目标

2.4.2.1 培养学生的团队协作精神

沙盘模拟对抗的最大特点就是构建模拟企业团队，团队内部实行民主集中制。团队成员分工协作，各个角色各司其职、各负其责，同时又相互沟通、团结协作，体现团队协作精神。每一个角色都有特殊的使命，都是肩负重任、责无旁

贷。角色之间要彼此沟通、目标一致,必须同心协力。

2.4.2.2 培养学生的战略思想,克服短期经营行为

在沙盘模拟经营过程中,要求各个模拟企业至少连续经营6年,体现战略决策对企业的长远影响;体现企业经营环境的复杂多变;体现学生对复杂多变环境的应变能力;体现战略决策与短期行为之间的对立统一关系,培养和锻炼学生的决策能力、应变能力和协调能力。

2.4.2.3 培养学生树立双赢、共赢理念

面对无情的市场、激烈的竞争,一个企业单打独斗是难以与市场抗衡的。因此,企业之间需要沟通,需要协作。面对相同的经营环境和经营起点,不同的战略、经营方针和决策,产生的结果可能是完全不同的。因此,只有做好市场分析、竞争对手分析和自我分析,及时沟通协作,才能赢得共赢。

2.4.2.4 培养学生的综合素质,提高知识应用能力

参加沙盘模拟企业经营学习的学生普遍认为专业知识得到了巩固、提高,同时学到了更多的新知识,对相关专业的知识有了更加深入的了解,个人的素质和能力也有了不同程度的提高。

2.4.3 建立基于沙盘模拟教学环境的实践教学体系的措施

2.4.3.1 课程体系设置

将沙盘模拟教学纳入专业人才培养方案,可以采取开设沙盘类课程或者专项实训周的方式完成教学任务。因为沙盘经营的规则比较复杂,在模拟经营过程前,授课教师要对经营规则和注意事项进行详细的讲解,但是大多数学生往往不能理解其含义,必须亲自动手做过一遍以后才能对规则有深刻领悟。同时,模拟企业的生产经营又具有连续性,若采用开设课程的方式,学时分散、时间跨度大,常常不能取得良好的实践教学效果,若采取专项实训周的方式则可以弥补这些缺陷,相对而言能取得较好的教学效果。

2.4.3.2 师资队伍建设

沙盘模拟教学具有跨学科、跨专业的特点,不仅要求教师有较为渊博的知识,还要求教师具备丰富的企业管理实践经验,了解企业在实际运营中可能出现的诸多问题,这样才能将沙盘实践教学与现实企业的实际运营相结合,深入分析经营的各个层面。因此,沙盘模拟实训课程应当配备具备综合知识素养的教师。但是,目前高校中的大多教师都是从高校到高校,缺少企业实践经验,既熟悉经济管理知识又具有实践经验的复合型教师非常少。因此,高校应充分利用现有师资队伍,打破教师的专业界限,抽调知识结构互补的专任教师组成沙盘教学项目团队。此外,应不断地对教师进行再教育与培养,在一定的时期内,应派教师到校外实训基地学习与锻炼,提高教师的素质与能力。

2.4.3.3 建立校企合作的实践教学模式

高校在开展沙盘模拟教学时，可以考虑与企业加强校企合作，共建沙盘培训基地，合理利用校外资源，积极引进企业中成熟的管理实践的教学内容和教学方法，以缩短学校与社会的距离。在实际操作中，可以采用请进来、走出去的方法，请企事业单位中相关方面的专家到学校为学生讲解沙盘的操作方法、用途及重要性；同时，指导教师带领学生到企事业工作现场观摩企业具体业务操作流程等，提高学生的学习兴趣，使学生对沙盘知识的学习产生强烈的愿望。

2.4.3.4 建立科学的沙盘教学效果评价机制

现行的实训教学评定标准主要是看最后的实训结果，许多教师在为各模拟公司打分时只分析企业的经营结果，只看企业经营排名，导致学生在实训过程中急功近利。有的学生为了取得好的经营结果，不惜违反操作规则，有的同学害怕犯错，影响公司成绩，干脆什么都不做。沙盘模拟实训的考核应实行阶段性、全方位、多层次的考核方式，对学生成绩的评定不仅要看最后的实训结果，还要强调过程控制。教师应当考察实训全过程中的团队合作情况、遵守活动规则情况和经营活动记录情况等，重点强调诚信经营，通过综合考评，全面评价学生的专业实践能力。

2.4.3.5 组建沙盘类专业实践社团

由于开设沙盘模拟教学的课时很少，而真正掌握沙盘操作技能需要大量的时间，因此需要利用大量的课外时间进行练习。目前，授课教师平时工作量大，缺乏更多的时间组织额外的课外沙盘教学，因此有必要组建沙盘类专业实践社团。专业实践社团以学生为主体，由学生对沙盘实训室进行日常管理，教师指导学生开展课外沙盘学习，教师只对社团中的骨干学生进行重点培训，由骨干学生再向其他学生传授，充分发挥传、帮、带的作用。

2.4.3.6 积极参加沙盘模拟类技能大赛

沙盘模拟技能大赛是课堂教学的延伸，也是学生验证自己掌握课堂知识的最好平台。高校管理类专业应组织队伍代表学校参加国家级、省级各类沙盘模拟演练大赛，落实国家“普通教育有高考，职业教育有技能大赛”的职业教育办学理念。通过沙盘技能大赛，检验教学成果，促进沙盘教学水平的提高。

2.4.3.7 结合专业特征，针对专业的特点选择沙盘进行学习

随着高校对沙盘模拟教学的认可，沙盘突破了仅仅以制造型企业为背景的设计，物流企业沙盘、电子商务企业沙盘、供应链沙盘、市场营销沙盘、人力资源管理沙盘、客户关系管理沙盘及国际贸易沙盘等一系列沙盘相继出现。管理类专业学生可以结合专业特征学习相关的沙盘课程。

管理类专业实践教学通过沙盘模拟环境，仿真企业经营环境，为学生提供进入企业不同岗位操作和学习的机会，学生可以把学到的专业知识运用到实践

中去。沙盘模拟教学法是新兴的实践教学方法,充分体现出行为导向和岗位体验的实践教学理念。基于沙盘模拟环境构建管理类专业实践教学体系,既可以提高学生综合职业素质与能力,同时也可以解决困扰管理类专业发展的实践教学组织难、实施难的问题,有助于进一步完善现行的管理类专业实践教学体系。

3

客户关系管理沙盘简介

从梅奥(Mayo)的"人际关系"到艾维李(Ivy Lee)的"公共关系"理论,为企业管理的发展开辟了新的思维方向。企业对内对外的关系直接影响企业的健康发展,公共关系、广告、人员推销与营业推广成为市场营销中四大促销策略,而客户关系是公共关系中更为具体的一项工作,直接影响企业的社会效益和经济效益。

每一个企业的生存与发展都离不开客户的支持,客户是企业的生存之本、发展之源。因为企业生产的产品是为满足客户需要的,从某种意义上讲,客户是企业的衣食父母,由此可见客户关系管理对企业的重要性。客户关系管理是一种旨在改善企业与客户之间关系的新型管理机制,其核心思想就是将企业的客户作为企业最重要的资源,通过完善的客户服务和深入的客户分析满足客户的需要,保证实现客户的终生价值,进而达到留住客户并以此提升企业业绩和竞争力的目的。企业利用客户关系管理,一方面可以通过提供更快速和更周到的优质服务吸引和保持更多的客户;另一方面可以通过对业务流程的全面管理降低企业成本。

客户关系管理沙盘是将企业置身于瞬息万变的复杂环境中,通过模拟企业的整体运营过程,使学生通过分析企业内外部环境,制定战略决策、市场及产品决策、营销决策和财务决策,体验企业的经营决策过程,从而掌握制定决策的方法,避免决策陷阱和误区,以提高学生对客户关系管理重要性的认识。

3.1 客户关系管理沙盘介绍

现代企业的生存和发展离不开市场的拓展、顾客的稳定和增加。而在产品生命周期缩短、消费多元化和个性化的今天,企业要留住老顾客、争取新顾客就必须时刻留意消费者,倾听他们的声音,应时应地应人地满足市场的需求。要做到这一点,企业就必须通过制定企业发展战略把顾客的需求和顾客的利益转化为企业的利益和目标,把顾客的利益纳入企业各项业务活动流程和战略规划体系中。从某种意义上讲,企业应该是经营顾客而不是经营商品,才能保证企业在激烈的市场竞争中立于不败之地。著名的营销学者菲利普·科特勒(Philip Kotler)说过:"好顾客是一种财富,当这种财富被妥善经营和服务时,他们一生的花费,将像小溪一样,源源不断地流入公司。这可是一笔不小的数目,在竞争异常激烈的市场中,公司经营的第一条原则就是通过与众不同的方式,不断地满足顾客的需求以支持他们对自己产品的忠诚。"所以说,在以个性化服务基础上的规模经济为基础的后工业时代、计算机网络技术高速发展的知识经济时代,处于经济全球化趋势日渐明朗的新经济时代,每个企业都积极地构筑自己的战略系统，这个系统的基础就是企业的客户关系。经营好顾客和客户关系是现代企业成功的必要条件，企业只有抓住优质的“金牌客户”，了解客户，掌握客户的需求，通过对客户的细分以确定本企业的市场定位和战略目标，只有不断开发出新的产品和服务，才能赢得市场，在激烈的市场竞争中取胜。因此有人说：“客户是自由市场竞争的精灵，是他们决定着谁输谁赢。”

客户关系管理沙盘类似于军事作战指挥沙盘和如今房地产开发商销售楼盘时的小区规划沙盘。沙盘原本作为军事战争中战地指挥的工具，可以直观地了解战场的全貌，从而迅速制订出有效的作战计划。利用沙盘模拟，指挥员无须亲临现场，也能对战局了然于胸，从而运筹帷幄，胸有成竹。战争沙盘模拟推演跨越了实兵军演检验与培养高级将领的巨大成本障碍和时空限制，在世界各国得到普遍的运用。

客户关系管理沙盘将企业各个决策部门、各个岗位与具体的工作内容制作成类似的实物模型，将客户关系操作决策过程设计为运作规则，进而模拟企业各职能角色运营的过程。在进行客户关系管理沙盘的模拟操作时，一般将学员按5～6人分为一个学习小组，将每个小组看作一家公司，小组成员成为这家公司各岗位的操作主管，在指定的模拟性管理情景与条件下，演练各种管理活动。

客户关系管理沙盘通过对宏观环境和市场环境进行分析，在市场活动、产品组合配置、服务系统配置、客户预约、客户关系培养、产品推销、客户获取、客户服务、客户抱怨处理、投诉处理等方面进行相应的决策，不断提升企业客户关系管理的有效度，提高公司效益，有效地增强公司竞争实力，从而提升学生学习客户关系管理的兴趣，提高服务客户的能力。

3.2　盘面介绍

沙盘作为公司客户关系管理过程的工具，需要系统和概括性地体现客户关系管理的主要业务流程和组织结构。一般的客户关系管理沙盘包括公司建设、客户开发、客户培养、产品促销、客户获取、产品配送、客户服务和财物资金运转过程等主要内容。图3－1为客户关系管理沙盘盘面。

客户关系管理沙盘设计了决策中心、客户管理中心、客户培养中心、产品中心和客户服务中心，角色可以配备的职位有客户关系经理、客户开发专员、客户培养专员、产品专员和客户服务专员。

3.2.1　决策中心

决策中心由客户关系经理负责，其职责是规划公司的资金运作过程，包括

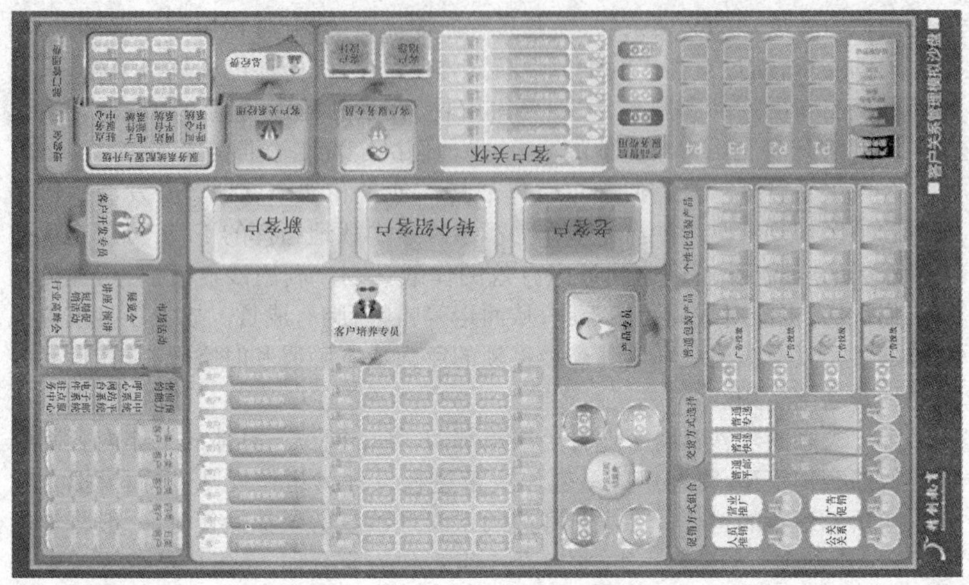

图 3－1　客户关系管理沙盘盘面

资金(K)的运用和资金的核算。

为了展现公司在客户服务方面的状况，客户关系管理沙盘设计了客户服务系统，代表了公司的售前预约与售后服务能力。在沙盘模拟操作规则中针对这项系统设置了建设费用与扩建费用，其作用在于对客户的获取与服务；此外还设置了客户关系经理，实施对违约金与部门管理费用的操作，如图 3－2 所示。

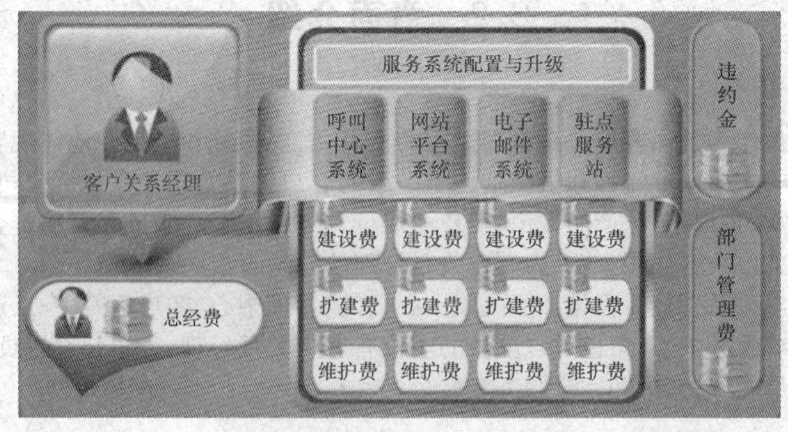

图 3－2　客户关系经理操作区

3.2.2 客户管理中心

客户管理中心由客户开发专员负责，根据月初确定的客户战略规划和行动计划，完成公司的客户信息获取工作。客户开发专员的主要职责为：举办市场活动和售前客户预约。在公司经营的运作过程中，将获取的客户信息与其他部门进行资源共享，如图 3－3 所示。

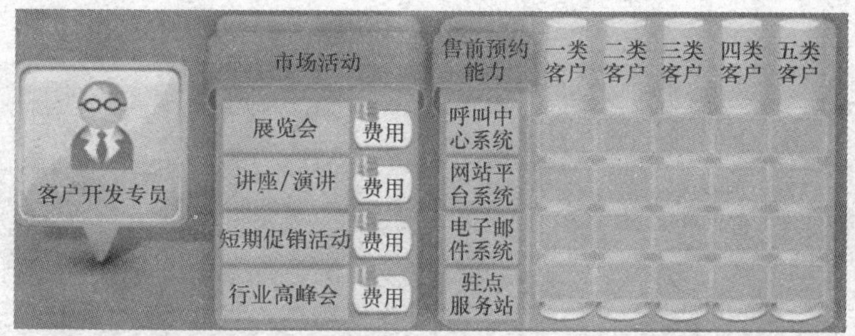

图 3－3　客户开发专员操作区

3.2.3 客户培养中心

客户培养中心由客户培养专员负责，其职责是执行公司战略规划及客户的需求培养，推进及协调公司的运营计划，进行客户感情关系和产品关系培养；建立和发展有合作意向的客户群，为客户与公司的合作做好准备，如图 3－4 所示。

图 3－4　客户培养专员操作区

3.2.4　产品中心

产品中心由产品专员负责，其职责是以客户管理中心为基础，建立和维护公司产品形象的管理（产品促销方案），判断合理的产品价格（产品推销方案）。产品中心为客户配送产品并满足客户的各种需求，如个性化包装、名牌创建等，进行产品的销售工作，如图3－5所示。

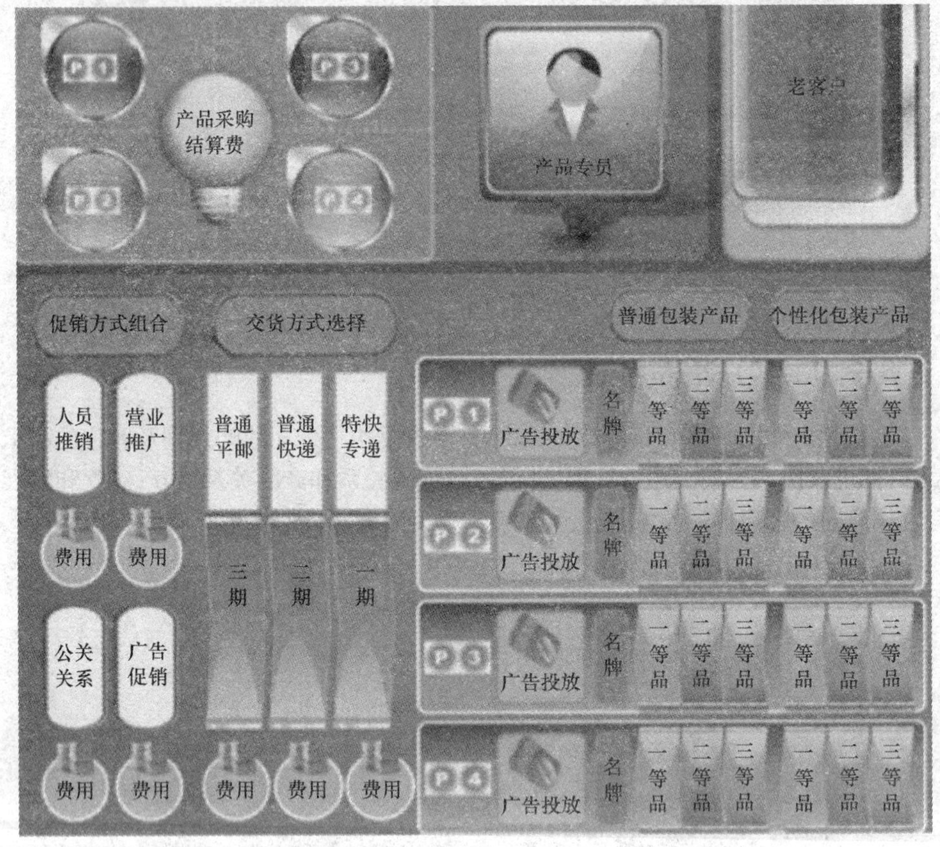

图3－5　产品专员操作区

3.2.5　客户服务中心

客户服务中心由客户服务专员负责，其职责是受理客户投诉、处理客户抱怨、产品售后服务和客户售后关怀，并做好详细记录，建立客户服务、投诉档案，落实客户投诉和抱怨请求，以此改变公司运营过程中产品的错误，在下一月度进行有效整改，从而提高客户对公司的满意度，降低客户对产品投诉及抱怨次数，如图3－6所示。

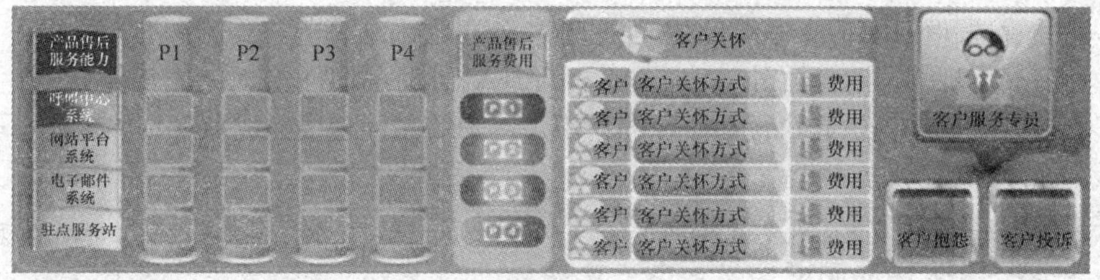

图3－6 客户服务专员操作区

3.3 模拟角色简介

3.3.1 模拟角色

沙盘模拟经营是由经营者、竞争规则、竞争策略、收入和支付等基本要素组成的。参与者由30～36名学员组成，教师按照学员职务、专业和能力均衡的原则，将学员分成5～6个实力相当的学习小组；分组之后，每个小组成为一家公司，学员之间相互介绍、充分沟通，在有限的时间内达到最大程度的相互深入了解。

在接下来的学习中，学员在建立的模拟公司中组建管理团队，参与模拟竞争。如前所述，每一个学习小组就是一家模拟公司，同时也是一个掌控模拟公司经济资源的决策集体。公司要根据每个成员的不同特点进行基本的分工，选举产生模拟公司的第一届客户关系经理、客户开发专员、客户培养专员、产品专员和客户服务专员，确立组织原则和决策模式，注册公司名称。5～6个相互竞争的模拟公司，连续从事4～6个月的经营活动。每个模拟公司依照竞争规则，做出客户预约、客户培养、客户获取、产品销售、客户服务等经营决策，并在利润表和总评分表中记录经营结果，按各公司的经营绩效确定名次。

3.3.2 模拟人员分工

3.3.2.1 客户关系经理

客户关系经理是公司的“舵手”，对公司的发展方向和团队的协调起到重要的作用。客户关系经理在公司经营一帆风顺的时候能带领团队冷静思考,在公司遇到挫折的时候能鼓励大家继续前进。

在客户关系管理沙盘中,客户关系经理作为最高层次的负责人,负责总经费的管理和使用、服务系统的建设与扩建、公司收入结算等工作,并制订公司的月度战略规划。除此之外,客户关系经理还要协助各职能经理完成任务,在整个沙盘模拟经营中起执行和监督的作用。客户关系经理要完成如下具体工作:

- 制定发展战略。
- 竞争格局分析。
- 客户策略制定。
- 全面预算管理。
- 管理团队协同。
- 公司盈亏分析。
- 月度客户管理。
- 管理授权与总结。

3.3.2.2 客户开发专员

客户关系管理中的一个核心是利用公司有限的资源,最大限度地挖掘客户,把有需求的客户与公司联系起来,使公司与客户形成互利共赢的关系。能够将客户与公司紧密联系起来并进行长期合作,是战胜竞争对手、谋求公司发展的重要途径。通过激烈的市场竞争,将获得宝贵的客户竞争经验。

在客户关系管理沙盘模拟经营中,客户开发专员负责制定客户开发策略、客户信息获取和客户预约管理。与此同时,客户开发专员还将管理并协助客户培养专员开展客户培养工作,做好客户关系管理的第一步。客户开发专员要完成如下具体工作:

- 确定举办市场活动的决策思路。
- 客户分析与定位。
- 寻找公司所需客户。
- 制定客户预约策略。

3.3.2.3 客户培养专员

客户培养专员是公司获取客户的核心。客户培养专员通过客户开发专员获取第一手资料,进行直接的客户培养,提高客户对公司的满意度和对公司产品的认知,并使客户对公司产品产生非买不可的冲动,这是公司与客户形成良好关系的开始。客户培养专员要完成如下具体工作:

- 制定客户培养策略和计划。
- 客户感情培养。
- 客户产品培养。

- 客户培养调整。

3.3.2.4 产品专员

产品专员是公司产品销售的管理者。产品专员通过与客户培养专员进行交流沟通,得到需要进行产品促销的客户并开展一系列的促销活动,使客户得到培养之后进一步认定公司产品能够满足自己的需求,与公司建立供需合作关系,并由产品专员进行产品个性化的包装与高效率配送。产品专员要完成如下具体工作:

- 制定广告促销策略。
- 争取客户。
- 价格管理。
- 制定精准的市场产品采购计划。
- 产品名牌创建。
- 产品配送保障。

3.3.2.5 客户服务专员

客户服务专员全面主持客户服务工作,建立完善的客户服务体系,不断提高客户的满意度,达到强化和维护公司品牌形象的目的,从而使公司的品牌价值得到提升。客户服务专员要完成如下具体工作:

- 统计销售资料。
- 研究制定产品服务计划。
- 完善服务制度与程序。
- 分析服务成本结构。
- 控制服务预算成本。

4

客户关系管理沙盘模拟运营规则

4.1 初始状态

4.1.1 财务状态

公司经营初始,划拨总经费300K。

规则说明:

规则中默认设置的初始资金为300K。在客户关系管理沙盘模拟经营中,以“K”作为虚拟货币单位。教师可以根据任课的需要设定事业部的初始运营资金。

4.1.2 产品状态

在客户关系管理沙盘模拟经营中分为低端、中端和高端三种产品,细分为P1、P2、P3、P4产品,如表4-1所示。

表4-1 客户关系管理产品状态

产品属性	低端产品	中端产品	高端产品
产品	P1	P2、P3	P4

规则说明:

在客户关系管理沙盘模拟经营中分为低端、中端和高端产品,这主要是为了体现目前对客户的细分。进行客户细分的客观基础是消费者需求的异质性,主要依据是异质市场中需求一致的顾客群,实质就是在异质市场中求同质。

沙盘模拟经营中的P1属于低端产品,价格偏低;P2和P3属于中端产品,价格适中;P4属于高端产品,价格偏高。

4.1.3 人力资源状态

在客户关系管理沙盘模拟经营中有清晰的组织结构,如图4-1所示。事业部领导层由客户关系经理、客户开发专员、客户培养专员、产品专员和客户服务专员组成。

客户关系经理需要做好事业部的总体战略规划及配置事业部所需的服务系统;客户开发专员需要做好市场活动,从而取得优良的客户资源;客户培养专员需要做好客户的感情关系培养和产品关系培养,使客户对公司获得良好印象并得到客户信赖完成交易;产品专员需要做好产品的采购和产品名牌的创建,为客户提供更好、更优质的产品；客户服务专员需要做好产品的售后服务，实施客户关怀，使客户成为公司老客户。在这里，需要各职位的管理者各司其职。

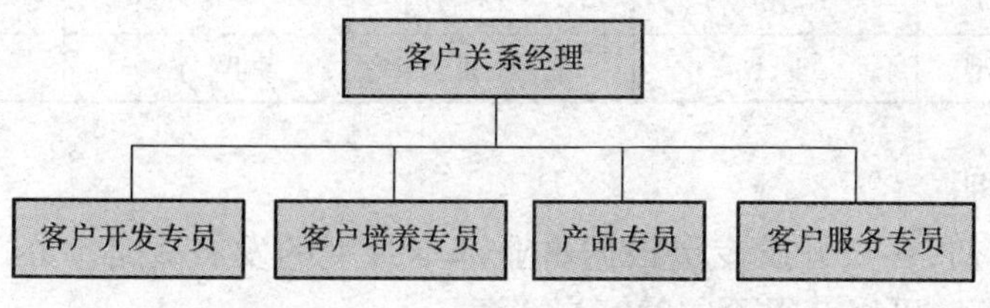

图 4－1 客户关系管理沙盘模拟经营组织结构

4.1.4 客户状态

市场上的客户一般分为五种类型，分别为Ⅰ、Ⅱ、Ⅲ、Ⅳ、Ⅴ，每种类型会有不等量的客户，每一个客户的特征通过各种参数表示。

规则说明：

在客户关系管理沙盘模拟经营中有低端、中低端、中端和高端客户之分，如表 4－2 所示。这主要是为了体现目前企业对客户的分类。进行客户分类的基础是客户的消费水平差异，针对不同客户所选择针对性的培养方式，然后根据客户的需求供应所需产品。

表 4－2 客户关系管理客户状态

客户属性	高端客户	中端客户	中低端客户	低端客户
客户类型	Ⅰ	Ⅱ、Ⅲ	Ⅳ	Ⅴ

4.2 基本模拟规则

每月月初，事业部要进行本月度的发展战略规划的制订，进行本月度的客户资源争夺，为事业部获取利润打好基础。

4.2.1 市场活动

公司运营期间，月初需要举办市场活动，会支出相应的费用，计入经费使用流程，从而通过不同的市场活动对市场上的客户进行搜寻，其搜寻的客户类型与举办的市场活动方式有关，具体如表 4－3 所示。

表 4-3　客户关系管理市场活动

市场活动	讲座/演讲	展览会	短期促销活动	行业高峰会
费用(K/月)	10	13	8	18
收集客户类型	Ⅲ、Ⅳ	Ⅱ、Ⅲ	Ⅳ、Ⅴ	Ⅰ、Ⅱ

规则说明:

每月月初,客户开发专员根据事业部本月度的发展战略举办市场活动,不同的市场活动,可以获得不同的客户资源。

举例:

客户开发专员举行市场活动“行业高峰会”,支出活动经费 18K,所取得的客户资源为Ⅰ类和Ⅱ类客户资料。

4.2.2　客户特征分析

客户的分类情况及特征表现概述如表 4-4 所示。

表 4-4　客户分类及特征

客户类型	特征表现	主要人员分布	收入水平	行为表现
Ⅰ类客户	事业成就欲望极强,饮食生活超过社会现有水平	党政机关、事业单位高级干部、公司管理人员	高收入水平	注重品牌,喜欢高档产品,对产品和服务的满意度要求高,产品需求量大,期望价格高
Ⅱ类客户	消费意识强且易产生购买冲动,喜欢购买具有独特风格的产品	公司管理人员、自由职业者	中高收入水平	注重品牌,喜欢中高档产品,对产品和服务的满意度要求较高,产品需求量较大,期望价格较高
Ⅲ类客户	跟随社会潮流,消费行为易受他人影响,注重产品的质量	个体经营,自由职业者	中等收入水平	注重品牌,注重产品质量,喜欢中档产品,对产品和服务的满意度要求不高,产品需求量不大,期望价格中等
Ⅳ类客户	消费态度较为积极,购物时注重包装,注重平面媒体信息,不重视广告	企事业单位中下层干部	中下收入水平	不注重品牌,注重质量,喜欢中低档产品,对产品和服务的满意度要求较低,产品需求量较小,期望价格较低
Ⅴ类客户	消费十分谨慎,购物时不太注重品牌,消费以基本生活消费为主	公司一般员工,待业者	低收入水平	不注重品牌,很注重质量,喜欢低档产品,对产品和服务的满意度要求低,产品需求量小,期望价格低

4.2.3 产品质量等级

每类产品都有三个质量等级,分别为三等品、二等品及一等品。其中,三等品为最低等级,一等品为最高等级。

规则说明:

不同类型的客户需要的产品不同,产品分为三个等级,可以满足客户对不同产品、不同等级的需求;同时,不同等级的产品价格也不同。

4.2.4 产品个性化包装

每个产品都可以按照客户意愿进行个性化包装,但个性化包装需要支付额外的费用,由此会提高产品的成本;不同质量等级的产品所需的个性化包装的成本有所不同,具体如表 4-5 所示。

表 4-5 产品个性化包装

产品类型	P1	P2	P3	P4
三等品个性化包装(K)	2	4	6	9
二等品个性化包装(K)	3	6	8	12
一等品个性化包装(K)	5	8	12	15

规则说明:

客户需要有个性化包装的产品,公司可以收取额外的费用以满足客户的个性化包装需求。不同产品的个性化包装价格不同,不同品级的个性化包装也不同。

举例:

某客户需要 P3 产品的一等品,并且具有个性化包装需求。公司对产品进行个性化包装,需额外支付相应的包装费用 12K。

4.2.5 名牌创建

某产品月销售量达到或超过市场平均销售量时,可对该产品进行名牌创建。名牌创建主要通过对广告的投入体现出来。对该产品连续三个周期播出广告,投入费用为 10K/周期。如果在广告投入周期内发生断期,则前期投入的广告费用失效。如果产品名牌创建成功,则不论何时采购的该类产品都被视为名牌。

规则说明:

当产品名牌创建成功之后,无须广告投入,产品升级为名牌产品,满足了一些客户对名牌产品的需求;当名牌产品受到客户一定量的投诉并达到销售量一定比例时,名牌会被取消,取消后一个月之内无法创建名牌。

4.2.6 服务系统配置

通过配置不同的服务系统,实现对客户的售前预约和售后服务支持。可配置的服务系统有呼叫中心系统、网络平台系统、电子邮件系统和驻点服务站,这四种服务系统具有不同的服务能力,具体情况如表4-6所示。

表4-6 服务系统配置

分类	项目	呼叫中心系统				网站平台系统				电子邮件系统				驻点服务站			
建设维护	建设费(K)	13				10				9				15			
	正常扩建费(K)	2				2				2				3			
服务能力	售前预约能力(个)	7				6				5				7			
	产品服务能力(个)	P1	P2	P3	P4	P1	P2	P3	P4	P1	P2	P3	P4	P1	P2	P3	P4
		4	6	3	3	4	2	6	3	6	3	2	2	5	4	3	6

4.2.6.1 服务系统的扩建

在每月第一周期可对服务系统进行正常扩建。服务系统正常扩建后也可随时进行紧急扩建,紧急扩建的费用为正常扩建的1.5倍,每扩建一次其对应的服务系统的售前预约能力和产品服务能力都提升1。

规则说明:

对服务系统进行扩建,是为了满足更多客户的需求,提高公司的服务能力以及预约能力,如同现实中的店面扩张,开分店也可以更好地服务客户。

设置紧急扩建,是为了提高系统的能力,当服务系统的能力不足时只能通过紧急扩建满足服务需求。这项要求可以使学员认识到获取客户需要经过深思熟虑,从而保证事业部经费的合理使用,避免使用不当。

举例:

某事业部第四周期售后服务时需要P1服务能力5,当期服务系统P1服务能力剩余3,则需要进行两次扩建才能满足售后服务需求。假设紧急扩建呼叫中心系统以及驻点服务站需要支出3K[2×(1+50%)]+5K[3×(1+50%)](计算结果向上取整),共需8K。

4.2.6.2 服务系统的维护

自服务系统建设完成当月起每月需支付相应的维护费用,维护费用为2K/月。

规则说明:在现实社会中,公司内的一些使用设备需要进行定期维护,进行维护需要支付相应的维护费用。

举例：

在第一月度第四周期当期结束后，事业部配置有两个服务系统，需要支出4K用于服务系统的维护（每个系统为2K）。

4.2.7 客户预约与开发

在客户分析的基础上，需要对目标客户进行预约，并根据客户的不同类型选择相应的预约方式。作为客户关系管理的重要步骤，客户预约是否成功，预约方式是否合理，是客户关系管理的关键。

对不同类型的客户采用不同的预约方式在次数上的差异如表4－7所示。

表4－7 客户预约的差异

预约系统	Ⅰ	Ⅱ	Ⅲ	Ⅳ	Ⅴ
网站平台	×	3次	1次	3次	×
电子邮件系统	2次	2次	3次	×	2次
呼叫中心	3次	×	2次	1次	3次
驻点服务中心	2次	1次	×	2次	1次

注：

①表中打“×”，表示此种预约方式是该类客户所排斥的预约方式。

②在一个周期内对一个客户只能采用一种预约方式，但同时可以使用多次。

③预约客户时，如果一种预约方式不被客户拒绝，但未预约成功，则表示预约次数不足，在当周期不可修改，可在下一周期用同样的方式再次预约，直到成功为止。

④如果当期预约方式未被客户拒绝，但因为次数不足未成功，也可以在下一个周期改变预约方式，但会使前期预约方式失效。

一周期内可对多个客户进行多次预约，但选择了该客户所排斥的预约方式则预约失败，可以选择在下一周期继续预约。

举例：

（1）事业部市场活动选择了展览会，获得了Ⅱ类和Ⅲ类客户；客户开发专员对客户进行预约，选择了驻点服务站的预约方式，但是，Ⅲ类客户排斥该种预约方式，所以本周不能再进行预约。

（2）事业部市场活动选择了展览会，获得了Ⅱ类和Ⅲ类客户；客户开发专员对客户进行预约并认定客户为Ⅱ类，需要2次预约，所以选择了电子邮件系统的预约方式并进行2次预约。

（3）事业部市场活动选择了行业高峰会，获得了Ⅰ类和Ⅱ类客户；客户开发专员对客户进行预约并认定客户为Ⅱ类，选择驻点服务站进行1次预约，预约未成功，显示继续，下一周期继续预约，选择呼叫中心系统预约3次，预约成功。

当然也可进行驻点服务站预约,预约1次也可成功。

(4)事业部市场活动选择了展览会,获得了Ⅱ类和Ⅲ类客户,客户开发专员对客户进行预约,选择了电子邮件系统的预约方式并进行两次预约,但是客户类型为Ⅲ,客户预约不成功,且电子邮件系统预约能力剩余0次,只能通过其他系统进行预约,如果使用呼叫中心系统预约1次,则仍需要继续预约。

4.2.8 客户关系培养

客户预约成功后可以进行客户关系培养。客户关系培养主要包括感情关系培养与产品关系培养。客户关系培养是决定产品是否能顺利销售的重要环节,根据客户类型的不同,客户接受的培养方式也有所不同,所以,在进行客户关系培养前需要分析相应的客户类型。

4.2.8.1 感情关系培养

作为客户关系培养的重要组成部分,感情关系培养主要通过培养与客户之间的感情与信任感等方式,拉近与客户的关系和距离,为产品的销售和推广奠定感情基础。

由于客户类型与特征的差别,不同类型的客户对感情关系培养的方式与要求有不同的偏好。

(1)不同感情关系培养方式产生的费用如表4-8所示。

表4-8 感情关系培养方式的费用

培养方式	短信问候	定期专程拜访	提供亲情服务
培养费用(K/次)	1	2	3

(2)不同类型客户对应的感情关系最低培养费用和最低培养时间(Q表示周期)如表4-9所示。

表4-9 客户培养要求

客户类型	Ⅰ	Ⅱ	Ⅲ	Ⅳ	Ⅴ
最低培养时间(Q)	2	2	2	1	1
最低培养费用(K)	15	8	7	4	2

在一周期内可对客户进行多次感情关系培养,每次可以选择不同的培养方式,只要达到最低培养时间与培养费用标准即可。

规则说明:

事业部对不同类型的客户有不同的培养方案,但是投入费用要达到所制定的最低标准及以上,才能完成对客户的培养。

举例:

某客户为Ⅰ类客户,事业部对其第一周期的感情关系培养投入为15K,达到最低培养费用标准,但并未成功,因为没有达到最低培养时间,第二周期仍然需要进行感情关系培养的投入,才能完成客户培养。

对于上月度老客户,当月感情关系培养费用的计算公式为:

$$X_i = 0.7x_{i-1} + x_i$$

式中,X_i 为第 i 月客户感情关系培养的费用;x_{i-1} 为第 $i-1$ 月客户感情关系培养实际投入的费用;x_i 为第 i 月客户感情关系培养实际投入的费用。

对于上月度预约客户培养成功但未成为老客户的,当月感情关系培养费用的计算公式为:

$$X_i = 0.4x_{i-1} + x_i$$

规则说明:

在公司事业部之间为获取客户资源的相互竞争中,客户会选择不同的公司,或选择不同的产品,客户对公司会有不同的满意度。当客户选择一个公司的产品之后,其满意度相对会更高一些,下一次再交易也会更容易一些,而没有被选择的公司,客户对其也会有一定好感,为争取客户,需要公司有更多的投入,使客户选择公司的产品。

举例:

A公司事业部G01与B公司事业部G02同时开展客户感情关系培养。上月度G01获取客户C001,G02未能成功获取客户C001但是完成了培养。本月度进行客户感情关系培养就会产生相应的费用折算值。假设上月度G01投入20K,G02投入15K,本月度G01与G02均投入10K,则G01的投入额度为24$(0.7\times20+10)$K,G02的投入额度为16$(0.4\times15+10)$K。

4.2.8.2 产品关系培养

产品关系培养是通过不同的方式帮助客户认识和接受产品,直接推动产品的销售。

由于客户类型与特征的差别,不同类型的客户对产品关系培养的方式与要求有不同的偏好。

(1)不同产品关系培养方式产生的费用如表4-10所示。

表4-10 产品关系培养方式的费用

方式	提供赠品	邮寄资料	上门演示产品	举办产品交流会
费用(K/次)	2	3	5	6

(2)产品关系培养对产品要求的相关系数如表4－11所示。

表4－11 客户产品关系培养的最佳方式

客户类型	产品类型	最低培养周期(Q)	最低培养费用(K)	最佳产品关系培养方式	最佳培养方式在产品关系培养中所占费用最低比重要求(%)
Ⅰ类	P1	1	11	邮寄资料	60
	P2	1	15	提供赠品	65
	P3	2	17	上门演示产品	70
	P4	3	19	举办产品交流会	75
Ⅱ类 Ⅲ类	P1	1	9	提供赠品	50
	P2	1	13	邮寄资料	55
	P3	3	15	举办产品交流会	60
	P4	2	17	上门演示产品	65
Ⅳ类 Ⅴ类	P1	1	7	提供赠品	45
	P2	1	11	举办产品交流会	40
	P3	2	13	邮寄资料	55
	P4	3	15	上门演示产品	60

对客户进行产品关系培养时,可自行选择需培养的产品,同一时间可对同一客户一次所需的多类产品进行培养;在培养过程中,各公司有一次机会选择放弃对该客户某种产品的培养,选择另一种产品进行培养,但会取消原产品关系培养的效果。

对同一个客户的同一个产品可选用多种方式进行产品关系培养,但其都有最佳的培养方式,同一培养方式在同一周期内可多次使用。

规则说明:

不同类型的客户对产品的需求不同,所认同的产品培养方式也不尽相同,所以,要针对不同类型的客户所选择的不同类型的产品有差别地进行培养,从而满足客户对该产品的认知需求,使客户对本公司的产品产生兴趣,为公司取得客户资源。

举例:

某位Ⅰ类客户需求P3产品,第一周期公司对其进行产品关系培养选择邮寄资料(5次,计15K),因为没有达到最低培养周期限度而继续培养。第二周期选择提供赠品(2次,计4K),两个周期的持续培养虽然达到了最低培养周期限制,但是没有达到最佳培养方式的要求,所以公司对其再进行上门演示产品进行产品关系培养(15次,计75K),达到投入70%以上,此时才完成了对这位客户的产品关系培养。

对于上月度老客户，且当月培养产品为上月度老客户所培养的产品，其当月产品关系培养费用的计算公式为：

$$Y_i = 0.7y_{i-1} + y_i$$

对于上月度预约客户培养成功但未成为老客户的，当月产品关系培养费用的计算公式为：

$$Y_i = 0.4y_{i-1} + y_i$$

上式中，Y_i 为第 i 月客户产品关系培养的费用；Y_{i-1} 为第 $i-1$ 月客户产品关系培养实际投入的费用；y_i 为第 i 月客户产品关系培养实际投入的费用。

由此可见，对客户的产品关系培养与感情关系培养类似，可参考感情关系培养举例。

4.2.9 产品推销

若目标客户已具备推销资格，则在每月的第三、第四周期对客户进行产品推销。根据客户对产品的期望价格自行设定推销价格，通过竞争获取客户。具体规则如下：

第一，推销资格应具备两个条件：对目标客户已完成关系培养（感情关系培养和产品关系培养）；目标客户对该类产品的满意度不低于80%。

第二，所推销的产品等级不能低于客户所需产品的等级，例如，若客户需要的是名牌产品，公司向其推销的也必须是名牌产品；若客户需求的产品需要有个性化包装，公司必须对该类产品进行个性化包装。

规则说明：

客户培养专员对客户的感情关系培养和产品关系培养完成之后才可以进行推销，但是客户对相应产品的满意度不能低于一定的标准。在现实中，尽管公司对客户完成了两方面的培养，但是客户的满意度仍不高，公司也不能强行进行推销销售，否则会引起客户反感而导致客户流失。

举例：

事业部对现有客户C001已完成培养，但是客户满意度未达到80%，所以不能进行推销，再次进行感情关系或产品关系培养，使其满意度达到80%以上，为下一步的产品推销创造条件。

4.2.9.1 产品推销价格

产品的推销价格不得低于产品的单位成本，当然也有最高限价，最高限价根据客户的价格期望而定。表4-12是各类型客户对产品最高价格的接受范围，即产品单位采购成本至 N 倍的客户价格期望。

表 4-12 产品推销价格

N倍的客户价格期望					
客户类型	Ⅰ	Ⅱ	Ⅲ	Ⅳ	Ⅴ
N值	2.5	2	2	1.5	1.5

举例：

某Ⅱ类客户所需产品为 P4 一等品，期望价格为 20K，公司的最高定价为 40K。因为 20×N(4-12 表中Ⅱ类客户的 N 值为 2)=40；最低价格则为产品的采购价格。

4.2.9.2 产品促销

(1)促销组合：对产品销售有着重要的作用，各种促销方式的使用都会对所有客户的购买决策产生一定的影响，每月第三周期可以进行相应的产品促销。有效的产品促销会影响第三、第四周期的关系价格。产品促销方式如表 4-13 所示。

表 4-13 产品促销方式

促销方式	人员推销	广告促销	营业推广	公共关系
最低投入费用(K)	2	5	8	10

(2)有效促销额：对不同产品类型的推广效果的度量，其计算公式为：

有效促销额 = 促销费 × 效果指数

有效促销额对产品的销售会产生影响。各种促销方式对不同类型的产品的效果指数如表 4-14 所示。

表 4-14 促销方式效果指数

促销方式	广告促销				营业推广			
产品类型	P1	P2	P3	P4	P1	P2	P3	P4
效果指数	0.9	0.8	0.7	0.6	0.9	0.9	0.7	0.7
促销方式	公共关系				人员推销			
产品类型	P1	P2	P3	P4	P1	P2	P3	P4
效果指数	0.7	0.8	0.8	0.9	0.7	0.7	0.9	0.9

规则说明：

不同的产品适应不同的促销方式，提高产品的知名度，增加客户对公司产品的认知，使用更为恰当的促销方式，将更有利于客户对产品的了解，从而选择本公司的产品。

举例：

P1 产品营业推广投入额为 8K，人员推销投入额为 2K，有效促销额为：

$$8\times0.9+2\times0.7=8.6(K)$$

4.2.10 客户获取

在每月第三、第四周期时进行客户获取。多家公司对同一客户的同一产品需求存在竞争时，应根据产品关系价格确定该客户的最终获取情况。

关系价格 =（实际推销价格 − 有效促销额 × 有效促销额影响系数）/关系满意度

有效促销额影响系数如表 4 − 15 所示。

表 4 − 15 有效促销额对客户影响系数

客户类型	Ⅰ	Ⅱ	Ⅲ	Ⅳ	Ⅴ
有效促销额影响系数（%）	20	18	14	10	8

注：应当说明的是，如果该客户非老客户，推销价格即为实际价格；如果客户为老客户，则实际推销价格 = 推销价格 − 老客户折扣。

获取客户的优先顺序为：

（1）比较各公司对该客户报出的产品推销价格，根据推销价格和促销投入计算相应产品的关系价格，关系价格低者获取该客户。

（2）当关系价格相同时，比较产品价格满意度，价格满意度高者获取该客户。

（3）当价格满意度相同时，比较上月度总评分，总评分排名靠前者获取该客户。

（4）当以上三个条件都满足时，比较提交时间，先提交者有优先获取权。

4.2.11 产品采购与清仓

4.2.11.1 产品采购

每周期都可以从生产部门采购不同质量等级的各类产品，结算相应的成本后即可获得产品。产品的采购成本如表 4 − 16 所示。

表 4 − 16 产品采购成本

产品	单个产品采购结算成本（K）		
	一等品	二等品	三等品
P1	5	4	3

续表

产品	单个产品采购结算成本(K)		
	一等品	二等品	三等品
P2	7	6	5
P3	9	8	7
P4	11	10	9

4.2.11.2 产品清仓

在每月月末需要处理相应的库存产品,各类产品的清仓价格为相应产品质量等级的单位采购成本。

规则说明:

公司在采购产品之后,若在一个月之内无法全部销售,那么就要进行清仓处理,使公司流动资金更充裕,而不是积压货物,导致资金断流。

举例:

在第三周期,公司因资金紧缺,需要进行产品清仓,实现资金流动,现有 P4 产品二等品 11 个,P2 产品三等品 10 个,全部清仓后可获得 160(11 ×10 +10 ×5)K,产品对应的价格如表 4 –16 所示。

4.2.12 产品配送

在获取客户之后,可以选择相应的配送方式。不同的配送方式会影响货款的回款周期,如表 4 –17 所示。

表 4 –17 产品配送方式

配送方式	普通平邮	普通快递	特快专递
运费(K)	$1\times N$	$1+1\times N$	$2+1\times N$
回款周期	3	2	1

注:表中 N 为对应类别产品交付的个数。

举例:

G01 公司 C001 客户购货 10 个产品,公司为其选择特快专递配送,所需费用为 12(2 +1 ×10)K。

4.2.13 交付产品违约

公司若未能按获取客户的需求配送相应的产品则视为违约,违约需承担违约责任,对客户进行相应的经济赔偿,赔偿的比例根据违约数量的不同,赔偿价格的上浮比例也有所不同,上浮比例与违约金的计算如表 4 –18 所示。

表 4-18 产品交付违约赔偿

违约产品数	$X\leq5$	$6\leq X\leq10$	$11\leq X$
赔偿价格上浮(%)	10	15	25

注:表中"X"为产品数量。

违约金 = 违约产品数 ×[实际推销价格 ×(1 + 赔偿价格上浮)]

举例:

G01 公司对 C001 客户交付产品违约,违约个数为 6 个,价格为 10K/个,则需要赔付的违约金为69K,即 6 ×[10 ×(1 +15%)],其中,15% 为表 4-18 中违约产品数所对应的赔偿价格上浮比。

4.2.14 客户服务

(1)客户服务分为产品售后服务和客户关怀两项内容。

(2)交付产品完成后,需要选择相应的服务系统,并在所选择的服务系统该类产品的服务能力范围内对产品支付相应费用进行售后服务,还需要支付相应的服务费用,如表 4-19 所示。

表 4-19 售后服务费用

产品	P1	P2	P3	P4
费用(K/个)	1	1	2	3

(3)客户关怀主要是对客户进行一系列的服务,在产品交付当期进行,对每个客户进行的服务可有多项。

其一,不同的服务项目有不同的费用,如表 4-20 所示。

表 4-20 客户关怀费用

服务项目	节假日问候	上门回访	优惠关怀	高端沙龙
费用(K/次)	1	2	2	4

其二,不同的客户类型,对应客户最低关系维护费用,如表 4-21 所示。

表 4-21 最低关系维护费用

客户类型	Ⅰ	Ⅱ	Ⅲ	Ⅳ	Ⅴ
最低关系维护费用(K)	6K	4K	3K	3K	1K

在获取客户的工作中,对客户关怀的投入会影响客户对服务的满意度。

4.2.15 客户下月需求信息的获取

在一次交易结束后，客户达到一定的产品综合满意度时会透露下月对该类产品的大致需求量，客户对产品综合满意度越高，公司所获得的需求信息准确性越高。但这一规则只可在客户关系管理模拟系统中实现，在客户关系管理沙盘模拟经营中无法实现。

4.2.16 客户抱怨与投诉

在客户培养以及与公司的交易过程中，客户会产生一定的抱怨与投诉。客户的抱怨与投诉会影响品牌、客户对公司及其产品的忠诚度和总评分。

若本月客户对某类产品的累计投诉达到两次，若该产品已是名牌则在下月撤销其名牌；若不是名牌，则该产品在下月不能进行产品的名牌创建。

客户的抱怨与投诉主要有以下五种情况。

（1）若客户为新客户，公司放弃已预约的客户的培养，客户将对公司有一次抱怨；放弃已培养过的客户（包括在感情或产品关系培养中已投入的费用），不会受到抱怨与投诉。

（2）一个在本月交易过的客户的产品综合满意度低于60%时，客户将对该类产品有一次投诉。

（3）如无法满足已获取客户的需求时，客户将对相应的产品进行一次投诉。

（4）如果产品售后服务没有完成，客户将针对该类产品进行一次投诉。当收到一次客户投诉时，在下月不得对该客户进行预约，只有一次客户抱怨时不影响客户预约。

（5）在客户获取环节，有优先获取权的公司放弃获取客户，则客户对该公司进行一次投诉。

规则说明：

在与客户进行产品交易期间，公司的某些行为可能会导致客户反感，从而产生抱怨与投诉，导致公司口碑产生变化，这是不可避免的。公司要努力做好的工作是满足客户的需求，完成产品交易，并得到客户的信赖。

4.2.17 老客户管理

老客户作为对公司产品忠诚的客户群体，是公司最为重要的利润来源之一。老客户是针对产品而言的，客户对某产品的忠诚度达到一定值就可以称为老客户。对老客户的判定是根据其交易次数以及相应的忠诚度而言的，如表4－22所示。

表 4 - 22 老客户忠诚度标准

产品交易次数	1	2	3	4
忠诚度最低下限(%)	10	24	38	52

需要说明的是,对于有过 1 ~4 次交易的客户,当其忠诚度低于对应的忠诚度下限时,该客户不会成为该产品的老客户;对于有过 5 次以上交易的客户,当忠诚度低于 52% 时,该客户也不会成为该产品的老客户。

4.2.18 老客户的优惠待遇

对老客户销售产品,需要拿出在培养老客户中所节省成本的 20% 给予老客户作为折扣回报,其折扣是在推销价格的基础上扣减。

举例:

情况一:某客户对某类需求产品上月销售成功,并且该客户成为老客户,在本月对其推销同类产品可享受相应的折扣优惠,其计算公式为:

(感情关系培养费用 + 产品关系培养费用) ×0.7 ×20%

情况二:某客户对某类需求产品上月销售成功,并且该客户成为老客户,在本月对其推销其他需求产品可享受相应的折扣优惠,其计算公式为:

感情关系培养费用 ×0.7 ×20%

情况三:某客户在上月培养成功,但没有促成销售,也没有成为老客户,在本月对其推销的所有产品均享受相应的折扣优惠,其计算公式为:

(感情关系培养费用 + 产品关系培养费用) ×0.4 ×10%

情况四:对某客户上月 P1 产品销售成功,P2 产品培养成功,在本月 P2 产品可享受相应的折扣优惠,其计算公式为:

感情关系培养费用 ×0.7 ×20% + 产品关系培养费用 ×0.4 ×10%

上述公式中的费用均为上一个月实际支出的费用。

4.2.19 追加销售

客户需求的产品存在生命周期,分别为获取期、提升期、成熟期、衰退期和离开期。客户需求的某类产品从第一次交易起就进入生命周期,即获取期。

在本课程的模拟经营中,客户除了可见的需求外还存在潜在需求,需要一定条件激发为现实需求。当客户忠诚度达到一定高度时,潜在需求激发成功,公司可以满足其潜在的需求,并在下月初直接交货。追加销售在每月的第一周期进行,追加销售产品的成交价格为上月该产品的实际成交价格。追加销售直接交付,并且货款立即收回,产品交付之后不需要进行相应的产品服务。

客户潜在需求的激发与客户的生命周期及交易次数息息相关,客户成为老客户是激发潜在需求的必要条件。在达到老客户对公司最低忠诚度下限的前提下追加忠诚额度,客户达到新的忠诚度时,公司才能获取客户的潜在需求。追加的客户忠诚额度如表4-23所示。

表4-23 追加忠诚额度

产品生命周期	获取期	提升期	成熟期	衰退期	离开期
追加忠诚额度(%)	10	8	5	12	10

注:

①产品生命周期:在某个客户的某种产品达成交易时,该客户对该种产品的需求就进入生命周期的循环。

②追加忠诚额度:在老客户忠诚度最低下限的基础上追加相应的忠诚额度。

4.2.20 客户体验

在本课程的沙盘中,客户的抱怨与投诉除了对公司的影响外,还影响市场上其他客户对公司产品的印象,会增加同类型客户的培养难度,当客户成为老客户后,会降低同类型客户的培养难度。这种客户体验如表4-24所示。

表4-24 客户体验

体验类型	下月本客户	下月获取同类其他客户
客户抱怨	忠诚度最低下限提高6%	忠诚度最低下限提高4%
客户投诉	不能进行预约	忠诚度最低下限提高8%
成为老客户	—	忠诚度最低下限降低2%

4.2.21 客户转介绍

在达到老客户最低忠诚度下限的前提下追加忠诚额度,达到新的忠诚高度可以获得客户的转介绍。追加的忠诚额度如表4-25所示。

表4-25 转介绍客户忠诚额度

产品生命周期	获取期	提升期	成熟期	衰退期	离开期
追加忠诚额度(%)	15	13	10	17	15

每个客户都有一个与其联系的被转介绍客户,如某客户达到以上要求,与其有联系的被转介绍客户就产生了。

被转介绍客户有如下特点:

➢ 所需求的产品与转介绍客户达到忠诚度条件的产品相同。

➢ 被转介绍客户与转介绍客户属于同一类型客户。

➢ 被转介绍客户无须进行市场活动后获得,也无须通过服务系统进行预约。

➢ 被转介绍的客户也可以被其他人通过市场活动获得。

➢ 被转介绍的客户产生需求后开始进入需求市场,从客户生命周期的获取期开始,其需求产品开始进入生命周期。

规则说明:

当公司获取一个客户并成为老客户时,基于客户对公司的感情关系较好,会介绍自己的亲朋好友采购公司的产品,这样可以省去客户预约等繁杂过程,获得更优质的客户。客户资源往往被视为公司在社会竞争中生存的根本。

4.2.22 其他

(1)管理费用:公司每周期必须支付2K管理费用。

(2)取整原则:本沙盘模拟经营中的费用数据向上取整,其余的竞争比较数据保留两位小数。

(3)破产规则:当资金链断裂时,公司破产。

4.3 评价规则

产品总评分的计算公式为:

$$总评分 = 净利润 \times (1 + 各类产品客户评分之和)$$

产品客户评分的计算公式为:

$$产品客户评分 = 产品市场占有率 + 产品平均综合满意度 + 客户产品平均忠诚度$$

式中:

$$产品市场占有率 = 相应产品销售量/相应产品市场总销售量 \times 100\%$$

$$产品平均综合满意度 = 相应产品综合满意度之和/获取需求相应产品客户数量 \times 100\%$$

$$客户产品平均忠诚度 = 相应客户产品忠诚度之和/获取需求相应产品客户数量 \times 100\%$$

$$客户产品忠诚度 = \frac{产品综合满意度}{\max(同类产品综合满意度)} \times \frac{产品累计交易次数 - 产品客户投诉次数}{4}$$

客户忠诚度只在月末计算,表示在这一月内客户对产品的忠诚度。

$$净利润 = 销售收入 - 客户关系管理综合运营成本$$

$$产品综合满意度 = 关系满意度 \times 40\% + 价格满意度 \times 40\% + 服务满意度 \times 20\%$$

$$关系满意度 = E \times 感情关系满意度 + F \times 产品关系满意度$$

式中，E 和 F 的权重值与客户类型相关，具体关系如下：

Ⅰ类客户：$E = 65\%$，$F = 35\%$

Ⅱ类客户：$E = 60\%$，$F = 40\%$

Ⅲ类客户：$E = 55\%$，$F = 45\%$

Ⅳ类客户：$E = 40\%$，$F = 60\%$

Ⅴ类客户：$E = 35\%$，$F = 65\%$

$$感情关系满意度 = 感情关系培养费用/感情关系培养期望$$

$$产品关系满意度 = 产品培养费用/产品培养期望$$

$$产品价格满意度 = (价格期望值/实际成交价) \times 100\%$$

$$产品服务满意度 = (实际服务费用/客户服务期望) \times 100\%$$

5

客户关系管理沙盘模拟系统

5.1 管理员操作指南

5.1.1 系统登录

在浏览器的地址栏中输入 http://服务器名称或服务器 IP 地址,“回车”就可以进入《客户关系管理沙盘模拟系统 V2.1》的登录界面,如图 5－1 所示。

图 5－1 客户关系管理沙盘模拟系统登录界面

在系统初次使用时,首先需要登录管理员端进行相应的操作。

客户关系管理沙盘模拟系统管理员默认用户名与密码为:admin,在右侧的角色类型中选择“管理员端”,单击“登录”。

管理员模块主要功能的操作流程如图 5－2 所示。

5.1.2 管理员操作

登录管理员端后,如图 5－3 所示。

管理员端主要功能模块有“教师管理”与“数据库备份”。

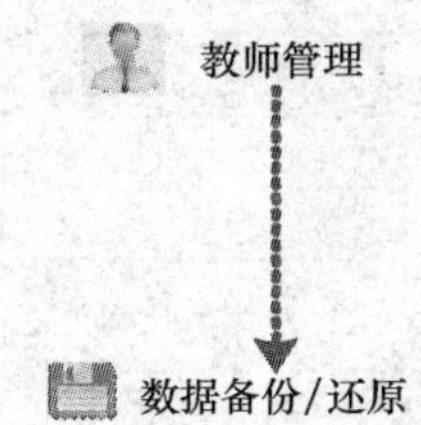

图5－2　管理员操作流程

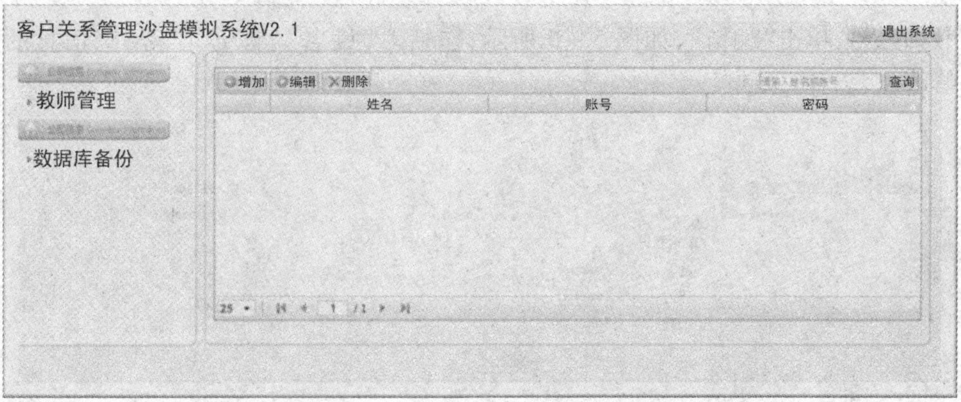

客户关系管理沙盘模拟系统V2.1
退出系统
增加　编辑　删除
查询
姓名　账号　密码
教师管理
数据库备份

图5－3　客户关系管理沙盘模拟系统管理员端

5.1.2.1　教师管理

教师管理功能主要用于管理当前系统中所有教师账号的信息,包括“姓名”“账号”“密码”信息,如图5－4所示。

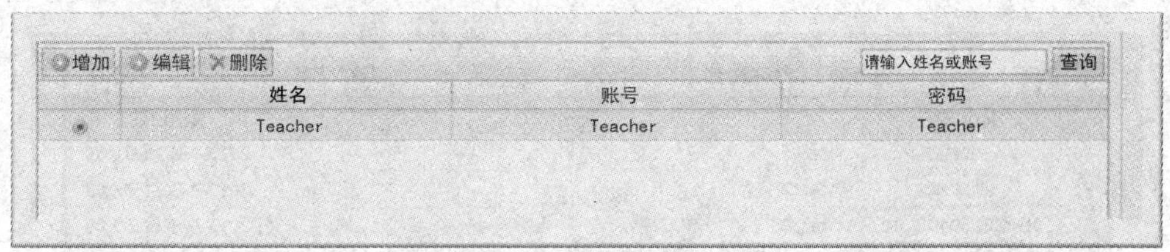

图5－4　教师账号管理

(1)增加。可以根据教师授课的需要,由管理员增加教师的使用账号信息,单击“增加”后,如图5－5所示。添加相应的“姓名”“账号”“密码”后,单击“确定”。

(2)编辑。可以根据教师的需要对账号进行相应的信息修改,选择相应的

新增教师
姓名:
账号:
密码:
确定
取消

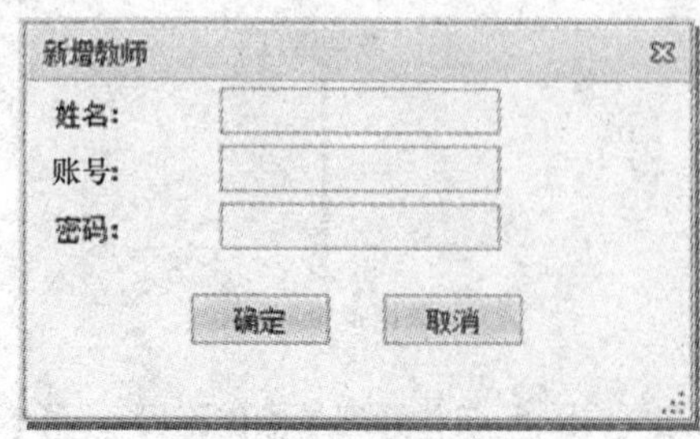

图 5－5　新增教师

教师账号,单击“编辑”,如图 5－6 所示,包括对“姓名”“账号”“密码”信息的修改。

增加
编辑
删除
请输入姓名或账号
查询
Teacher
Teacher
Teacher
编辑教师
姓名:
Teacher
账号:
Teacher
密码:
Teacher
确定
取消

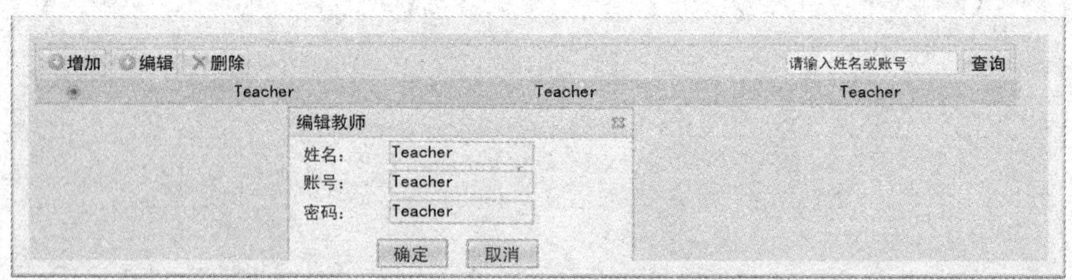

图 5－6　教师账号信息编辑

(3)删除。当某些教师账号不再使用时,可以将相应的账号信息删除。

5.1.2.2　数据库维护

能够显示当前数据库备份的信息,包括“备份名称”“备份说明”“备份日期”,如图 5－7 所示。

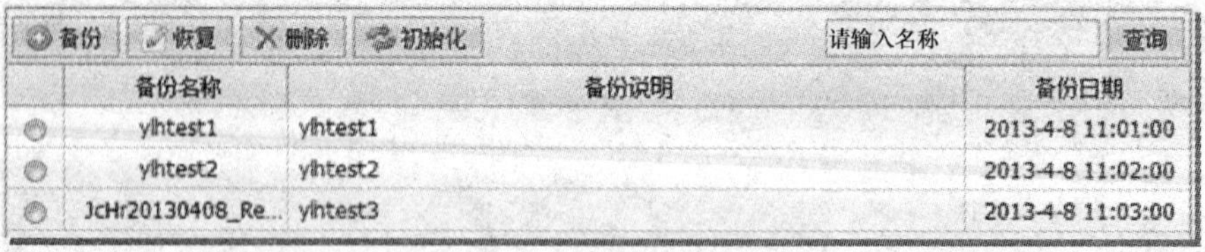

备份
恢复
删除
初始化
请输入名称
查询
备份名称
备份说明
备份日期
ylhtest1
ylhtest1
2013-4-8 11:01:00
ylhtest2
ylhtest2
2013-4-8 11:02:00
JcHr20130408_Re...
ylhtest3
2013-4-8 11:03:00

图 5－7　数据库维护

(1)备份。可以将当前正在运行的数据库系统进行备份,单击“备份”,如图 5－8 所示。可以输入相应的“备份名称”及“说明”。

(2)恢复。可以根据需要恢复相应时间点的数据备份,对相应数据库的项

图 5-8　数据库备份

目进行查询,选中相应备份还原的数据库,单击“恢复”,如图 5-9 所示。

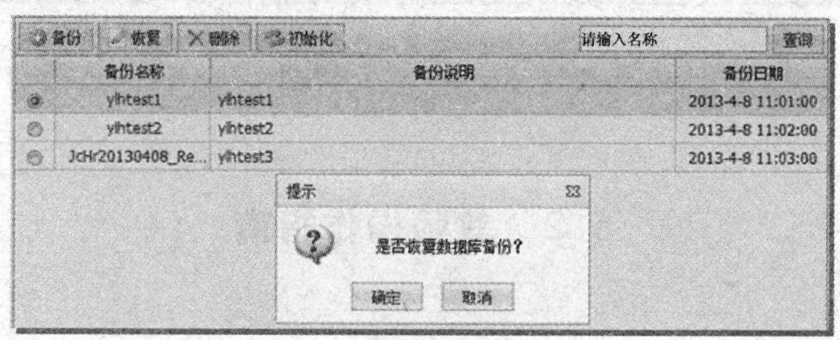

图 5-9　数据库恢复

(3)删除。管理员可以定期对相应的备份进行删除,以便节省服务器磁盘空间。选中相应的备份名称,单击“删除”,如图 5-10 所示。

(4)初始化。管理员可以对当前使用的数据库进行初始化,主要是为了节省数据库系统的资源(初始化时当前所有教师的项目必须处于“完成”状态)。单击“初始化”,如图 5-11 所示。

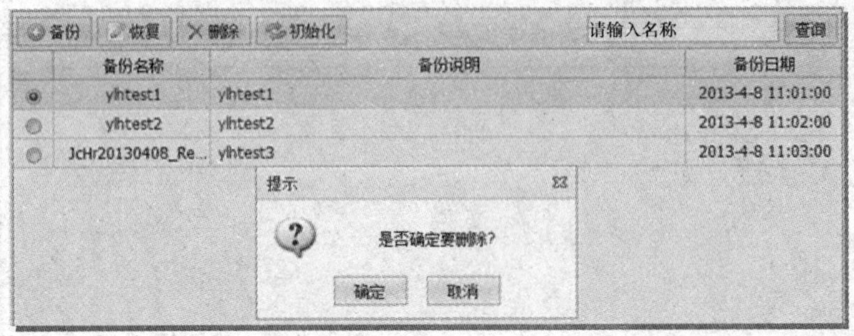

图 5 - 10　数据库备份删除

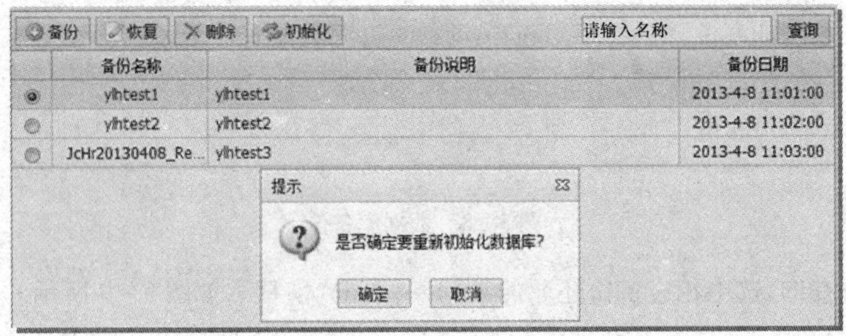

图 5 - 11　数据库初始化

5.2　教师操作指南

5.2.1　系统登录

在浏览器的地址栏中输入 http://服务器名称或服务器 IP 地址,“回车”就可以进入《客户关系管理沙盘模拟系统 V2.1》的登录界面,如图 5 - 12 所示。

管理员分配教师账号后,教师可以使用相应的账号登录创建项目进行教学。

客户关系管理沙盘模拟系统教师登录根据管理员所添加的账号和密码为:teacher/teacher,在右侧的角色类型中选择“教师端”,单击“登录”。

教师端模块主要功能使用流程,如图 5 - 13 所示。

图 5 – 12 客户关系管理沙盘模拟系统登录界面

5.2.2 教师操作

登录教师端后，如图 5 – 14 所示。

教师端功能模块有“教学任务管理”“预设方案管理”和“学生账号管理”。

5.2.2.1 系统管理

(1)教学任务管理。单击“教学任务管理”，如图 5 – 15 所示。主要功能有增加、删除、完成项目。

单击“增加”，如图 5 – 16 所示。

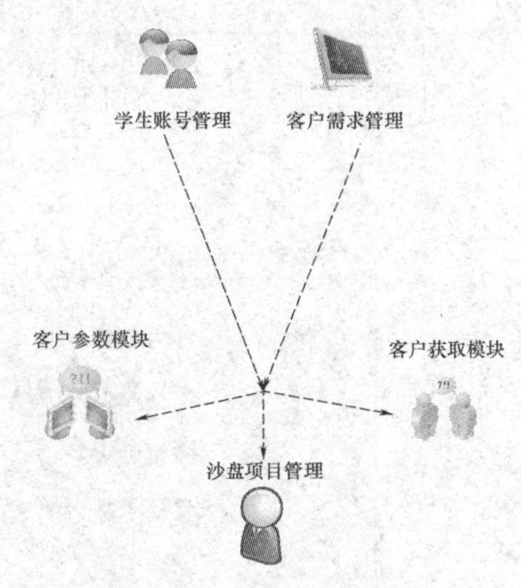

图 5 – 13 教师端操作流程

教师新增任务主要设置了任务名称、市场方案、所属班级、参赛组数、资金总数及交互干预。其中，相应的市场方案及交互干预将在后文中进行详细介绍。系统根据教师所设置的“参赛组数”自动分配“学生账号管理”中的学生账号到该项目组，教师端确认这些信息后，单击“确定”，如图 5 – 17 所示。当前项目名称为“客户关系”的项目状态处于“正在进行”，教师可以单击“详细”进行相应项目管理。

选中某一项目任务，单击“完成”，确认之后，该任务状态显示为“完成”，即

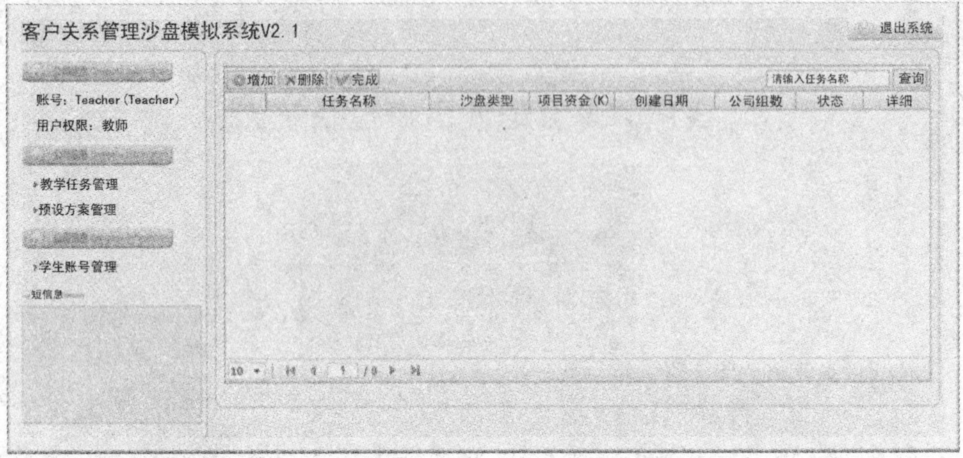

图 5－14　客户关系管理沙盘模拟系统教师端

图 5－15　沙盘项目管理

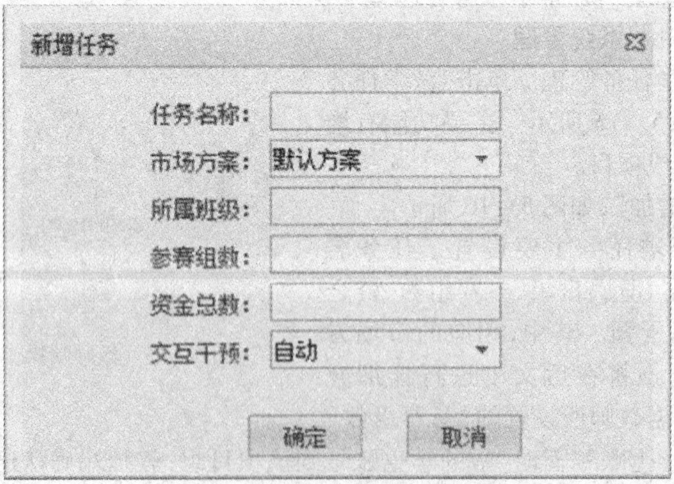

新增任务

任务名称：

市场方案：默认方案

所属班级：

参赛组数：

资金总数：

交互干预：自动

确定　取消

图 5－16　新增任务

任务名称	沙盘类型	项目资金(K)	创建日期	公司组数	状态	详细
客户关系	客户关系沙盘	300	2014-05-13 14:13	2组	正在进行	详细
促销测试	客户关系沙盘	1000	2014-04-08 08:19	2组	完成	详细

图 5－17　项目状态

表示该项教学任务已经完成，不再继续运营。

（2）预设方案管理。单击“预设方案管理”，可以设置相应的“需求产品”“产品等级”“需求数量”“产品价格”“产品培养”“感情关系”“服务期望”“名牌需求”“个性需求”等信息，如图 5－18 所示。

方案名称	状态
默认方案	完成

客户编号	客户类型
C0601	V
C0602	III
C0603	III
c0604	III
test1	I

年份	需求产品	产品等级	需求数量	产品价格	产品培养	感情关系	服务期望	名牌需求	个性需求
1	P1	三等品	4	13	6	9	8	0	0
2	P1	三等品	6	15	5	9	5	0	0
3	P1	三等品	4	15	7	9	8	0	0
4	P2	二等品	3	23	6	9	7	0	0
4	P3	二等品	2	32	6	6	4	0	1
5	P2	二等品	2	22	6	11	7	0	1
5	P3	一等品	2	33	5	6	3	0	1
5	P4	二等品	2	46	7	8	4	0	0
6	P2	二等品	3	24	7	10	6	0	0
6	P3	一等品	1	35	6	7	5	0	0
6	P4	二等品	3	47	7	9	5	0	0

图 5－18　预设方案管理

单击“增加”，设置相应的“方案名称”及方案“说明”，如图 5－19 所示。

单击“确定”之后，“预设方案管理”中将显示教师所创建的方案，方案名称为“客户关系”的当前状态为“待配置”，如图 5－20 所示。

教师可以根据需要，为预设的方案增加客户，单击相应的“增加”进行“客户的创建”，然后选中客户，为其添加“客户需求”，单击“增加”，输入相应信息。如需修改信息可单击“更新”进行操作，也可通过“删除”操作删除所选中的记录，如图 5－21、图 5－22、图 5－23 所示。

待“客户创建”“客户需求”和“客户需求更新”设置完成之后，单击“完成”即可使用相应的方案名称创建项目。

模板预案
方案名称：
说明：
确定
取消

图 5－19　增加方案

增加
更新
删除
复制
完成
方案名称
状态
默认方案
完成
客户关系
待配置

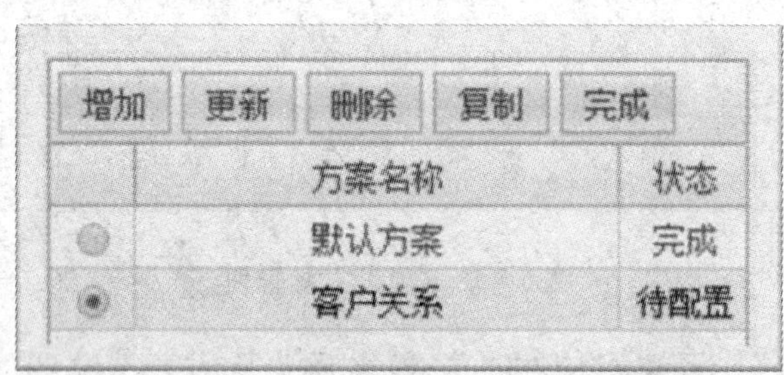

图 5－20　预设方案状态

(3)学生账号管理。单击“学生账号管理”，主要功能有“增加”“编辑”“删除”，如图 5－24 所示。

① 增加。单击“增加”，如图 5－25 所示。

学生账号添加规则：

➢ 姓名：可以由中文字符、英文字母和数字组成。

➢ 账号：可以由英文字母和数字组成。

➢ 密码：可以由英文字母和数字组成。

新增客户
4
1
增加
删除
更新
客户编号
客户类型：
I
客户编号：
C0601
确定
取消

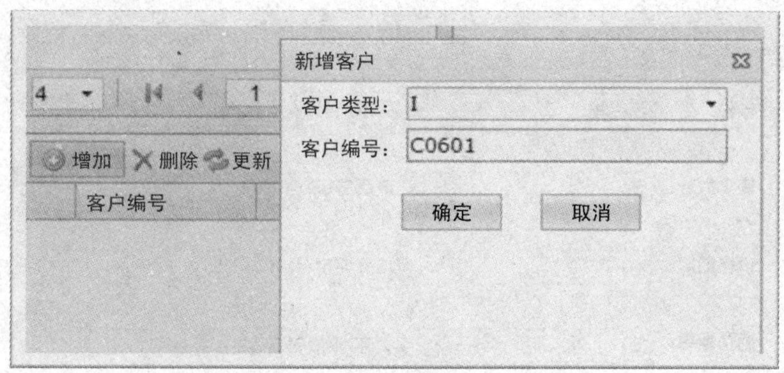

图5－21　客户创建

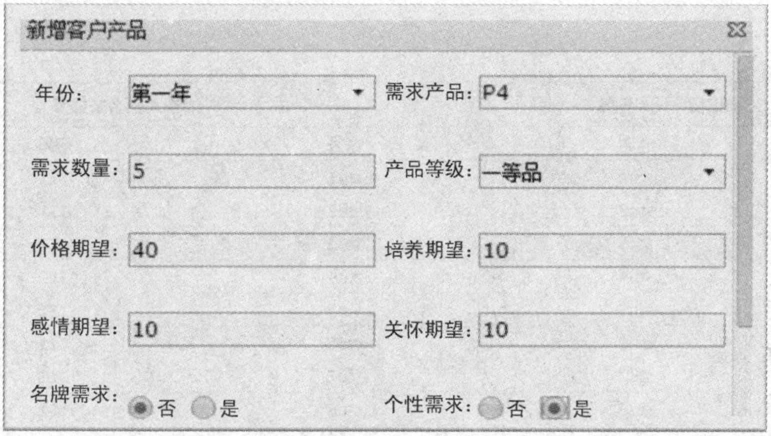

新增客户产品
年份：
第一年
需求产品：
P4
需求数量：
5
产品等级：
一等品
价格期望：
40
培养期望：
10
感情期望：
10
关怀期望：
10
名牌需求：
否
是
个性需求：
否
是

图5－22　客户需求

② 编辑。在学生信息展示区选择要编辑的学生账号，不能同时选择多个学生账号，如图5－26所示。

单击“编辑”，如图5－27所示。

③ 删除。如有需要删除的学生账号，在学生信息展示区中选择相应的账号，单击“删除”，系统将会提示相应的信息，需要教师再次确认，以免发生误删。如图5－28所示。

如果确认需要删除该学生的账号，单击“确定”后，该学生账号就会被删除，如果单击“取消”将会取消此次的删除操作。

④ 查询。当学生账号多到一定程度时对教师的账号管理将带来一定的麻烦，这时教师就需要根据需要快速定位学生账号，以最快的速度展示学生的账

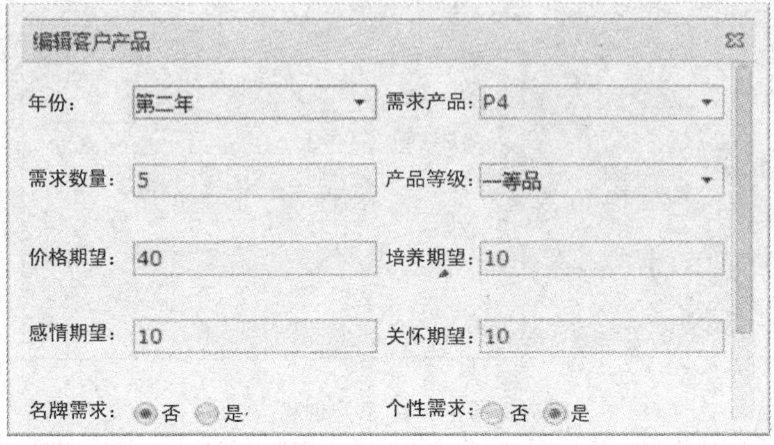

图 5 - 23　客户需求更新

增加　编辑　删除　请输入姓名或账号　查询

	姓名	账号	密码
	stu1	stu1	111
	stu2	stu2	111
	stu3	stu3	111
	stu4	stu4	111
	stu5	stu5	111
	stu6	stu6	111
	stu7	stu7	111
	stu8	stu8	111
	stu9	stu9	111
	stu10	stu10	111

图 5 - 24　学生账号管理

号信息，以便对其进行编辑与删除。在输入框中输入所需查询学生的账号或姓名，例如，查询姓名为“stu9”的学生信息，输入“stu9”，单击“查询”，如图 5 - 29 所示，将显示所有“stu9”开头的学生姓名与账号。

（4）短信息。在系统中的短信息界面教师可以看到所有项目的学生的各项申请操作，如破产申请、融资申请等，如图 5 - 30 所示。

5.2.2.2　运营查看

教师创建项目完成后，可以对当前教师账号中的所有教学任务进行管理，单击“教学任务管理”，如图 5 - 31 所示。

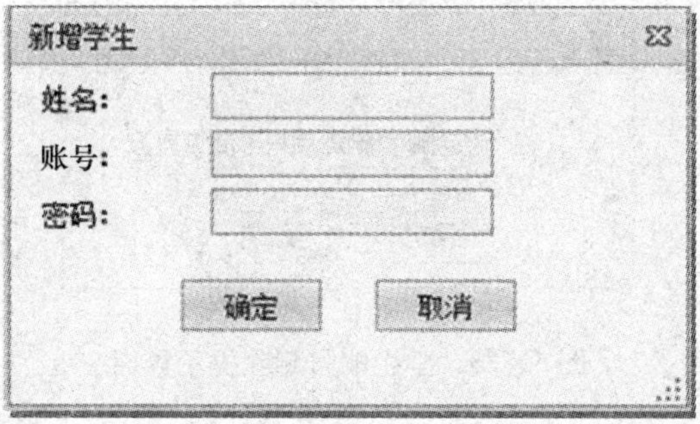

新增学生

姓名：

账号：

密码：

确定 取消

图 5－25 新增学生界面

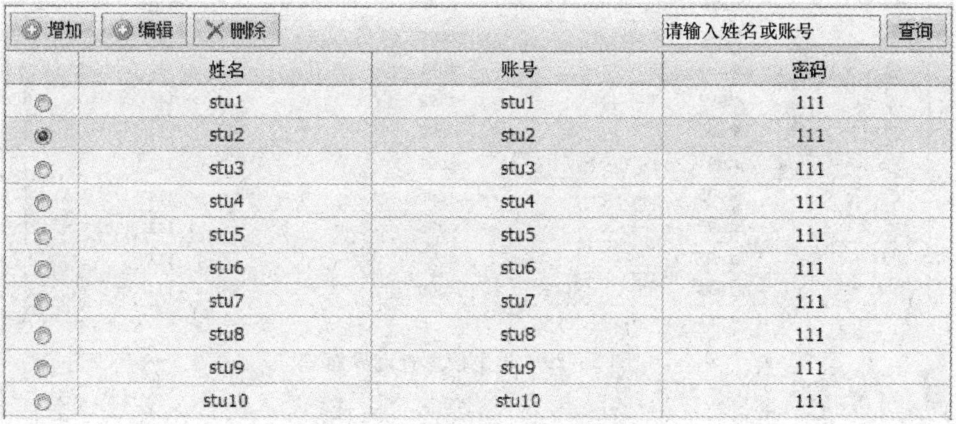

增加 编辑 删除 请输入姓名或账号 查询

	姓名	账号	密码
○	stu1	stu1	111
◉	stu2	stu2	111
○	stu3	stu3	111
○	stu4	stu4	111
○	stu5	stu5	111
○	stu6	stu6	111
○	stu7	stu7	111
○	stu8	stu8	111
○	stu9	stu9	111
○	stu10	stu10	111

图 5－26 学生账号编辑选择界面

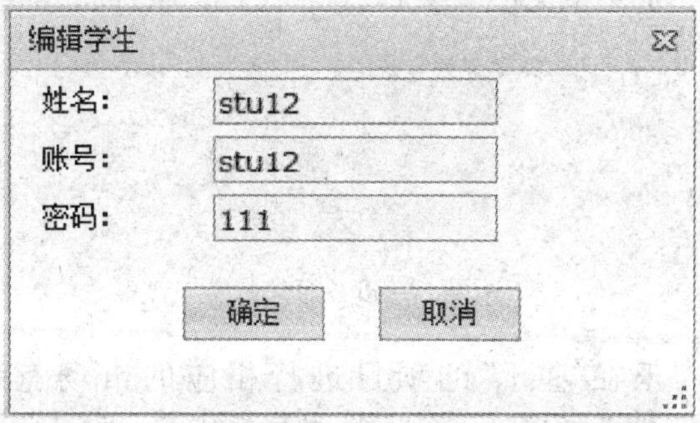

编辑学生

姓名： stu12

账号： stu12

密码： 111

确定 取消

图 5－27 学生账号信息编辑

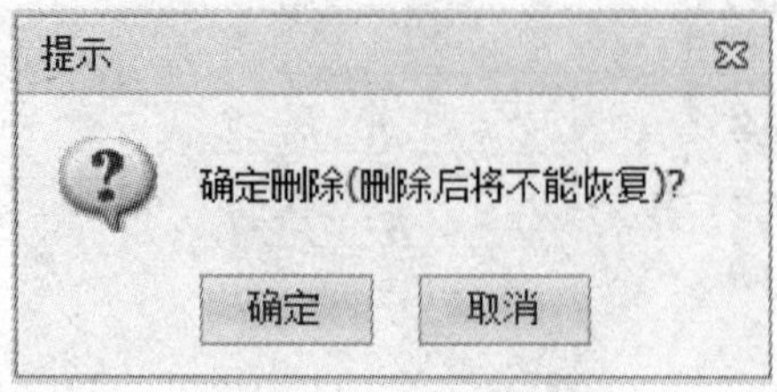

图 5－28　学生账号删除提示界面

增加　编辑　删除　stu9　查询

	姓名	账号	密码
○	stu9	stu9	111
○	stu90	stu90	111
○	stu91	stu91	111
○	stu92	stu92	111
○	stu93	stu93	111
○	stu94	stu94	111
○	stu95	stu95	111
○	stu96	stu96	111
○	stu97	stu97	111
○	stu98	stu98	111

图 5－29　学生信息查询界面

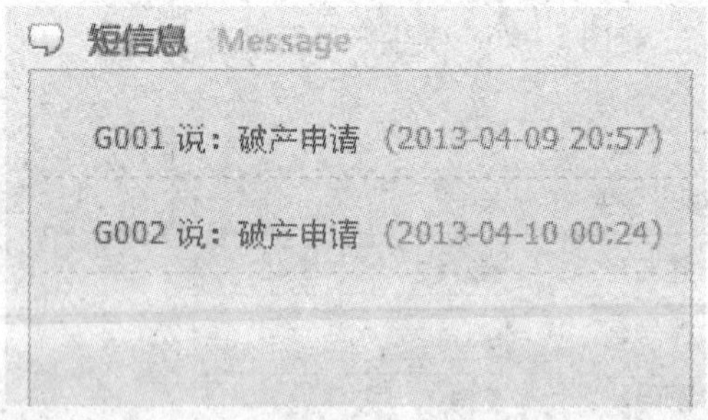

图 5－30　短信息

教师可以对“正在进行”的项目进行相应的市场竞争点的“交互干预”，还可以对“完成”的项目通过单击“详细”，进行历史数据查询，如图 5－32所示。

增加 删除 完成 请输入项目名称 查询

	任务名称	沙盘类型	项目资金(K)	创建日期	公司组数	状态	详细
	客户关系	客户关系沙盘	300	2014-05-13 14:13	2组	正在进行	详细
	促销测试	客户关系沙盘	1000	2014-04-08 08:19	2组	完成	详细

图5-31 项目管理

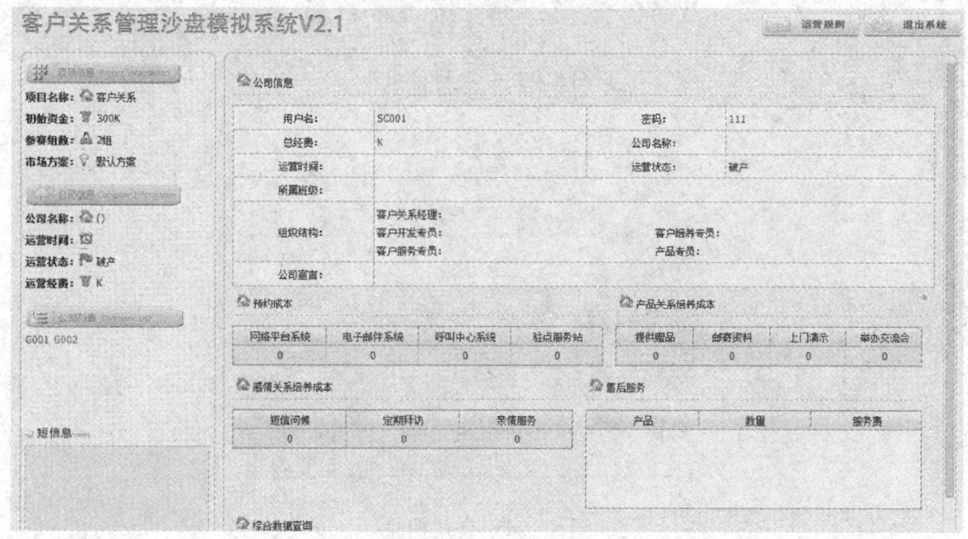

图5-32 详细信息

第一，项目左侧详细显示的信息主要包括项目信息、公司信息、公司列表和短信息。

(1)项目信息。如图5-33所示，“项目信息”包括教师创建项目时所设置的项目名称、初始资金、参赛组数和市场方案。

(2)公司信息。如图5-34所示，“公司信息”包括当前在“公司列表”中所选择的公司的一些基本信息，包括公司名称、运营时间、运营状态和运营经费。

(3)公司列表。如图5-35所示，在“公司列表”中显示当前教学任务中的所有公司名称，在列表中选择相应的名称，可以在“公司信息”中展示相应公司的基本运营信息。

(4)短信息。教师可以使用短信息功能与各组学生进行交流，也可以向所有公司发送信息。如果在运营过程中有学生提出破产、融资的申请，系统还会自动在“短信息”中提醒教师，如图5-36所示。

第二，项目右侧将详细显示被选公司的信息，主要项目包括公司信息、预约成本、产品关系培养成本、感情关系培养成本、售后服务以及综合数据

项目信息 Project Information

项目名称：客户关系

初始资金：300K

参赛组数：2组

市场方案：默认方案

图 5－33　项目信息

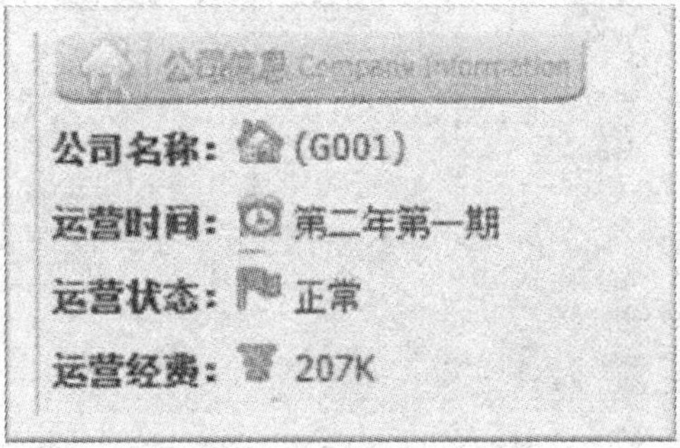

公司信息 Company Information

公司名称：(G001)

运营时间：第二年第一期

运营状态：正常

运营经费：207K

图 5－34　公司信息

公司列表 Company List

G001 G002

图 5－35　公司列表

查询等。

(1)公司信息。“公司信息”中详细地展示了用户名及密码、公司资金状况、运营状态和组织结构等，如图 5－37 所示。

(2)预约成本。在“预约成本”中对运营公司当月月初所购置的服务中心系统的建设费进行统计，如图 5－38 所示。

(3)产品关系培养成本。在“产品关系培养成本”中，根据运营公司当前的产品关系培养成本，实时更新公司的产品关系培养投入资金的信息，如图 5－39 所示。

(4)感情关系培养成本。在“感情关系培养成本”中，根据运营公司当前的感情关系培养情况，实时更新公司的感情关系培养投入资金的信息，如图 5－40 所示。

图 5-36 短信息

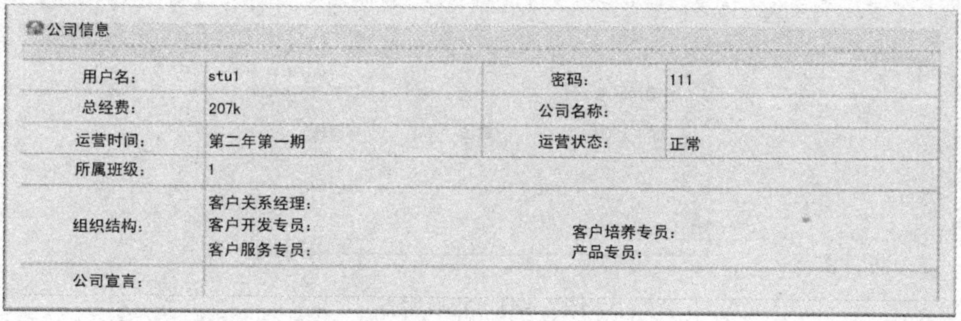

公司信息

用户名：	stu1	密码：	111
总经费：	207k	公司名称：	
运营时间：	第二年第一期	运营状态：	正常
所属班级：	1		
组织结构：	客户关系经理： 客户开发专员： 客户服务专员：	客户培养专员： 产品专员：	
公司宣言：			

图 5-37 公司详细信息

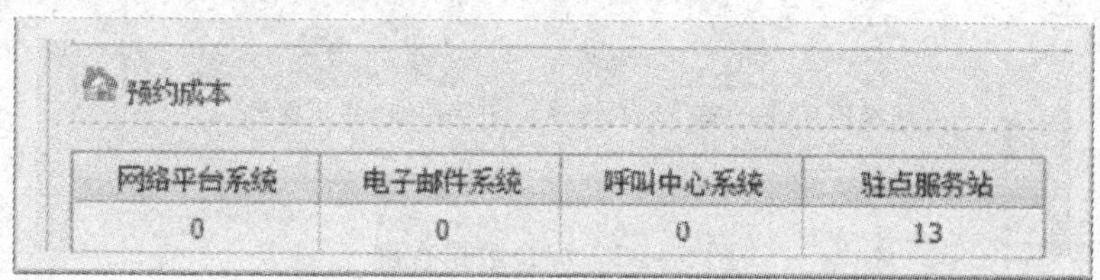
预约成本

网络平台系统	电子邮件系统	呼叫中心系统	驻点服务站
0	0	0	13

图 5-38 预约成本

(5)售后服务。在“售后服务”中,根据运营公司当月的订单交货之后对客户进行的服务,实时更新公司为售后服务投入资金的信息,如图 5-41 所示。

(6)综合数据查询。在“综合数据查询”中可以查询公司的总经费、利润表、总评分、产品明细及客户的投诉抱怨,如图 5-42 所示。

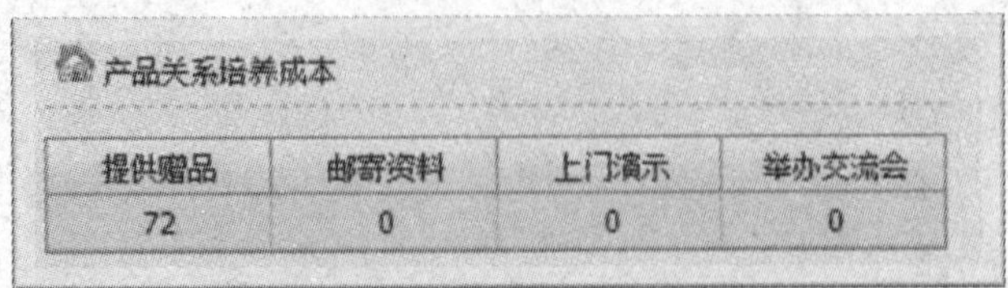

产品关系培养成本

提供赠品	邮寄资料	上门演示	举办交流会
72	0	0	0

图 5－39　产品关系培养成本

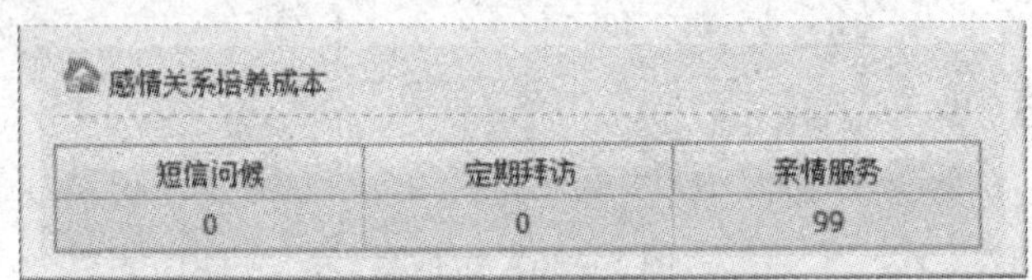

感情关系培养成本

短信问候	定期拜访	亲情服务
0	0	99

图 5－40　感情关系培养成本

售后服务

产品	数量	服务费

图 5－41　售后服务

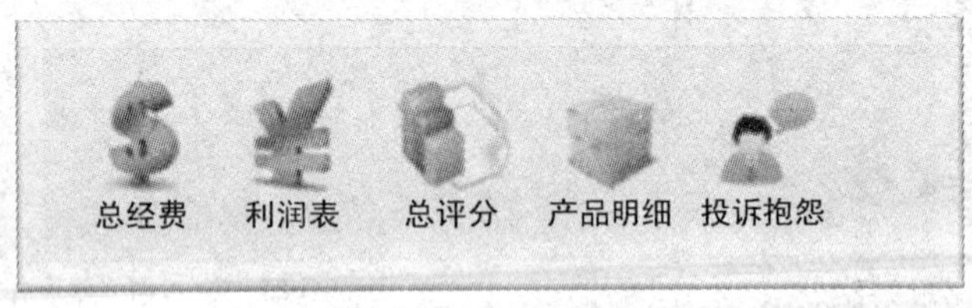

图 5－42　综合数据查询

①总经费:在“总经费”中将根据月份记录运营公司 6 个月的总经费使用情况,如图 5－43 所示。

②利润表。在“利润表”中将根据月份记录运营公司 6 个月的利润收益情况以及相关月份的收入和支出情况,如图 5－44 所示。

③总评分。在“总评分”中将根据月份记录运营公司 6 个月的运营评分和排名情况以及与评分排名相关的各项数据,如图 5－45 所示。

总经费

项目	第一月	第二月	第三月	第四月	第五月	第六月
总经费	500	443				
客户寻找费用	21	0				
产品研发费用	0	0				
产品升级费用	0	0				
广告投放费用	0	0				
客户预约费用	0	0				
感情关系培养费用	1	0				
产品关系培养费用	0	0				
推销费用	0	0				
仓储费	0	0				
产品制造费用	45	0				
运输费用	0	0				
销售收入	45	0				
产品售后服务费	0	0				
客户关系维护费用	0	0				
管理费用	8	0				
期末支出总费用	102	0				
期末剩余运营总经费	443					

图 5－43 总经费

利润表

经营月：第一月

月份	销售收入	客户关系管理综合运营成本	净利润
第一月	45	102	-57

图 5－44 利润表

总评分

经营月：第二月

月份	净利润	客户市场占有率	客户平均综合满意度	平均忠诚度	总评分	市场排名

图 5－45 总评分

④产品明细。在“产品明细”中将根据月份记录运营公司 6 个月的产品销售情况，如图 5－46 所示。

产品明细

经营月：第一月

月份	产品	等级	采购数量	单位成本	采购成本
第一月第二期	P1	一等品	5	5	25
第一月第四期	P1	二等品	5	4	20

图 5－46　产品明细

⑤投诉抱怨。在“投诉抱怨”中将根据月份记录运营公司 6 个月被客户投诉抱怨的情况汇总，如图 5－47 所示。

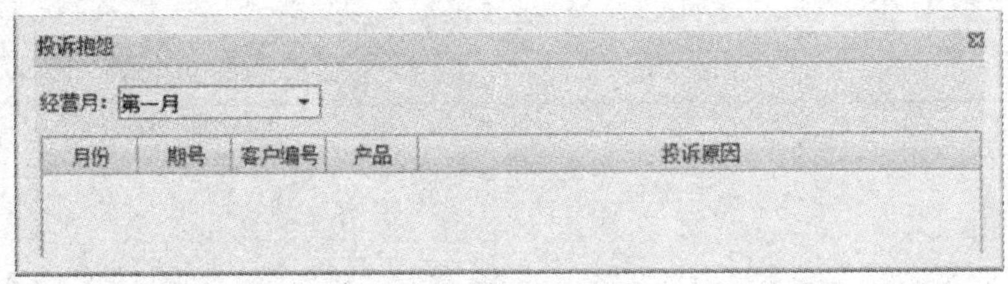
投诉抱怨

经营月：第一月

月份	期号	客户编号	产品	投诉原因

图 5－47　投诉抱怨

5.2.2.3　项目管理

在项目运营过程中，教师可以通过以下功能对运营项目进行市场竞争的交互干预、数据分析查询等操作，如图 5－48 所示。

图 5－48　功能按钮

图 5－48 中的功能包括交互干预查询、历月数据查询、经营分析和其他功能。其中，交互干预查询包括客户获取；历月数据查询包括市场排名；经营分析包括经营对比、数据分析；其他功能包括破产处理、融资处理。

(1) 客户获取。根据规则，各运营公司可以从第三周期开始后进行客户获取操作。单击“客户获取”，能看到当前所有客户被获取的情况，如图 5－49

所示。

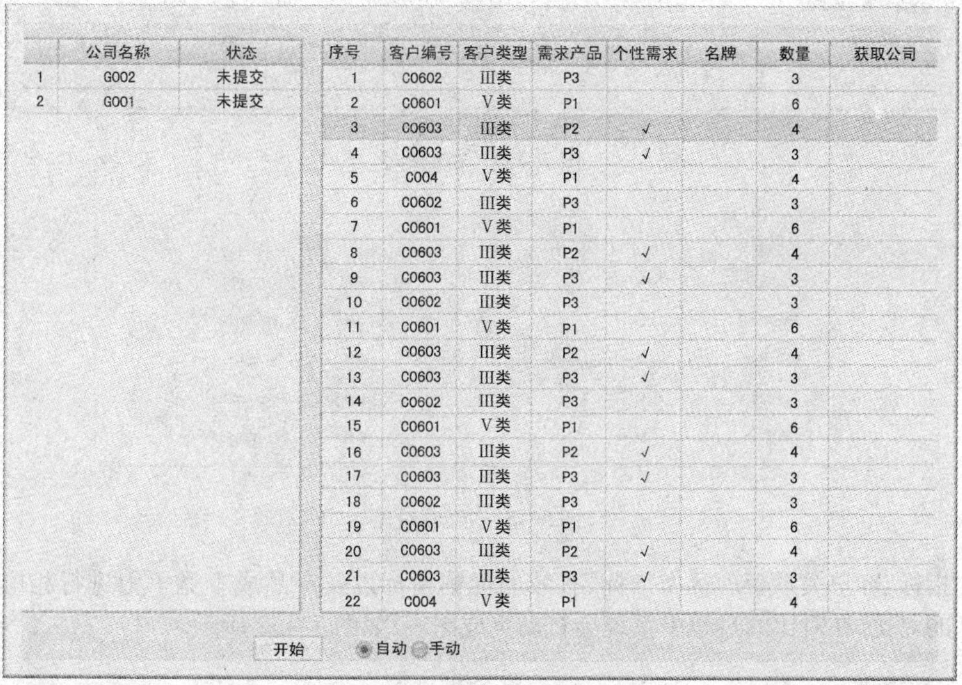

	公司名称	状态
1	G002	未提交
2	G001	未提交

序号	客户编号	客户类型	需求产品	个性需求	名牌	数量	获取公司
1	C0602	Ⅲ类	P3			3	
2	C0601	Ⅴ类	P1			6	
3	C0603	Ⅲ类	P2	√		4	
4	C0603	Ⅲ类	P3	√		3	
5	C004	Ⅴ类	P1			4	
6	C0602	Ⅲ类	P3			3	
7	C0601	Ⅴ类	P1			6	
8	C0603	Ⅲ类	P2	√		4	
9	C0603	Ⅲ类	P3	√		3	
10	C0602	Ⅲ类	P3			3	
11	C0601	Ⅴ类	P1			6	
12	C0603	Ⅲ类	P2	√		4	
13	C0603	Ⅲ类	P3	√		3	
14	C0602	Ⅲ类	P3			3	
15	C0601	Ⅴ类	P1			6	
16	C0603	Ⅲ类	P2	√		4	
17	C0603	Ⅲ类	P3	√		3	
18	C0602	Ⅲ类	P3			3	
19	C0601	Ⅴ类	P1			6	
20	C0603	Ⅲ类	P2	√		4	
21	C0603	Ⅲ类	P3	√		3	
22	C004	Ⅴ类	P1			4	

开始　自动　手动

图 5－49　客户获取

如图 5－49 所示，这项操作有“自动”与“手动”之分，此处教师可以进行交互干预。在创建项目时，“交互干预”默认为“自动”，教师可以根据情况修改为“手动”。

自动：如果选择自动，系统判断所有学生提交客户获取信息后，将自动公布结果，此时“开始”按钮不可用。

手动：如果选择手动，系统判断所有学生提交客户获取信息后，不会自动公布结果，各学生端处展示的信息也会一直处于等待的状态，此时“开始”可用。教师单击“开始”后，各学生端才可以看到获取信息的结果展示，并可以继续运营操作。

(2)市场排名。根据规则，每月期末都可以进行相应的市场排名，单击“市场排名”，将展示出相应的评分，如图 5－50 所示。评分由公式得出，此处不做详细解释。

(3)经营对比。在“经营对比”中，教师可以根据需要对各公司按月度、数据类型进行相应的对比，如图 5－51 所示。

(4)数据分析。在“数据分析”中，教师可以根据需要对各公司的盈利能力

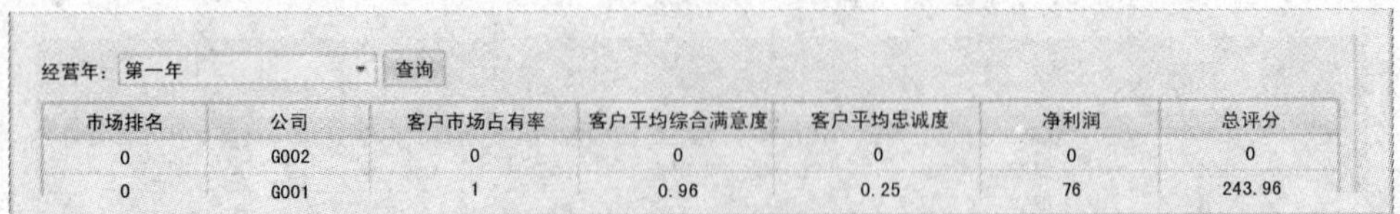

经营年：第一年 查询

市场排名	公司	客户市场占有率	客户平均综合满意度	客户平均忠诚度	净利润	总评分
0	G002	0	0	0	0	0
0	G001	1	0.96	0.25	76	243.96

图 5－50　市场排名

项目	月份	操作	
总经费	第一月	查看	导出EXCEL
产品明细	第一月	查看	导出EXCEL
投诉抱怨	第一月	查看	导出EXCEL
利润	第一月	查看	导出EXCEL
总评分	第一月	查看	导出EXCEL

图 5－51　经营对比

指标、客户关系管理运作指标、有效的促销指标以及产品成本竞争力进行相应的对比，在对比的过程中系统会自动生成图表，如图 5－52 所示。

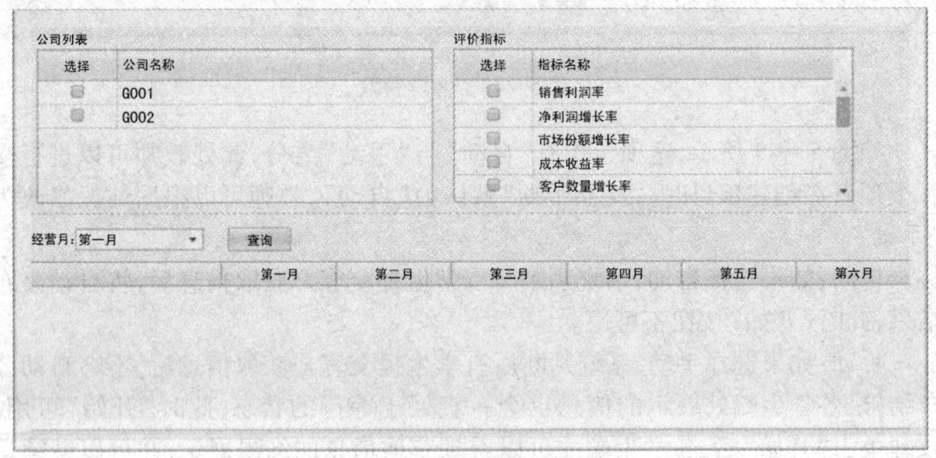

图 5－52　数据分析

（5）破产处理。各公司在运营过程中可能会出现资金不足的情况，这时公司就会破产。此时教师可以对相应的公司进行破产处理，学生也可以申请破产。教师操作“破产”的公司将不再有后面的运营步骤和环节，如图 5－53 所示。

（6）融资处理。融资的主要功能是公司在模拟经营过程中，教师可以对某

	公司	申请破产	破产时间		运营状态	操作
			月	期		
1	G001	未申请	0	0	正常	破产
2	G002	未申请	0	0	正常	破产

图 5 - 53 破产处理

个公司进行融资或减资,如图 5 - 54 所示。

	公司	融资	减资	审批状态	操作
1	G002	300	0	申请中	批准 否决

图 5 - 54 融资处理

5.3 学生操作指南

在浏览器的地址栏中输入 http://服务器名称或服务器 IP 地址/Login,"回车"就可以进入《客户关系管理沙盘模拟系统 V2.1》的登录界面,如图 5 - 55 所示。

图 5 - 55 客户关系管理沙盘模拟系统登录界面

学生根据教师所分配的账号进行登录。

5.3.1 学生界面介绍

5.3.1.1 学生端左侧信息栏

左侧信息栏中包括公司信息、预约能力、服务能力、客户阶段、产品名牌和口碑效应,如图5－56所示。

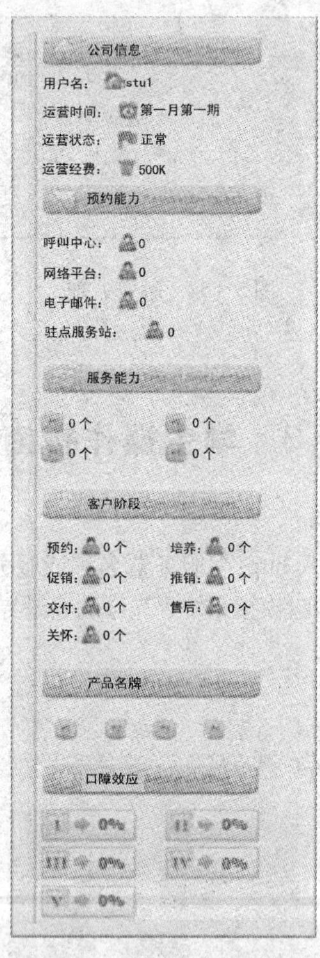

图5－56 信息展示界面

➢ 公司信息:主要包括学生公司名称、当前运营时间、当前运营状态。

➢ 预约能力:主要包括当前所建设的驻点服务站,根据预约使用的变化而变化。

➢ 服务能力:主要包括当前所建设的服务中心,根据售后服务使用的变化而变化。

➢ 客户阶段:主要包括各个客户所实现的阶段。

➢ 产品名牌:主要包括各类产品的库存信息。

➢ 口碑效应:主要包括各类客户的口碑。

5.3.1.2 客户关系的运营流程

客户关系的运营流程如图 5－57 所示。各项流程的具体内容将在“5.3.2 学生端运营流程”中作详细介绍。

图 5－57 运营流程

5.3.1.3 展示操作区

展示操作界面包括客户中心、服务中心与产品中心功能操作区,如图5－58 所示。客户中心、服务中心与产品中心的配置和建设的操作将在“5.3.2 学生端运营流程”中作详细介绍。

图 5－58 展示操作界面

5.3.1.4 记录

记录的主要内容是各公司运营过程中所产生的数据,如图 5－59 所示,以便能够及时查询。记录的各项内容将在“5.3.2 学生端运营流程”中作详细介绍。

图 5－59　记录

5.3.1.5　其他

客户关系系统还提供了公司信息、台面校对、运营规则和退出系统的内容，如图 5－60 所示。各项内容将在“5.3.2 学生端运营流程”中作详细介绍。

图 5－60　其他

5.3.2　学生端运营流程

学生端模块功能的运营流程如图 5－61 所示。

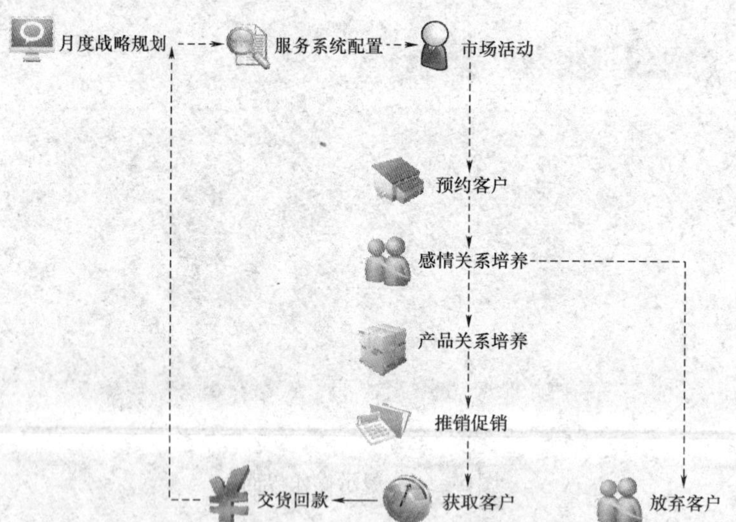

图 5－61　学生端运营流程

5.3.2.1　信息确认

学生登录系统后首先要对自己的公司进行相应的信息注册，还要知道在哪里可以查询到所需要的一些实物沙盘台面的信息、市场的信息及规则的说明。

(1)公司信息注册。学生登录系统后的第一件事就是注册公司信息,主要包括账号和密码的修改、各管理岗位的人员定岗及公司宣言,如图 5 - 62 所示。

公司信息

基本信息

用户名	Stu1	初始资金	500
新密码		公司代码	G001
重置新密码		所属班级	精创教育
公司名称			
客户关系经理			
客户开发专员		客户培养专员	
客户服务专员		产品专员	
公司宣言	输入字数少于 500 个		

提交　关闭

图 5 - 62　公司信息

(2)台面校对。在系统操作时,有时因为教学需要,教师将系统与实物沙盘一并使用,所以在此也提供了相应的台面的数据校对,如图 5 - 63 所示。

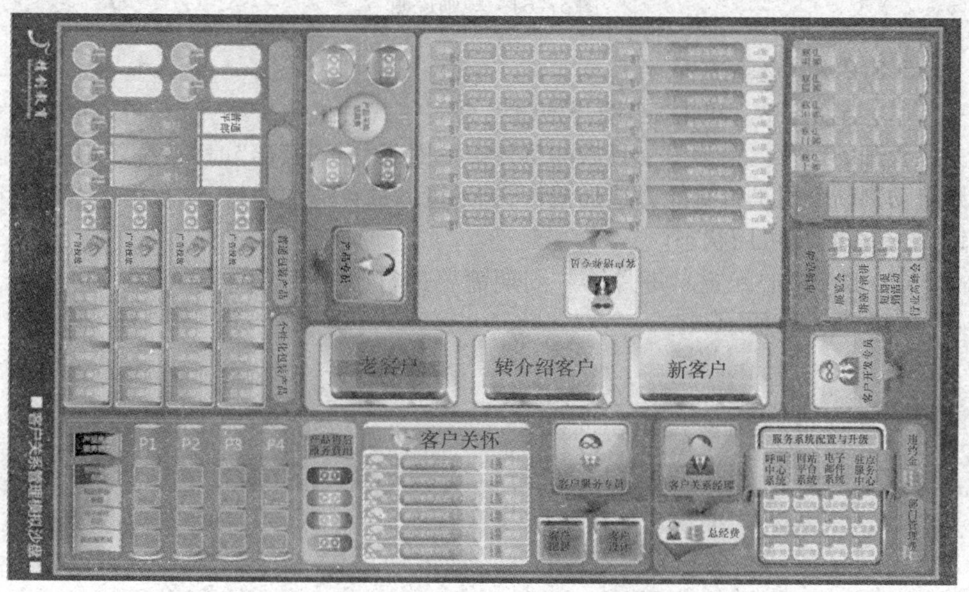

图 5 - 63　台面校对

(3)规则说明。各公司在运营过程中,在不熟悉规则的情况下可以查看规则,如图 5 - 64 所示。

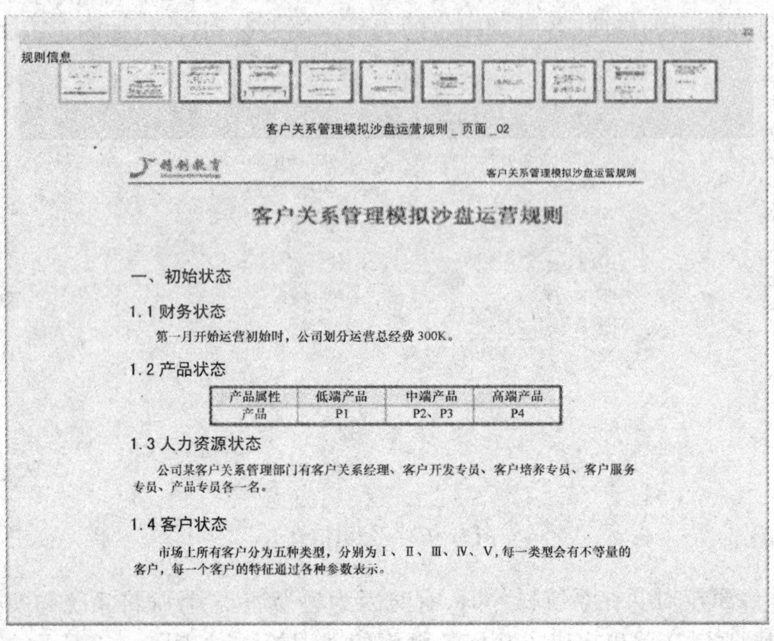

规则信息

客户关系管理模拟沙盘运营规则_页面_02

客户关系管理模拟沙盘运营规则

客户关系管理模拟沙盘运营规则

一、初始状态

1.1 财务状态

第一月开始运营初始时，公司划分运营总经费 300K。

1.2 产品状态

产品属性	低端产品	中端产品	高端产品
产品	P1	P2、P3	P4

1.3 人力资源状态

公司某客户关系管理部门有客户关系经理、客户开发专员、客户培养专员、客户服务专员、产品专员各一名。

1.4 客户状态

市场上所有客户分为五种类型，分别为Ⅰ、Ⅱ、Ⅲ、Ⅳ、Ⅴ，每一类型会有不等量的客户，每一个客户的特征通过各种参数表示。

图 5－64　规则说明

5.3.2.2　运营流程

(1)当期开始。单击“当期开始”后，公司正式进入第 1 个月第一周期客户关系管理的运营。在第 1 个月后的每月第一周期“当期开始”时，系统会根据规则自动判断公司是否有能力追加销售，如果可以进行追加销售，流程中的“追加销售”会呈现出可用状态。

(2)服务中心配置。每月第一周期需要进行服务系统配置，单击“服务中心”，如图 5－65 所示。

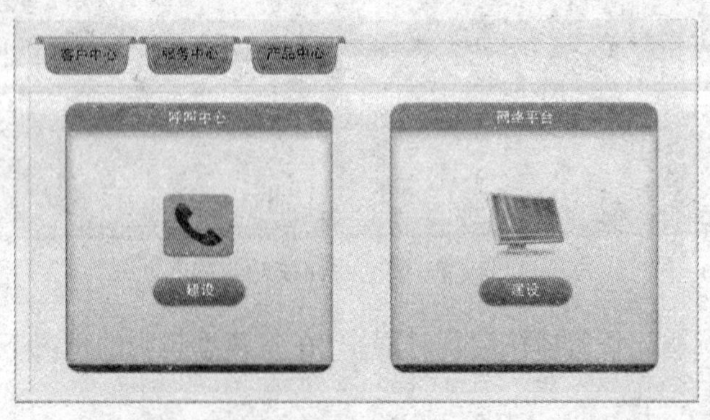

图 5－65　服务中心配置

“服务中心配置”选择规划所需要的服务中心进行建设，建设完成之后如图5－66所示。

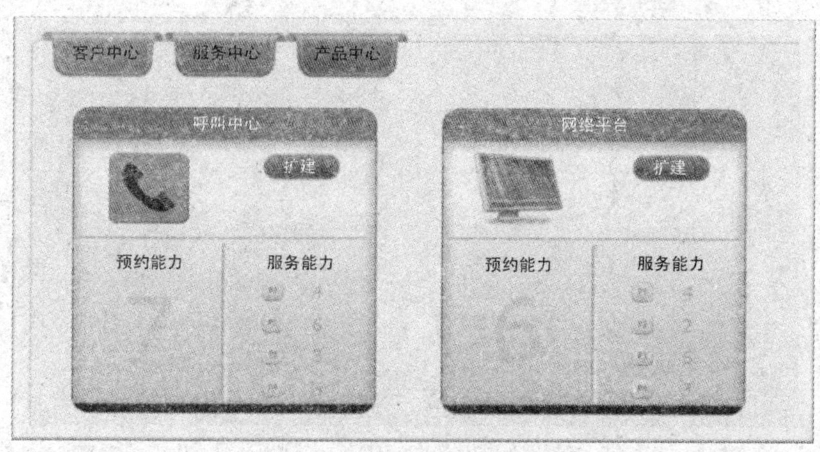

图5－66　完成服务中心配置

(3)服务系统扩建。每一周期公司都能进行“服务系统扩建”，服务系统建设完成之后还可以进行“服务系统扩建”。每月第一周期第一次进行扩建视为“正常扩建”，如图5－67所示，之后的扩建均为“紧急扩建”。紧急扩建的费用是正常扩建的150%，如图5－68所示。

图5－67　正常扩建

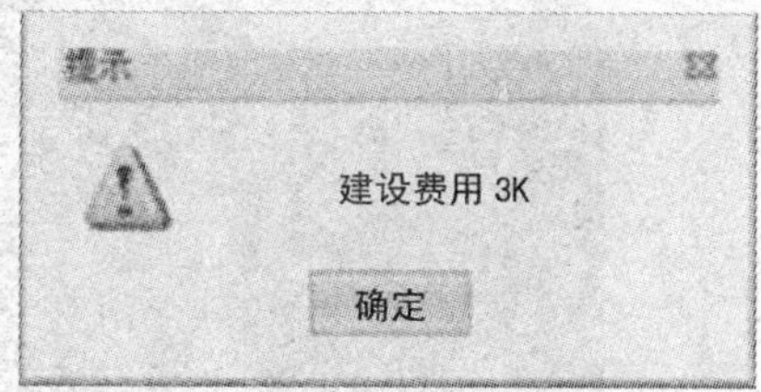

图5－68　紧急扩建

(4)市场活动。公司在每月第一周期时可以开展“市场活动”。“市场活动”分为四种：讲座/演讲、展览会、短期促销活动、行业高峰会，开展市场活动需支付不同的市场活动费用。不同的市场活动获取的客户类型也不相同，如图5－69所示。

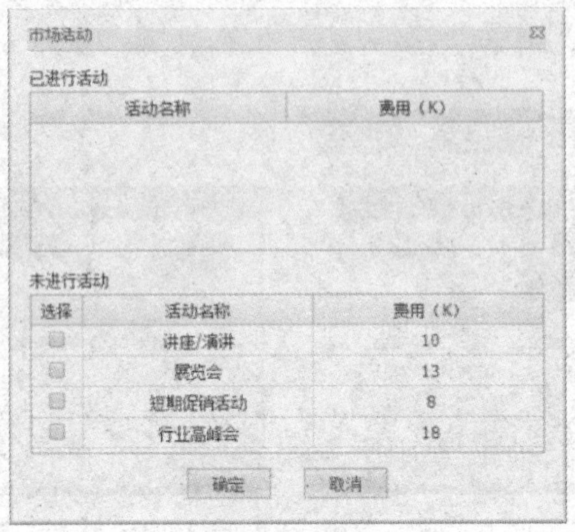

图5－69　市场活动

（5）收集客户信息。每月第一周期进行市场活动之后，公司可以获得相应市场活动的客户名单，选择公司所需要的客户进行添加，如图5－70所示。

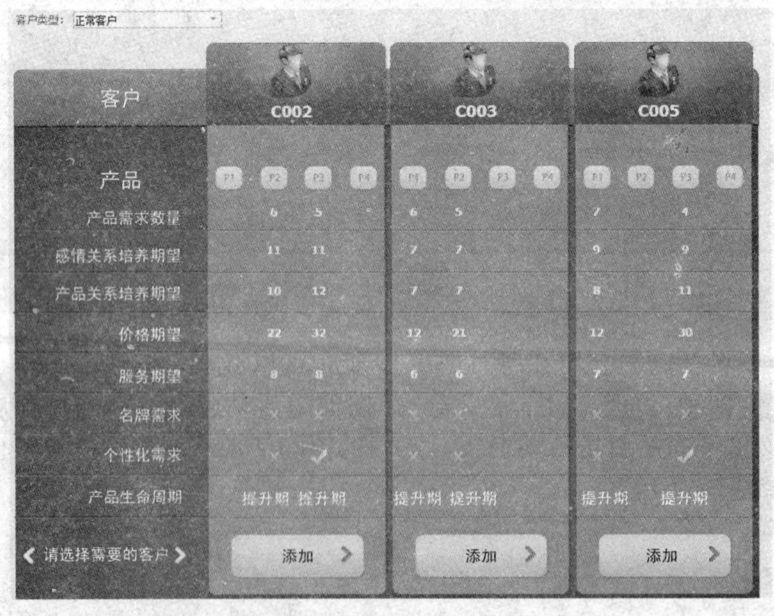

图5－70　客户添加信息

选择相应客户添加之后，客户出现在客户中心区域内，如图5－71所示。

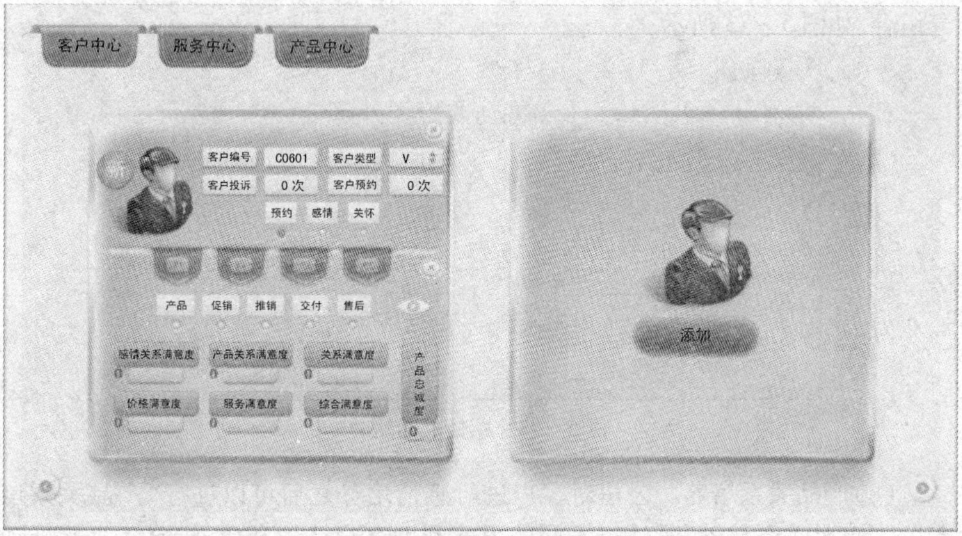

图5－71 添加客户

（6）客户预约。添加客户之后可以进行“客户预约”，预约方式为月初所建设的服务中心。不同类型的客户要求的服务系统有所差异，如表4－7所示。

作为客户关系操作的重要步骤，客户预约是否成功、预约方式是否合理是客户关系管理的关键，如图5－72所示。

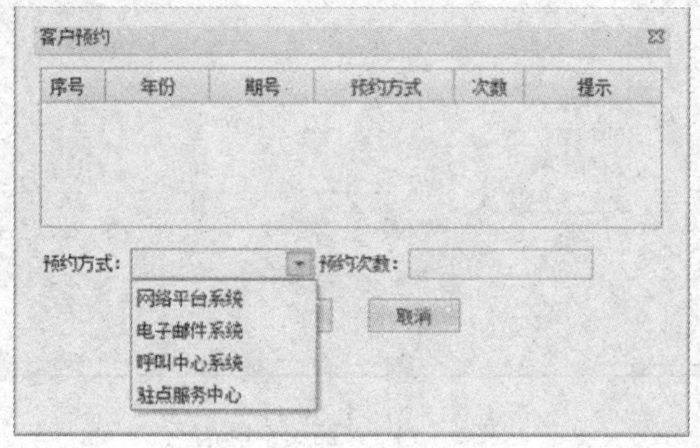

图5－72 客户预约

选择公司认为适应客户的预约方式之后进行客户预约，若提示“成功”，则预约完毕；若提示“继续”，则下一周期继续预约；若提示“失败”，则表示客户排斥这种预约方式，下一周期重新选择预约方式再进行预约。

（7）感情关系培养。公司在进行客户预约成功之后，可以对客户进行“感情关系培养”。因为客户类型与特征的差别，不同类型的客户对感情关系培养的方式与要求有不同的偏好，因此，迎合客户的需求，可以进行不同的感情关系培养组合，如图 5－73 所示。

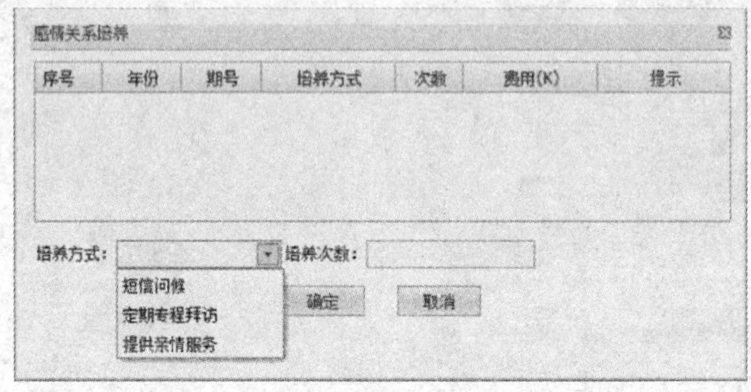

图 5－73　感情关系培养

(8)产品关系培养。公司对客户进行感情培养之后可以进行“产品关系培养”。“产品关系培养”是通过不同的方式帮助客户认识和接受产品，直接推动产品的销售。由于客户的类型与特征有所差别，不同类型的客户对产品关系培养的方式与要求有不同的偏好，因此，迎合客户的需求，可以进行不同的产品关系培养组合，如图 5－74 所示。

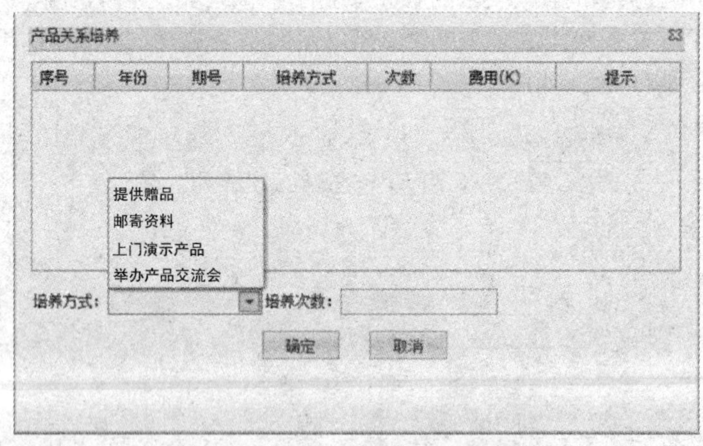

图 5－74　产品关系培养

(9)产品推销。公司每月第三和第四周期可以对客户进行“产品推销”，但产品推销的前提条件是完成对客户的产品关系培养，并且客户对公司产品的满意度不低于 80%。公司通过客户对产品的期望价格自行设定推销价格，通过竞争获取客户，如图 5－75 所示。

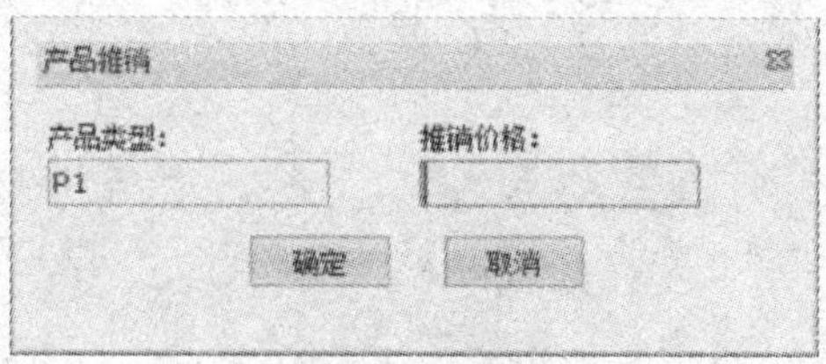

图5－75　产品推销

(10)产品促销。公司每月第三和第四周期完成“产品推销”之后可以进行“产品促销”。促销组合对产品销售有着重要的作用,每项促销方式的使用都会对所有的客户的购买决策产生一定的影响。当然,产品促销也要支付一定的费用,促销组合之后投入的资金会影响“关系价格”,从而影响对客户的获取,如图5－76所示。

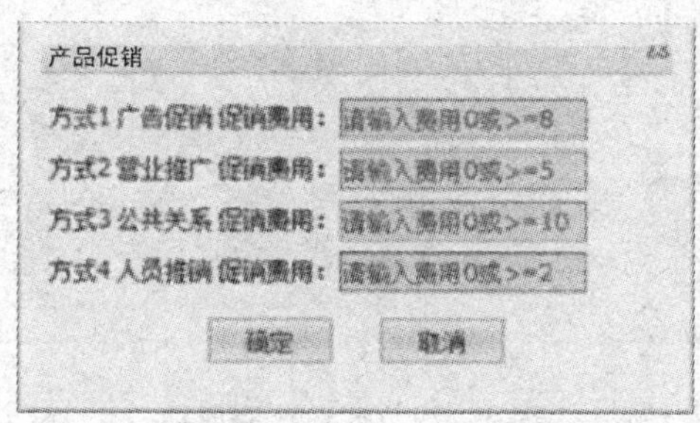

图5－76　产品促销

(11)客户获取。每月第三、第四周期当“产品推销”与“产品促销”完成之后进入“客户获取”阶段。客户获取是根据产品关系价格确定该客户最终的获取情况,如图5－77所示。

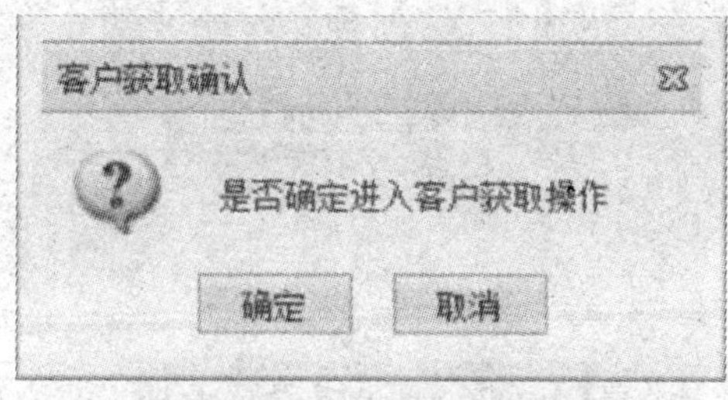

图5－77　客户获取确认

在客户信息中,如果市场排名不是“1”的公司需要等待其他公司放弃才能对该客户进行获取,放弃视为获取失败,依次类推。单击“获取”,则获取客户,如图 5 – 78 所示。

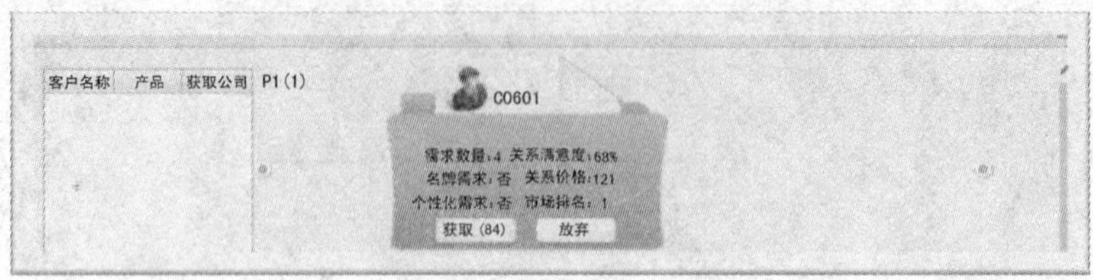

图 5 – 78　客户获取界面

此时,客户获取成功,如图 5 – 79 所示。

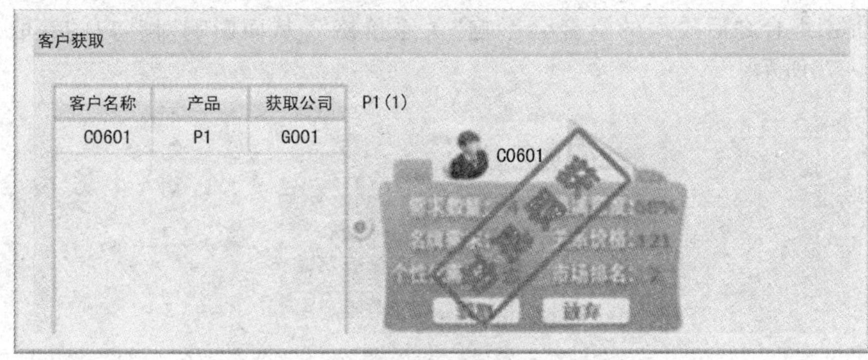

图 5 – 79　客户获取成功

(12)产品采购。在客户获取成功之后需要进行“产品采购”,以满足客户的需求,如图 5 – 80 所示。

图 5 – 80　产品采购

选择所需要采购的等级产品，输入数量，单击“采购”，支付相应的采购费，如图 5－81 所示。

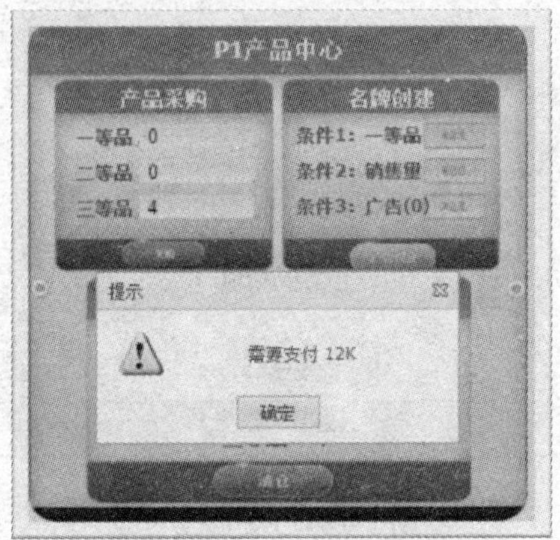

图 5－81　支付采购费

（13）产品交付。公司完成产品采购之后需要进行“产品交付”，除交付客户需求的数量外，同时还提供满足客户相应需求的服务，如图 5－82 所示。

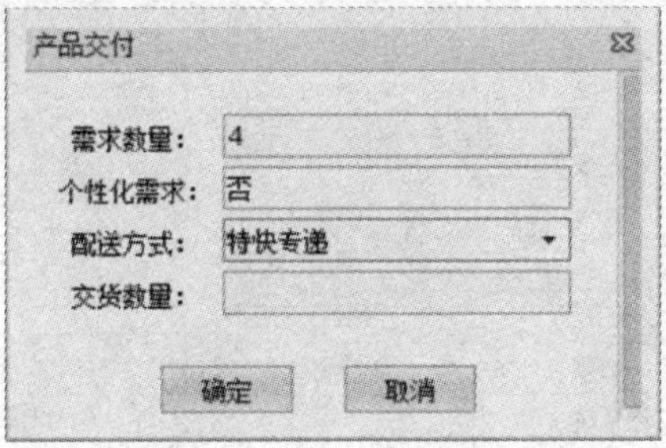

图 5－82　产品交付

选择本次产品交付的“配送方式”，配送方式不同，则回款周期不同，所需要支出的费用也是不同的，如图 5－83 所示。

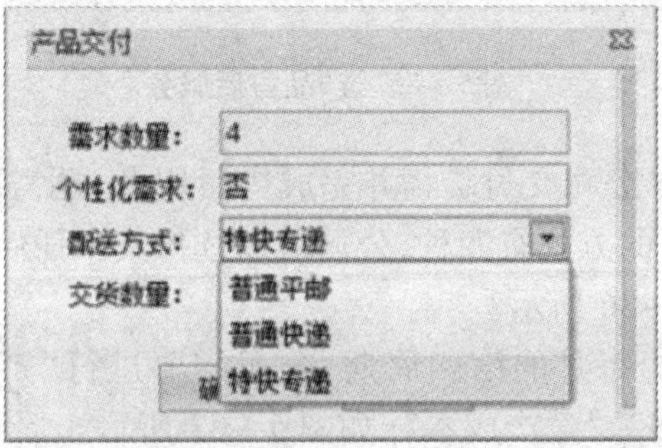

图 5－83　配送方式

完成交货后，若交货数量达到需求则交货成功，如图 5－84 所示；若交货数量未达到需求则视为违约，需支付违约金，违约数量不同，所支付的违约金也不同。

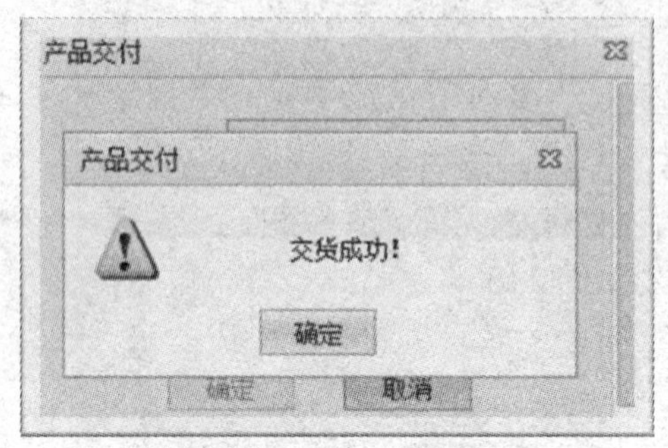

图 5－84　交货成功

(14)产品售后服务。公司在完成产品交付后，必须对产品进行“售后服务”。开展产品售后服务需要选择相应的服务系统，并在所选择的服务系统对该类产品的服务能力范围内，对产品支付相应费用以进行售后服务，如图 5－85 所示。

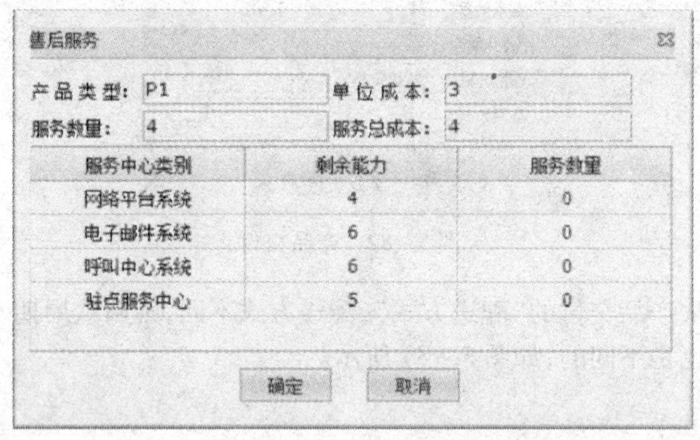

图 5－85　产品售后服务

(15)客户关怀。公司交付货物并完成售后服务，还需要对客户进行“客户关怀”。“客户关怀”的方式有四种，公司可以选择其中任何一种方式，以实现客户的期望值，如图 5－86 所示。

(16)产品清仓。每月的第四周期，公司需要进行“产品清仓”，以回笼资金。产品清仓的价格为“生产成本”，如图 5－87 所示。

(17)统计投诉与抱怨。公司在对客户进行培养、与客户的交易过程中，客

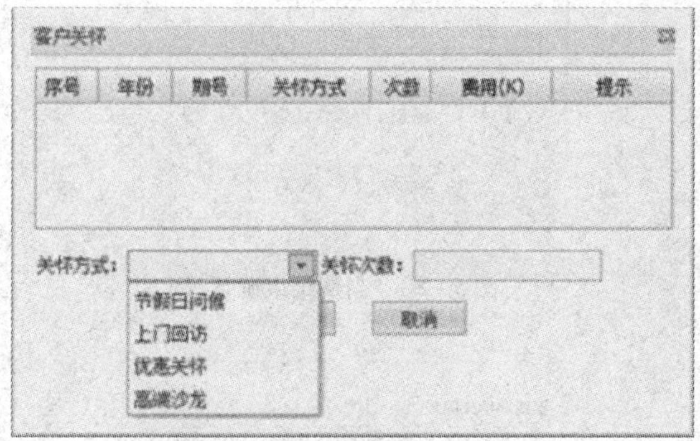

图 5-86 客户关怀

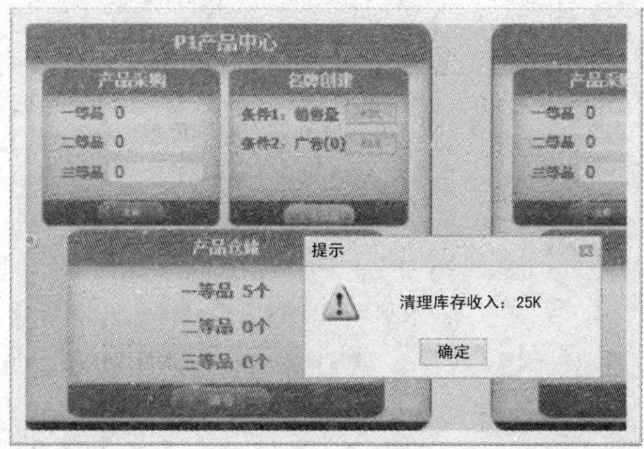

图 5-87 产品清仓

户会因为某些因素产生对产品的抱怨。客户的投诉与抱怨将影响产品的品牌、忠诚度和总评分。

(18)当期结束。确定一个周期的操作流程完成之后,单击“当期结束”,系统会有当期结束确认的提示,如图 5-88 所示,需要公司确认是否结束当期,如果暂时不想结束当期,则单击“取消”。

在第四周期结束时,同步操作结束,系统自动支付相应的服务器中心维护费,如图 5-89 所示。

(19)市场排名。每月运营结束之后,系统将对市场上各公司进行相应的市场排名,如图 5-90 所示。

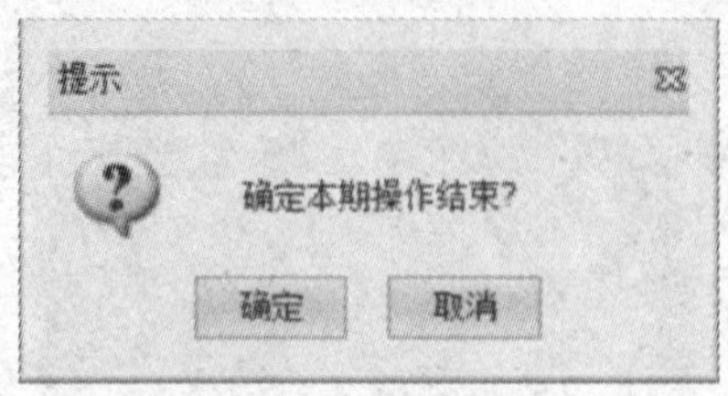

图 5-88　当期结束确认

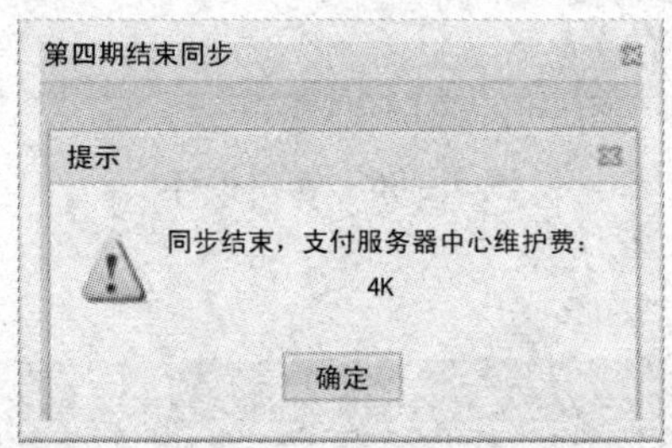

图 5-89　支付服务器中心维护费

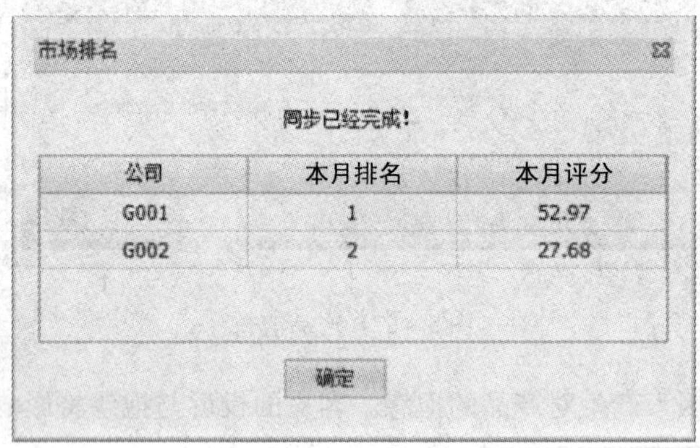

公司	本月排名	本月评分
G001	1	52.97
G002	2	27.68

图 5-90　市场排名

5.3.2.3 记录

客户关系管理沙盘模拟系统的记录包括现金流、服务中心、市场活动、总评记录、利润记录、客户记录、产品采购、产品交付、库存处理、感情关系培养、产品关系培养、客户关怀、客户投诉。

(1)现金流。在“现金流”中清楚地记录了公司每月总经费的收支情况，如图 5-91 所示。

现金流

经营月：第一月

时间	流出资金（K）	流入资金（K）	操作说明
第一月第一期	13	0	呼叫中心系统正常建设
第一月第一期	10	0	网络平台系统正常建设
第一月第一期	21	0	市场活动
第一月第一期	1	0	客户感情培养费用支出
第一月第一期	2	0	期末经费支出
第一月第二期	25	0	产品生产支出
第一月第二期	2	0	期末经费支出
第一月第三期	2	0	期末经费支出
第一月第四期	0	25	库存处理收入
第一月第四期	20	0	产品生产支出
第一月第四期	0	20	库存处理收入
第一月第四期	0	0	库存处理收入
第一月第四期	0	0	库存处理收入
第一月第四期	2	0	网络平台系统维护
第一月第四期	2	0	呼叫中心系统维护
第一月第四期	2	0	期末经费支出

图 5－91　现金流

（2）服务中心。在“服务中心”中清楚地记录了公司每月运营结束时服务系统所拥有的服务能力，如图 5－92 所示。

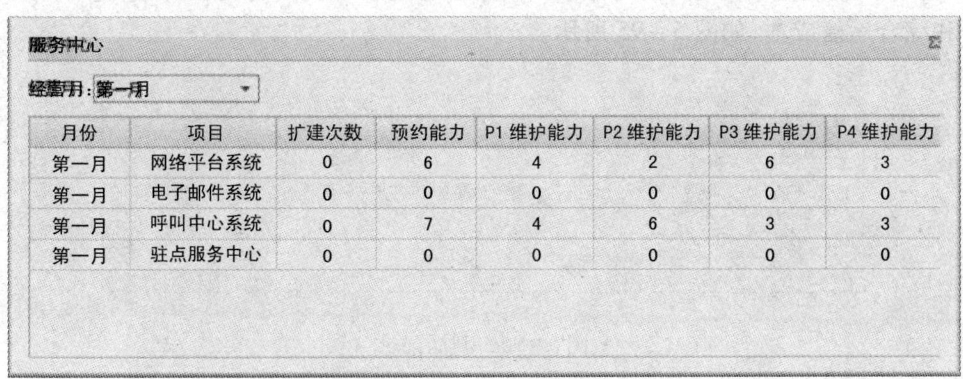

服务中心

经营月：第一月

月份	项目	扩建次数	预约能力	P1 维护能力	P2 维护能力	P3 维护能力	P4 维护能力
第一月	网络平台系统	0	6	4	2	6	3
第一月	电子邮件系统	0	0	0	0	0	0
第一月	呼叫中心系统	0	7	4	6	3	3
第一月	驻点服务中心	0	0	0	0	0	0

图 5－92　服务中心

（3）市场活动。在“市场活动”中清楚地记录了公司每月市场活动的支出，如图 5－93 所示。

（4）总评记录。在“总评记录”中清楚地记录了公司每月的净利润、客户市

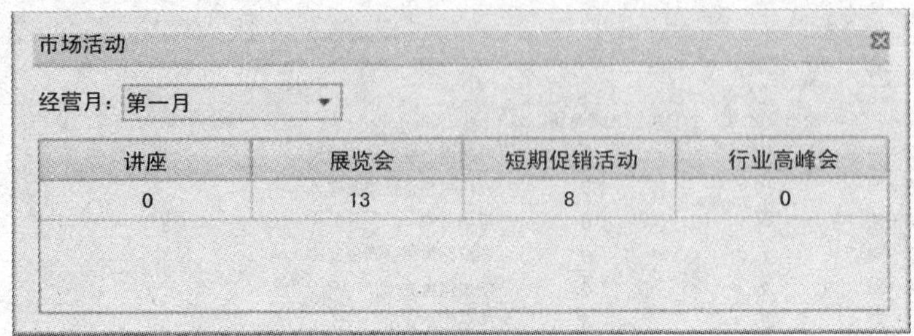

讲座	展览会	短期促销活动	行业高峰会
0	13	8	0

图 5－93　市场活动

场占有率、客户平均综合满意度、平均忠诚度、总评分以及市场排名，如图 5－94 所示。

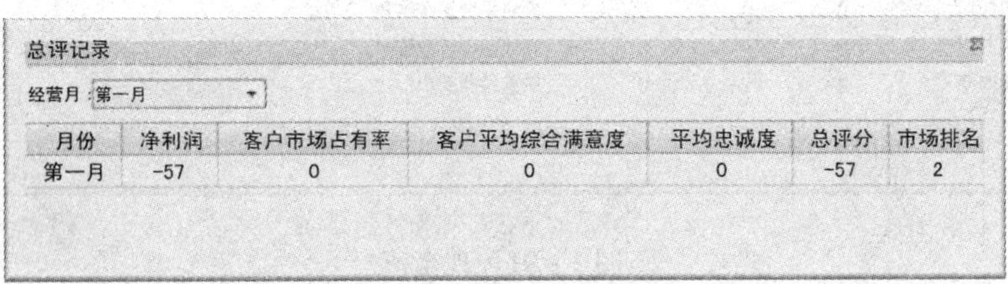

月份	净利润	客户市场占有率	客户平均综合满意度	平均忠诚度	总评分	市场排名
第一月	-57	0	0	0	-57	2

图 5－94　总评记录

(5)利润记录。在“利润记录”中清楚地记录了公司每月的销售收入情况和综合运营成本，如图 5－95 所示。

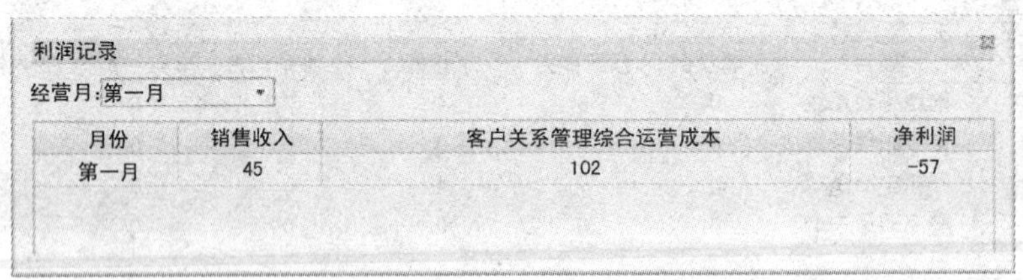

月份	销售收入	客户关系管理综合运营成本	净利润
第一月	45	102	-57

图 5－95　利润记录

(6)客户记录。在“客户记录”中清楚地记录了公司每月向客户推销的产品、推销价格、是否获取、销售数量以及忠诚度，如图 5－96 所示。

(7)产品采购。在“产品采购”中清楚地记录了公司每月的产品、等级、采购数量、单位成本和采购成本，如图 5－97 所示。

(8)产品交付。在“产品交付”中清楚地记录了公司每月产品的交付时间、

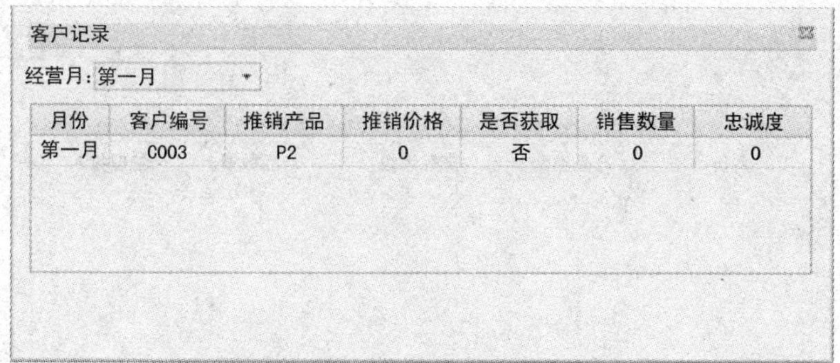
客户记录

经营月：第一月

月份	客户编号	推销产品	推销价格	是否获取	销售数量	忠诚度
第一月	C003	P2	0	否	0	0

图 5－96　客户记录

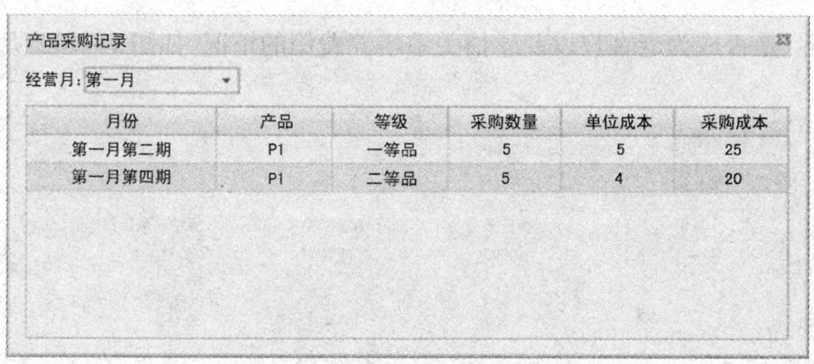
产品采购记录

经营月：第一月

月份	产品	等级	采购数量	单位成本	采购成本
第一月第二期	P1	一等品	5	5	25
第一月第四期	P1	二等品	5	4	20

图 5－97　产品采购记录

交付个数、交付方式、运输费用和预计收入的情况，如图 5－98 所示。

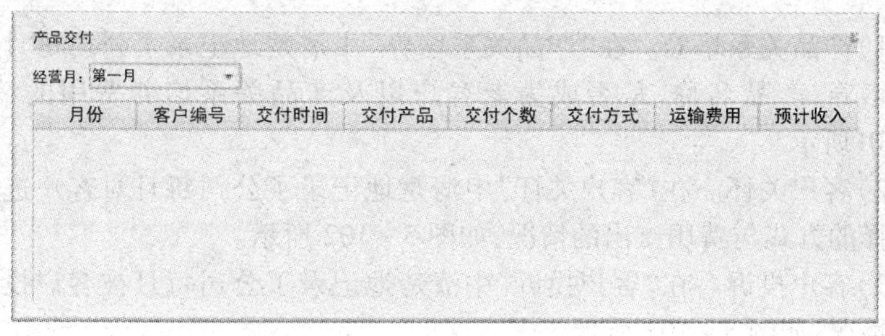
产品交付

经营月：第一月

月份	客户编号	交付时间	交付产品	交付个数	交付方式	运输费用	预计收入

图 5－98　产品交付

（9）库存处理。在“库存处理”中清楚地记录了公司每月库存的产品类型、产品等级、产品数量和处理收入的情况，如图 5－99 所示。

（10）感情关系培养。在“感情关系培养”中清楚地记录了公司每月对客户的

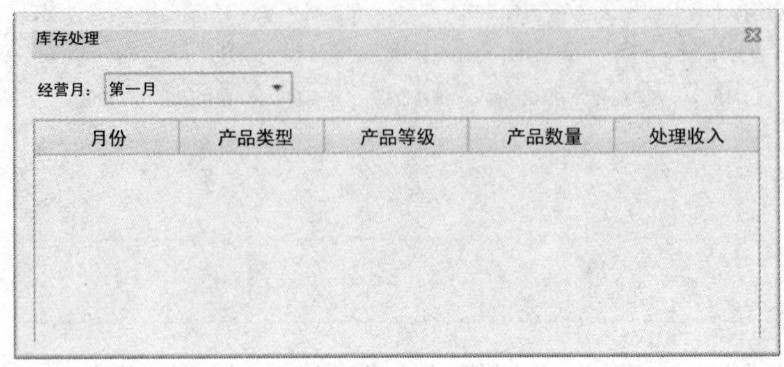

图 5－99　库存处理

感情培养、是否成为老客户以及感情关系培养费用的情况，如图 5－100 所示。

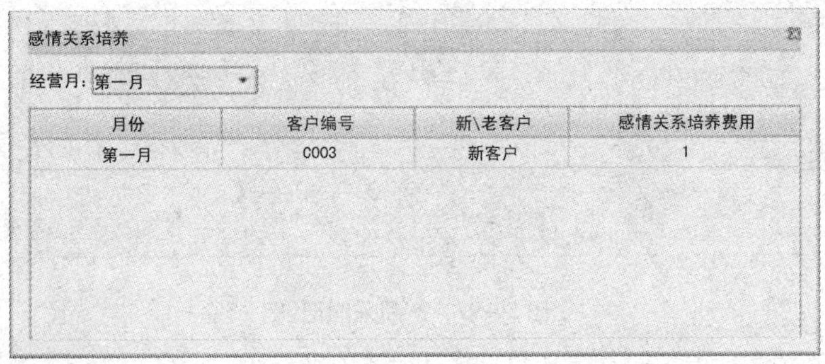

图 5－100　感情关系培养

(11)产品关系培养。在“产品关系培养”中清楚地记录了公司每月对客户的产品培养、产品名称、是否成为老客户以及产品关系培养费用的情况，如图 5－101所示。

(12)客户关怀。在“客户关怀”中清楚地记录了公司每月对客户进行客户关怀选择的方式与费用支出的情况，如图 5－102 所示。

(13)客户投诉。在“客户投诉”中清楚地记录了公司每月被客户投诉以及抱怨的情况，如图 5－103 所示。

产品关系培养
经营月：第一月
月份
客户编号
产品名称
新\老客户
产品关系培养费用

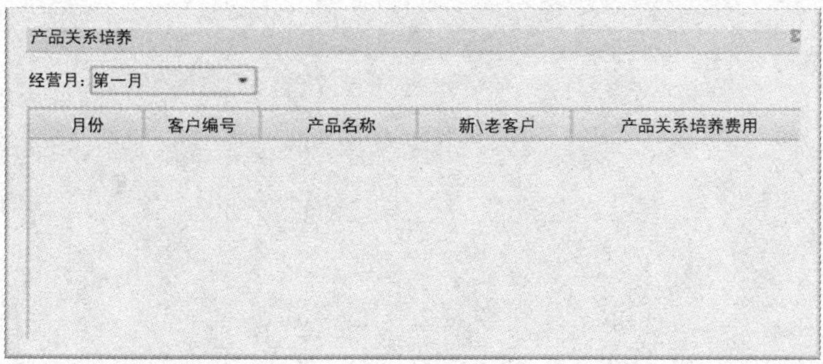

图 5 – 101　产品关系培养

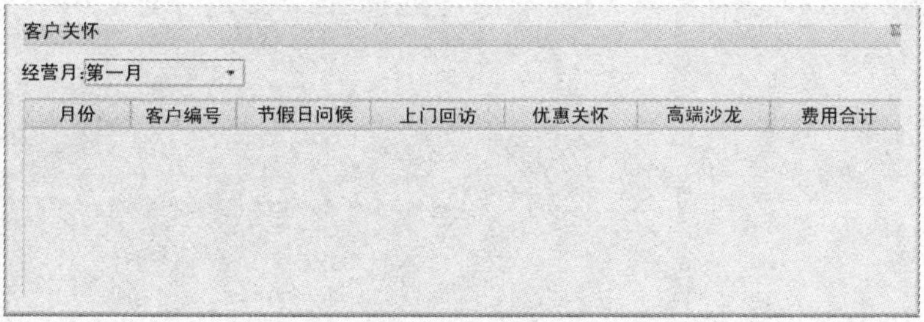

客户关怀
经营月：第一月
月份
客户编号
节假日问候
上门回访
优惠关怀
高端沙龙
费用合计

图 5 – 102　客户关怀

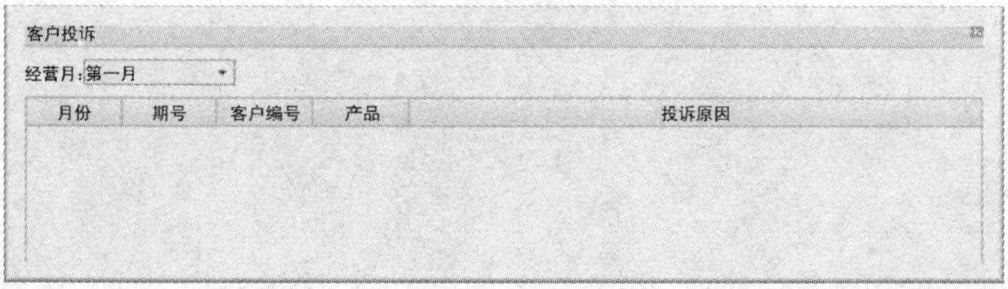

客户投诉
经营月：第一月
月份
期号
客户编号
产品
投诉原因

图 5 – 103　客户投诉

6

客户关系管理沙盘模拟运营

6.1 月初工作

6.1.1 月度/上月度剩余运营经费

每月月初，客户关系经理需要对“月度/上月度剩余运营经费”进行盘点。因为本月是第一个月，从教师处领取所需资金。

操作方法

6.1.1.1 角色表格

客户关系经理：第一个月月初，由教师分配总经费金额，客户关系经理在附表2“运营经费流动明细表”的“月初运营经费/上月度剩余运营经费”一栏中填入相应的经费额。在之后的运营月开始时，由客户关系经理对上月度剩余的总经费进行盘点，在“月初运营经费/上月度剩余运营经费”一栏中填入相应的数额，如表6－1所示。

表6－1 运营经费流动明细表填写栏

月初运营经费/上月度剩余运营经费(K)	

6.1.1.2 角色盘面

客户关系经理：第一个月月初，领取教师分配的相应经费后，放在沙盘盘面所对应的“总经费”处。在其他运营月开始时，由客户关系经理根据表6－1中“月初运营经费”与盘面上的“总经费”进行核对，如图6－1所示。

图6－1 总经费放置处

6.1.1.3 流程表

客户关系经理：在核对附表2“运营经费流动明细表”后，需要在附表1流程表“月度/上月度剩余运营经费”一栏中填入相应的数额，如表6－2所示。

表6－2 流程表填写栏

操作流程		角色分工	填写表格	记录（四个周期）			
				一	二	三	四
月初	月度/上月度剩余运营经费	客户关系经理	附表2				

对表6－2中的各栏需要做出相关说明：

“操作流程”表示相应的操作内容；操作内容前若有数字则表示相应运营流程的操作顺序。

“角色分工”表示相应的操作角色。

“填写表格”表示操作角色需要操作到的表格；如果出现“★”，表示确认操作，只要在相应记录中打“√”即可。

“记录”表示相应的操作周期，“一、二、三、四”是表示客户关系管理沙盘模拟经营中的四个运营周期。其中“灰色底纹”表示相应周期不需要进行操作。

6.1.2 公司月度战略规划

每月运营开始前，客户关系经理要带领各位专员，根据市场情况对公司的整体发展战略做出规划，主要内容包括公司的整体战略规划、财务规划、客户资源规划、客户培养规划和客户获取规划等。

公司制订月度整体战略规划，应当结合当前和未来的客户需求、竞争对手可能采取的客户培养措施以及本公司的培养方案。在制订战略规划时，公司首先应当对本公司所需的客户资源进行锁定；掌握竞争对手可能的目标客户与培养方案、促销方式和推销价格；预测竞争对手本月度的资金情况。在这些基础上做出相应的规划，确认并制定出公司的月度战略规划。

操作方法

6.1.2.1 角色表格

这一步骤的操作无须操作各角色表格。

6.1.2.2 角色盘面

这一步骤的操作无须操作各角色盘面。

6.1.2.3 流程表

客户关系经理:公司月度战略规划制订后,客户关系经理在流程表“公司月度战略规划”一栏处打“√”即可,如表6－3所示。

表6－3 流程表填写栏

操作流程		角色分工	填写表格	记录(四个周期)			
				一	二	三	四
月初	公司月度战略规划	客户关系经理	★	√			

6.2 具体流程

公司月初制订月度战略规划后,就可以按照运营规则和流程进行操作。流程表即任务清单,任务清单反映了公司运营流程的先后顺序。为了使读者详细了解客户关系管理沙盘模拟运营,我们按照流程的顺序对客户关系管理中的各项操作方法进行介绍。

6.2.1 产品销售回款

每期期初,公司对客户的产品销售会有产品销售收入回款。因为本期是第一月度的第一周期,所以没有销售回款。

操作方法

6.2.1.1 角色表格

客户关系经理:客户关系经理在附表2“运营经费流动明细表”的“销售收入”一栏中填写相应的金额,“销售收入”在附表5“客户获取与违约表”中查看。本期为第一月度的第一周期,期初没有销售收入。在之后的运营中,每期期初都可能会有相应的资金收入,由客户关系经理在“销售收入”一栏中填入相应的金额,如表6－4所示。

表6－4 运营经费流动明细表填写栏

销售收入(＋)(K)	

6.2.1.2　角色盘面

客户关系经理:每期期初收到产品销售回款之后放置在“总经费”处,由客户关系经理根据附表2“运营经费流动明细表”中“销售收入”一栏进行核对。

6.2.1.3　流程表

客户关系经理:在对附表2“运营经费流动明细表”核对之后,需要在流程表“产品销售回款”一栏中填入相应的金额,如表6－5所示。

表6－5　流程表填写栏

操作流程		角色分工	填写表格	记录(四个周期)			
				一	二	三	四
1	产品销售回款	客户关系经理	附表5/附表2				

6.2.2　追加销售

每月第一周期期初满足了客户的特定条件会激发客户追加销售。因为第一月度第一周期是沙盘模拟经营的开始月,所以没有追加销售。

操作方法

6.2.2.1　角色表格

客户关系经理:客户关系经理在附表2“运营经费流动明细表”的“追加销售回款”一栏中填写相应的金额,在附表6“追加销售记录表”中查看“销售收入”。本期为第一月度第一周期,期初没有追加销售,在之后的运营中,每月第一周期期初都可能会有追加销售,由客户关系经理在“追加销售回款”一栏中填入相应的金额,如表6－6所示。

表6－6　运营经费流动明细表填写栏

追加销售回款(＋)(K)	

6.2.2.2　角色盘面

客户关系经理:每月第一周期期初收到追加销售回款之后放置在“总经费”处,由客户关系经理根据附表2“运营经费流动明细表”中“追加销售回款”一栏进行核对。

6.2.2.3　流程表

客户关系经理:在对附表2“运营经费流动明细表”进行核对之后,需要在流程表“追加销售/收入”一栏中填入相应的金额,如表6－7所示。

表 6-7　流程表填写栏

操作流程		角色分工	填写表格	记录(四个周期)			
				一	二	三	四
2	追加销售/收入	客户关系经理	附表6/附表2				

6.2.3　期初运营总经费

在每期期初进行“产品销售回款”“追加销售/收入”之后，需要对本期期初运营经费进行盘点。

操作方法

6.2.3.1　角色表格

客户关系经理：每月第一周期运营时，盘点产品销售回款和追加销售回款后，客户关系经理在附表2“运营经费流动明细表”的“期初运营总经费”一栏中填入相应的金额。在之后的运营开始时，由客户关系经理对本期期初运营的总经费进行盘点，在“期初运营总经费”一栏填入相应的金额，如表6-8所示。

表 6-8　运营经费流动明细表填写栏

期初运营总经费(K)	

6.2.3.2　角色盘面

客户关系经理：每期运营时盘点当期总经费，核对沙盘盘面所对应的“总经费”。在其他运营周期开始时，由客户关系经理根据表6-8中“期初运营总经费”与盘面上的“总经费”进行核对，如图6-1所示。

6.2.3.3　流程表

客户关系经理：在对附表2“运营经费流动明细表”进行核对之后，需要在流程表“期初运营总经费”一栏中填入相应的金额，如表6-9所示。

表 6-9　流程表填写栏

操作流程		角色分工	填写表格	记录(四个周期)			
				一	二	三	四
3	期初运营总经费	客户关系经理	附表2				

6.2.4　服务系统的配置

每月月初，公司需要建设所需的服务中心，增加公司的预约方式，提高公司的售后服务能力。

操作方法

6.2.4.1　角色表格

客户关系经理:第一个月是公司经营起始月,客户关系经理需要对公司选择所需的服务系统进行相应的配置,客户关系经理需要在附表3"服务系统配置维护表"中的"建设费"一栏填入相应数额的经费,如表6-10所示。

表6-10　服务系统配置维护表

项目	呼叫中心系统	网站平台系统	电子邮件系统	驻点服务中心	小计
建设费(K)					

注:服务系统有四种,分别为呼叫中心系统、网站平台系统、电子邮件系统、驻点服务中心,不同的服务系统对应的价值不同。

6.2.4.2　角色盘面

客户关系经理:在第一月度第一周期配置相应的服务系统时,需要支付相应的经费,放在沙盘盘面所对应的"服务系统配置与升级"处,如图6-2所示;如果本月度服务系统没有全部建设,若需要再建设其他服务系统则需要在下一月度第一周期进行配置。

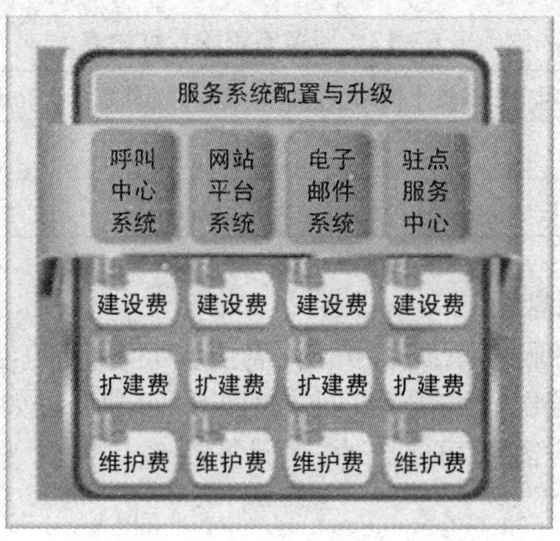

图6-2　服务系统配置与升级

6.2.4.3　流程表

客户关系经理:客户关系经理在核对附表3"服务系统配置维护表"中"建

设费”后,需要在流程表相应栏内填入相应的金额,如表 6－11 所示。

表 6－11　流程表填写栏

<table>
<tr><th colspan="2" rowspan="2">操作流程</th><th rowspan="2">角色分工</th><th rowspan="2">填写表格</th><th colspan="4">记录(四个周期)</th></tr>
<tr><th>一</th><th>二</th><th>三</th><th>四</th></tr>
<tr><td>4</td><td>服务系统配置</td><td>客户关系经理</td><td>附表 3</td><td></td><td></td><td></td><td></td></tr>
</table>

6.2.5　服务系统的扩建—紧急扩建(随时)

服务系统建设完成后可以进行服务系统的扩建,进一步增强公司的预约能力,并提高公司的售后服务能力。

操作方法

6.2.5.1　角色表格

客户关系经理:服务系统建设完成之后,客户关系经理可以对每一个服务系统进行一次正常扩建,客户关系经理需要在附表 3“服务系统配置维护表”中的“扩建费”一栏填入相应的金额,如表 6－12 所示。每一个系统的第一次扩建完成后进行的任意一次扩建都为紧急扩建。客户关系经理需要在附表 3“服务系统配置维护表”中的“紧急扩建费”一栏填入相应的金额,如表 6－12 所示。

表 6－12　服务系统配置维护表

<table>
<tr><th>项目</th><th colspan="4">呼叫中心系统</th><th colspan="4">网站平台系统</th><th colspan="4">电子邮件系统</th><th colspan="4">驻点服务中心</th><th>小计</th></tr>
<tr><td>扩建费(K)</td><td colspan="4"></td><td colspan="4"></td><td colspan="4"></td><td colspan="4"></td><td></td></tr>
<tr><td>紧急扩建费(K)</td><td></td><td></td><td></td><td></td><td></td><td></td><td></td><td></td><td></td><td></td><td></td><td></td><td></td><td></td><td></td><td></td><td></td></tr>
</table>

6.2.5.2　角色盘面

客户关系经理:服务系统的扩建,需要支付相应的经费,放在沙盘盘面所对应的“服务系统配置与升级”处,如图 6－2 所示;如果本期服务系统没有进行正常扩建,若需要再进行扩建服务系统则视为紧急扩建,需要支付额外费用。

6.2.5.3　流程表

客户关系经理:客户关系经理在核对附表 3“服务系统配置维护表”中“扩建费”后,需要在流程表相应栏内填入相应的金额,如表 6－13 所示。

表 6－13 流程表填写栏

操作流程		角色分工	填写表格	记录(四个周期)			
				一	二	三	四
5	服务系统扩建－紧急扩建(随时)	客户关系经理	附表 2/附表 3				

6.2.6 市场活动/收集客户信息

每月第一周期可以通过不同的市场活动对市场上的客户进行搜寻，寻找客户的类型、数量与所选择的方式有关。

操作方法

6.2.6.1 角色表格

客户开发专员：每月第一周期需要开展市场活动，其目的是为公司获取所需的客户信息。开展市场活动需要向客户关系经理申请经费，客户关系经理在附表 2“运营经费流动明细表”中的“市场活动费用”一栏填入相应的经费数额，如表 6－14 所示；客户开发专员在附表 9“市场活动费用表”中的“费用”一栏填入相应的金额，如表 6－15 所示。

表 6－14 运营经费流动明细表填写栏

市场活动费用	

表 6－15 市场活动费用表

项目		费用(K)
市场活动	讲座/演讲	
	展览会	
	短期促销活动	
	行业高峰会	
合计		

6.2.6.2 角色盘面

客户开发专员：在开展相应的市场活动时，需要支付相应的经费，放在沙盘盘面所对应的“市场活动费用”处，如图 6－3 所示。市场活动只有每月第一周期才能举办,其余周期无法举办。

图 6-3　市场活动费用

6.2.6.3　流程表

客户开发专员:客户开发专员在核对附表 9"市场活动费用表"后,需要在流程表相应栏内填入相应的金额,如表 6-16 所示。

表 6-16　流程表填写栏

操作流程		角色分工	填写表格	记录(四个周期)			
				一	二	三	四
6	市场活动/收集客户信息	客户开发专员	附表 9/附表 2				

6.2.7　定位目标客户/客户分析

市场活动结束后,需要对获取客户的信息进行定位以及进行客户喜好分析。

操作方法

6.2.7.1　角色表格

客户开发专员:在第一周期的市场活动之后,客户开发专员将收集到的客户信息在附表 10"定位目标客户与客户分析表"中填入相应的数据,如表 6-17

所示。

表 6－17　定位目标客户与客户分析表

客户编号	需求产品种类	产品等级	需求数量	客户感情关系培养期望（K）	客户产品关系培养期望（K）	价格期望（K）	服务期望（K）	名牌需求	个性化包装需求	产品生命周期	往期培养结果	评估客户类型
	P1											
	P2											
	P3											
	P4											

注："往期培养结果"填写内容为:0 表示新客户,1 表示老客户,2 表示已培养为获取客户。

6.2.7.2　角色盘面

客户开发专员:在开展相应的市场活动之后,在教师处领取相应的客户,放在沙盘盘面所对应的"新客户"处,如图 6－4 所示。

图 6－4　新客户放置处

6.2.7.3　流程表

客户开发专员:客户开发专员在确认附表 10"定位目标客户与客户分析表"填写完成后,对流程表相应栏目的内容进行确认,如表 6－18 所示。

表 6－18　流程表填写栏

操作流程		角色分工	填写表格	记录(四个周期)			
				一	二	三	四
7	定位目标客户/客户分析	客户开发专员	★附表 10				

6.2.8　广告投入/名牌创建

当上一月度公司销售达到或超过市场平均销售量时,可以对该产品进行名牌创建。名牌创建需要有连续三个周期的广告投入才能完成,因为本期是第一月度第一周期,此前没有对客户的产品销售,所以不能进行名牌创建。

操作方法

6.2.8.1 角色表格

产品专员:产品专员需要对附表 16“销售量统计表”进行核对,如表 6-19 所示。当上月度某产品的销售量达到要求时,可向客户关系经理申请并在附表 2“运营经费流动明细表”中的“广告投放费用”一栏中填入相应的经费数额,在附表 17“名牌创建表”中填写相应的金额,如表 6-20 所示。

表 6-19 销售量统计表

周期	第一周期			
产品类型	P1	P2	P3	P4
上月度产品销售量				
上月度市场产品平均销售量				
是否符合品牌创建要求				
本月度产品销售量				
本月度市场产品平均销售量				

表 6-20 名牌创建表

周期	第一周期				第二周期				第三周期				第四周期			
产品类型	P1	P2	P3	P4	P1	P2	P3	P4	P1	P2	P3	P4	P1	P2	P3	P4
本周期广告投入																
广告投入累计																
名牌是否成功																

6.2.8.2 角色盘面

产品专员:产品专员确定对某产品进行名牌创建需要向客户关系经理申请,将领取相应的经费放在沙盘盘面所对应的“广告投放”处,如图 6-5 所示。因为本月度为起始月,此前没有销售数据,所以不必进行广告投放。

6.2.8.3 流程表

产品专员:产品专员在确认附表 16“销售量统计表”填写完成并核对广告投放费用后,协助客户关系经理在“运营经费流动明细表”中“广告投放费用”一栏中填入所需的金额,在流程表相应栏内填入相应的金额,如表 6-21 所示。

图 6－5 广告投放处

表 6－21 流程表填写栏

操作流程		角色分工	填写表格	记录（四个周期）			
				一	二	三	四
8	广告投入/名牌创建	产品专员/客户关系经理	附表 17/附表 2				

6.2.9 客户预约

在客户分析的基础上，需要对目标客户进行预约，要根据不同类型的客户选择相应的预约方式。作为客户关系管理的重要步骤，客户预约是否成功、预约方式是否合适，是客户关系管理的关键。

操作方法

6.2.9.1 角色表格

客户开发专员：经过客户分析之后，公司选择需要的客户并选择对应的预约方式进行预约，预约结果填写在附表 11“预约客户用表”中，如表 6－22 所示。

预约过程中所使用的服务系统能力填写在附表 4“服务系统基础服务能力统计表”中，如表 6－23 所示。

表 6－22　预约客户用表

客户编号	评估客户类型	第一周期				
		服务系统预约次数				预约结果
		呼叫中心	网络平台	电子邮件	驻点服务中心	
使用能力						

表 6－23　服务系统基础服务能力统计表

能力分类		售前预约能力				产品服务能力															
周期	项目	呼叫中心系统	网站平台系统	电子邮件系统	驻点服务中心	呼叫中心系统				网站平台系统				电子邮件系统				驻点服务中心			
						P1	P2	P3	P4	P1	P2	P3	P4	P1	P2	P3	P4	P1	P2	P3	P4
期初能力		7	6	5	7	4	6	3	3	4	2	6	3	6	3	2	2	5	4	3	6
第一周期	扩建能力																				
	紧急扩建																				
	使用能力																				
	剩余能力																				

6.2.9.2　角色盘面

客户开发专员：当客户开发专员成功预约客户之后，将客户从盘面“新客户”处移至客户培养专员处，准备进行下一阶段的培养，如图 6－6 所示。在移置客户的同时，在客户开发专员处将预约所使用的能力放置在所判断客户类型的对应位置上，如图 6－7 所示。

6.2.9.3　流程表

客户开发专员：客户开发专员在确认附表 11“预约客户用表”与附表 4“服务系统基础服务能力统计表”填写完成后，在流程表相应栏内进行确认，如表 6－24 所示。

表 6－24　流程表填写栏

操作流程		角色分工	填写表格	记录（四个周期）			
				一	二	三	四
9	客户预约	客户开发专员	★附表 4/附表 11				

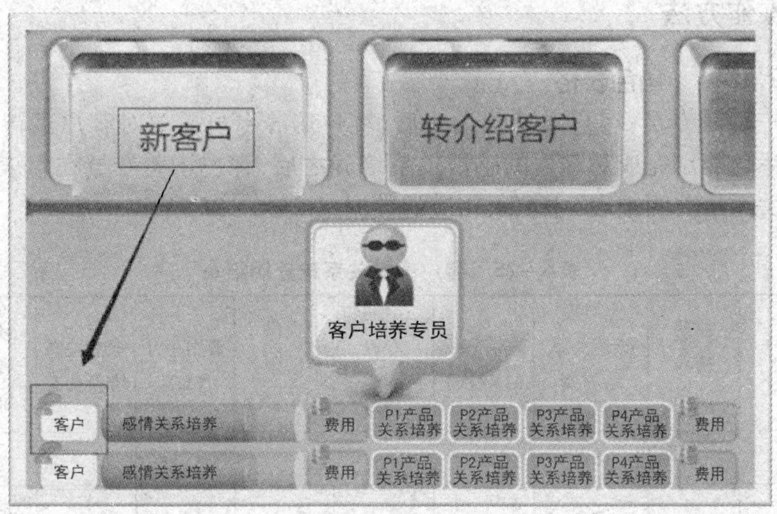

图6-6　客户预约成功后

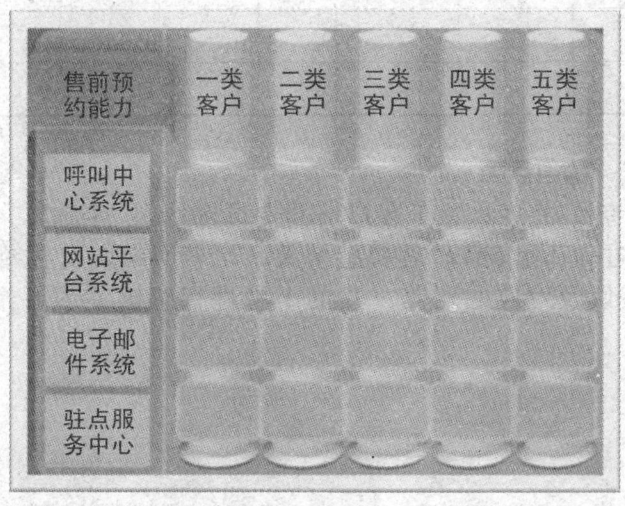

图6-7　平台能力使用

6.2.10　客户感情关系培养

客户预约成功之后,可以对客户进行感情关系培养。通过感情关系培养,企业与客户建立起情感与信任感,密切与客户的关系,为产品推广和销售奠定感情基础。

操作方法

6.2.10.1 角色表格

客户培养专员：客户成功预约之后，客户培养专员需要对客户进行相应的感情关系培养。完成对客户的感情关系培养之后，客户培养专员在附表12“客户感情关系培养明细表”中填入相应的数据，如表6－25所示。

表6－25 客户感情关系培养明细表

	客户编号	往期培养结果	上年度感情关系培养费（K）	短信问候（1K/次）	定期专程拜访（2K/次）	提供亲情服务（3K/次）	费用小计（K）	感情关系培养状态	感情关系培养费用累计（K）
第一周期									

6.2.10.2 角色盘面

客户培养专员：将客户置于客户培养专员区域内，客户培养专员先进行感情培养，通过确认附表12“客户感情关系培养明细表”，在对应的区域放置相应的经费以及对应的培养方式的卡牌进行感情关系培养，如图6－8所示。

图6－8 客户感情关系培养

6.2.10.3 流程表

客户培养专员：客户培养专员在确认附表12“客户感情关系培养明细表”填写完成后，在流程表相应栏内填入相应的数据，如表6－26所示。

表 6-26 流程表填写栏

操作流程		角色分工	填写表格	记录(四个周期)			
				一	二	三	四
10	客户感情关系培养	客户关系经理/客户培养专员	附表 12/附表 2				

6.2.11 客户产品关系培养

客户产品关系培养是通过不同的方式帮助客户认识和接受产品,直接推动公司产品的销售。

操作方法

6.2.11.1 角色表格

客户培养专员:客户培养专员需要对进行过感情培养的客户进行相应的产品关系培养。完成对客户的产品关系培养之后,客户培养专员在附表 13"客户产品关系培养明细表"中填入相应的数据,如表 6-27 所示。

表 6-27 客户产品关系培养明细表

	客户编号	产品选择	往期培养结果	提供赠品(2K/次)	邮寄资料(3K/次)	上门演示产品(5K/次)	举办产品交流会(6K/次)	费用小计(K)	产品关系培养状态	产品关系培养费用累计(K)
第一周期										

6.2.11.2 角色盘面

客户培养专员:客户培养专员对进行过感情培养的客户进行产品关系培养,通过确认附表 13"客户产品关系培养明细表",在对应的区域放置相应的经费以及对应的培养方式的卡牌进行产品关系培养,如图 6-9 所示。

图 6-9 客户产品关系培养

6.2.11.3 流程表

客户培养专员:客户培养专员在确认附表13“客户产品关系培养明细表”填写完成后,在流程表相应栏内填入相应的数据,如表6-28所示。

表6-28 流程表填写栏

操作流程		角色分工	填写表格	记录(四个周期)			
				一	二	三	四
11	客户产品关系培养	客户关系经理/客户培养专员	附表13/附表2				

6.2.12 确认推销资格

当客户符合推销的资格时,需要对客户做出标注,以便确认是否进行推销。

操作方法

6.2.12.1 角色表格

客户培养专员:客户培养专员对客户进行感情关系以及产品关系培养之后,确认客户是否符合推销资格,并将客户记录在附表14“推销资格确认表”中,如表6-29所示。

表6-29 推销资格确认表

客户编号	预估客户类型	培养产品	感情关系培养费用累计(K)	感情关系培养期望(K)	感情关系满意度(%)	产品关系培养费用累计(K)	产品关系培养期望(K)	产品关系满意度(%)	关系满意度(%)	符合推销资格	是否推销

6.2.12.2 角色盘面

这一步骤的操作无须操作各角色盘面。

6.2.12.3 流程表

客户培养专员:客户培养专员在确认附表14“推销资格确认表”填写完成后,在流程表相应栏内进行确认,如表6-30所示。

表6-30 流程表填写栏

操作流程		角色分工	填写表格	记录(四个周期)			
				一	二	三	四
12	确认推销资格	客户培养专员	★附表14				

6.2.13 产品促销

对符合推销资格的客户可以进行促销,从而增强公司的竞争力。

操作方法

6.2.13.1 角色表格

产品专员:当客户培养专员完成对客户的培养工作后,产品专员选择“推销资格确认表”中符合推销资格的客户进行产品促销;同时,选择对应的促销方式并将促销数据填写在附表18“产品促销表”中,如表6-31所示。

表6-31 产品促销表

项目	产品类型	人员推销	效果指数	广告促销	效果指数	营业推广	效果指数	公共关系	效果指数	有效促销额(K)
	最低投入(K)	2		5		8		10		
第三周期	P1		0.7		0.9		0.9		0.7	
	P2		0.7		0.8		0.9		0.8	
	P3		0.9		0.7		0.7		0.8	
	P4		0.9		0.6		0.7		0.9	
	费用小计(K)									

6.2.13.2 角色盘面

产品专员:产品专员完成对客户进行的感情关系以及产品关系培养工作后,对客户进行促销,通过确认附表14“推销资格确认表”,在对应的区域放置相应的经费,如图6-10所示。

6.2.13.3 流程表

产品专员:产品专员在确认附表18“产品促销表”填写完成后,在流程表相应栏内填入相应的数据,如表6-32所示。

表6-32 流程表填写栏

操作流程		角色分工	填写表格	记录(四个周期)			
				一	二	三	四
13	产品促销	产品专员	附表18/附表2				

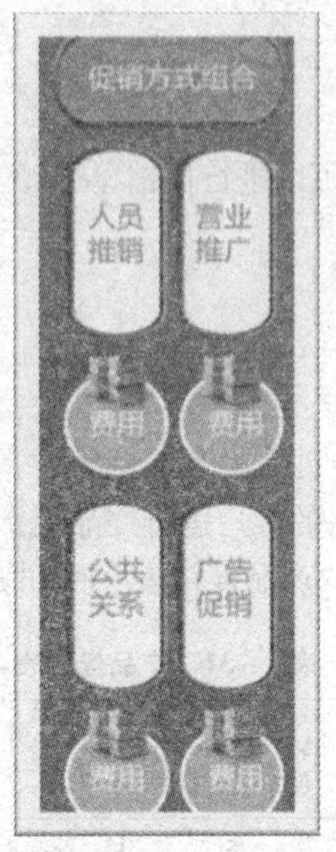

图 6-10 产品促销

6.2.14 客户获取/登记

经过产品促销与产品推销之后,如果客户选择与本公司合作,客户关系经理进行客户获取登记,记录在相应的表格内。

操作方法

6.2.14.1 角色表格

客户关系经理:经过产品专员进行产品促销与产品推销之后,公司进入客户获取的阶段,与其他公司进行竞争,通过竞争获取客户,将获取的客户记录在附表 5“客户获取与违约表”中,如表 6-33 所示。

表 6-33 客户获取与违约表

周期	客户编号	需求产品	需求数量	推销价格	是否为老客户	上月度客户培养费用	实际推销价格	有效促销额	有效促销额影响系数	关系满意度	关系指数	价格期望	价格满意度	是否获取	销售收入	违约产品数量	违约金

6.2.14.2 角色盘面

这一步骤的操作无须操作各角色盘面。

6.2.14.3 流程表

客户关系经理:客户关系经理在确认附表5“客户获取与违约表”填写完成后,在流程表相应栏内进行确认,如表6－34所示。

表6－34 流程表填写栏

操作流程		角色分工	填写表格	记录(四个周期)			
				一	二	三	四
14	客户获取/登记	客户关系经理	★附表5				

6.2.15 产品采购/结算当期采购费用

在客户获取之后,产品专员选择客户所需求的产品进行采购,选择客户所需的质量等级的产品,支付相应的采购费用。产品采购每周期都可进行。

操作方法

6.2.15.1 角色表格

产品专员:在客户获取并做记录之后,产品专员需要确认附表5“客户获取与违约表”并采购客户所需的产品,将数据填入附表19“产品采购结算与清仓表”中,如表6－35所示。

表6－35 产品采购结算与清仓表

周期	产品类型	P1			P2			P3			P4			合计
	产品等级	一	二	三	一	二	三	一	二	三	一	二	三	
第一周期	本期采购数量													
	单位采购成本	5	4	3	7	6	5	9	8	7	11	10	9	
	交货数量													
	采购成本													
	本期剩余产品数量													

6.2.15.2 角色盘面

产品专员:产品专员通过确认附表19“产品采购结算与清仓表”,在对应的区域放置相应的经费，如图 6－11 所示；产品专员再向教师申请并获得对应的产品放置在盘面中，如图 6－12 所示。

图 6－11　产品采购

图 6－12　产品放置处

6.2.15.3　流程表

产品专员：产品专员在确认附表 19“产品采购结算与清仓表”填写完成后，在流程表相应栏内填入相应的数据，如表 6－36 所示。

表 6-36 流程表填写栏

	操作流程	角色分工	填写表格	记录(四个周期)			
				一	二	三	四
15	产品采购/结算当期采购费用	产品专员/客户关系经理	附表 19/附表 5				

6.2.16 产品配送

产品专员在完成产品采购后,要对客户所需的产品进行配送。产品专员根据公司提供的信息,选择合理的配送方式,使有限的资源获得最大利润。

操作方法

6.2.16.1 角色表格

产品专员:产品专员在确认附表 5“客户获取与违约表”采购所需的产品后,需要对产品进行配送,选择合适的配送方式后在附表 21“产品配送交货表”中填入相应的数据,如表 6-37 所示。

表 6-37 产品配送交货表

周期	客户编号	产品			交付方式			配送费用小计(K)
		类型	等级	数量	普通平邮($1\times N$)	普通快递($1+1\times N$)	特快专递($2+1\times N$)	
第一周期								

6.2.16.2 角色盘面

产品专员:产品专员通过确认附表 21“产品配送交货表”所记录的交付方式后,在盘面对应处放置所需经费,如图 6-13 所示。

6.2.16.3 流程表

产品专员:产品专员在确认附表 21“产品配送交货表”填写完成后,在流程表相应栏内填入相应的数据,如表 6-38 所示。

图 6-13　产品配送

表 6-38　流程表填写栏

操作流程		角色分工	填写表格	记录(四个周期)			
				一	二	三	四
16	产品配送	产品专员	附表 21/附表 2				

6.2.17　产品个性化包装

在做出配送任务决定后，产品专员根据客户的个性化包装需求，对产品进行个性化包装。不同质量的产品所需要的包装费用不同。

操作方法

6.2.17.1　角色表格

产品专员：产品专员在选择配送方式之后，需要为有个性化包装需求的客户进行产品个性化包装，在附表 20“产品个性化包装表”中填入相应的数据，如表 6-39 所示。

表 6 - 39 产品个性化包装表

<table>
<tr><td rowspan="2">周期</td><td>产品类型</td><td colspan="3">P1</td><td colspan="3">P2</td><td colspan="3">P3</td><td colspan="3">P4</td></tr>
<tr><td>产品等级</td><td>一</td><td>二</td><td>三</td><td>一</td><td>二</td><td>三</td><td>一</td><td>二</td><td>三</td><td>一</td><td>二</td><td>三</td></tr>
<tr><td rowspan="4">第一周期</td><td>单位包装费用(K)</td><td></td><td></td><td></td><td></td><td></td><td></td><td></td><td></td><td></td><td></td><td></td><td></td></tr>
<tr><td>包装数量(个)</td><td></td><td></td><td></td><td></td><td></td><td></td><td></td><td></td><td></td><td></td><td></td><td></td></tr>
<tr><td>费用小计(K)</td><td></td><td></td><td></td><td></td><td></td><td></td><td></td><td></td><td></td><td></td><td></td><td></td></tr>
<tr><td>合计(K)</td><td colspan="12"></td></tr>
</table>

6.2.17.2 角色盘面

产品专员:产品专员通过确认附表 20“产品个性化包装表”,在盘面对应处放置所需经费,如图 6 - 14 所示。

图 6 - 14 产品个性化包装(与产品采购合并)

6.2.17.3 流程表

产品专员:产品专员在确认附表 20“产品个性化包装表”填写完成后,在流程表相应栏内填入相应的数据,如表 6 - 40 所示。

表 6 - 40 流程表填写栏

<table>
<tr><td colspan="2" rowspan="2">操作流程</td><td rowspan="2">角色分工</td><td rowspan="2">填写表格</td><td colspan="4">记录(四个周期)</td></tr>
<tr><td>一</td><td>二</td><td>三</td><td>四</td></tr>
<tr><td>17</td><td>产品个性化包装</td><td>产品专员</td><td>附表 20/附表 2</td><td></td><td></td><td></td><td></td></tr>
</table>

6.2.18 交货

产品运输以及产品按客户需求的个性化包装完成之后,客户关系经理要对客户交付产品。

操作方法

6.2.18.1 角色表格

客户关系经理:产品专员在选择配送方式和完成产品包装之后,客户关系经理向客户交付产品,在附表5“客户获取与违约表”中填入相应的数据,如表6-41所示。

表6-41 客户获取与违约表

周期	客户编号	需求产品	需求数量(个)	推销价格(K)	是否为老客户	上月度客户培养费用(K)	实际推销价格(K)	有效促销额(K)	有效促销额影响系数(%)	关系满意度(%)	关系指数(%)	价格期望(K)	价格满意度(%)	是否获取	销售收入(K)	违约产品数量(个)	违约金(K)

6.2.18.2 角色盘面

这一步骤的操作无须操作各角色盘面。

6.2.18.3 流程表

客户关系经理:客户关系经理确认附表5“客户获取与违约表”填写完成后,在流程表相应栏内填入相应的数据,如表6-42所示。

表6-42 流程表填写栏

操作流程		角色分工	填写表格	记录(四个周期)			
				一	二	三	四
18	交货	客户关系经理	附表5/附表2				

6.2.19 支付违约金

客户关系经理对客户交付产品时,若产品交付违约金,则支付相应的违约赔偿金,并且会产生一次客户投诉。

操作方法

6.2.19.1 角色表格

客户关系经理:客户关系经理向客户交付产品,如果无法满足客户的需求,则需要做出违约赔偿,在附表5“客户获取与违约表”中填入相应的数据,如

表6－43所示。

表6－43 客户获取与违约表

周期	客户编号	需求产品	需求数量(个)	推销价格(K)	是否为老客户	上月度客户培养费用(K)	实际推销价格(K)	有效促销额(K)	有效促销额影响系数(%)	关系满意度(%)	关系指数(%)	价格期望(K)	价格满意度(%)	是否获取	销售收入(K)	违约产品数量(个)	违约金(K)

6.2.19.2 角色盘面

客户关系经理：客户关系经理在交付产品时未能满足客户的需求，则产品交付违约，在盘面上支付违约金，如图6－15所示。

图6－15 违约金

6.2.19.3 流程表

客户关系经理：客户关系经理在确认附表5“客户获取与违约表”填写完成后，在流程表相应栏内填入相应的数据，如表6－44所示。

表6－44 流程表填写栏

操作流程		角色分工	填写表格	记录(四个周期)			
				一	二	三	四
19	支付违约金	客户关系经理	附表5/附表2				

6.2.20　产品售后服务

当产品交付完成之后，客户服务专员需要选择相应的服务系统，并在所选择的服务系统该类产品的服务能力范围内对产品开展售后服务，为此需要支付相应的服务费用。

操作方法

6.2.20.1　角色表格

客户服务专员：在客户关系经理交付产品之后，客户服务专员需要对获取并交付产品的客户开展售后服务，在附表22“产品售后服务表”中填入相应的数据，如表6－45所示。

表6－45　产品售后服务表

服务周期	客户编号	售后服务产品类型	产品数量	单位服务费用(K)	售后服务费小计(K)	网站平台系统能力	电子邮件系统能力	呼叫中心能力	驻点服务中心能力	售后服务结果
小计(K)										

6.2.20.2　角色盘面

客户服务专员：客户服务专员需要确认附表22“产品售后服务表”中的各项数据，在盘面对应处放置产品售后服务能力，如图6－16所示。

图6－16　产品售后服务

6.2.20.3 流程表

客户服务专员:客户服务专员在确认附表22“产品售后服务表”填写完成后,在流程表相应栏内填入相应的数据,如表6-46所示。

表6-46 流程表填写栏

操作流程		角色分工	填写表格	记录(四个周期)			
				一	二	三	四
20	产品售后服务	客户服务专员/客户关系经理	附表22/附表2				

6.2.21 客户关怀

对客户完成产品售后服务之后,客户服务专员需要对客户进行客户关怀,选择一系列的服务项目进行服务,提高客户对公司的满意度。

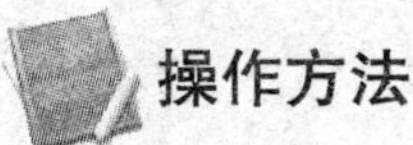

操作方法

6.2.21.1 角色表格

客户服务专员:客户服务专员在完成产品售后服务之后,需要对客户进行客户关怀,可选择不同的关怀方式并在附表23“客户关怀记录表”中填入相应的数据,如表6-47所示。

表6-47 客户关怀记录表

第三周期	客户编号										
	节假日问候(1K/次)										
	上门回访(2K/次)										
	优惠关怀(2K/次)										
	高端沙龙(4K/次)										
	费用小计(K)										
	客户关系维护结果										

6.2.21.2 角色盘面

客户服务专员:客户服务专员需要确认附表23“客户关怀记录表”中的各项数据,在盘面对应处放置服务方式卡牌以及所使用的资金,如图6-17所示。

6.2.21.3 流程表

客户服务专员:客户服务专员在确认附表23“客户关怀记录表”填写完成

图 6－17　客户关怀

后，在流程表相应栏内填入相应的数据，如表 6－48 所示。

表 6－48　流程表填写栏

操作流程		角色分工	填写表格	记录（四个周期）			
				一	二	三	四
21	客户关怀	客户服务专员/客户关系经理	附表 23/附表 2				

6.2.22　清仓收入

对公司产品，客户在任何周期均可购买，当公司运营急需资金紧急回款时，可以通过清仓回笼资金，使公司渡过难关。每月度末第四周期结束前必须进行产品的清仓处理。

操作方法

6.2.22.1　角色表格

产品专员：产品专员在完成一系列的产品销售活动后，对产品交付后还有剩余的产品需进行清仓处理，在附表 19“产品采购结算与清仓表”各栏中填入相应的数据，如表 6－49 所示。

表 6－49　产品采购结算与清仓表

周期	产品类型	P1			P2			P3			P4			合计(K)
	产品等级	一	二	三	一	二	三	一	二	三	一	二	三	
产品清仓	清仓单价(K)	5	4	3	7	6	5	9	8	7	11	10	9	
	清仓收入小计(K)													

6.2.22.2　角色盘面

这一步骤的操作无须操作各角色盘面。

6.2.22.3　流程表

产品专员：产品专员在确认附表19“产品采购结算与清仓表”填写完成后，在流程表相应栏内填入相应的数据，如表6－50所示。

表 6－50　流程表填写栏

操作流程		角色分工	填写表格	记录(四个周期)			
				一	二	三	四
22	清仓收入	产品专员/客户关系经理	附表19/附表2				

6.2.23　统计客户抱怨与投诉

在对客户进行培养和与客户进行交易的过程中，客户会产生一定的抱怨与投诉，客户的抱怨与投诉会影响产品的品牌、口碑，每月度第四周期客户服务专员需要统计客户的抱怨与投诉。

操作方法

6.2.23.1　角色表格

客户服务专员：客户服务专员需要统计本月度客户对公司产品的抱怨与投诉，将统计结果填入附表24“客户抱怨与投诉统计表”中，如表6－51所示。

表 6－51　客户抱怨与投诉统计表

第一周期	客户编号							
	客户类型							
	客户抱怨次数							
	投诉产品/次数							
	客户抱怨次数合计							
	P1 投诉累计		P2 投诉累计		P3 投诉累计		P4 投诉累计	

6.2.23.2 角色盘面

客户服务专员：客户服务专员需要确认附表 24“客户抱怨与投诉统计表”中的各项数据，在盘面对应处放置客户抱怨或客户投诉，如图 6－18 所示。

图 6－18 客户抱怨与客户投诉

6.2.23.3 流程表

客户服务专员：客户服务专员在确认附表 24“客户抱怨与投诉统计表”填写完成后，对流程表相应栏再进行确认，如表 6－52 所示。

表 6－52 流程表填写栏

操作流程		角色分工	填写表格	记录（四个周期）			
				一	二	三	四
23	统计客户抱怨与投诉	客户服务专员	★附表 24/附表 25				

6.2.24 客户培养折算

在一个月度结束之前，公司需要统计本月度客户关系培养所使用的资金，并根据客户对公司的满意度为客户下月度购买产品给予不同程度的折扣。

操作方法

6.2.24.1 角色表格

客户培养专员：客户培养专员将本月度所有登记的客户进行统计，对完成预约、完成培养的客户进行感情关系、产品关系培养折算，并记录在附表 15“客户折算表”中，如表 6－53 所示。

表 6－53 客户折算表

客户编号	是否完成预约	是否完成培养	培养产品	交易次数	忠诚度	是否为老客户	感情折算值	产品折算值

6.2.24.2 角色盘面

这一步骤的操作无须操作各角色盘面。

6.2.24.3 流程表

客户培养专员：客户培养专员在确认附表 15“客户折算表”填写完成后，对流程表相应栏再进行确认，如表 6－54 所示。

表 6－54 流程表填写栏

操作流程		角色分工	填写表格	记录（四个周期）			
				一	二	三	四
24	客户培养折算	客户培养专员	★附表 15				

6.2.25 服务系统维护

公司进行服务系统建设之后，需要定期进行服务系统维护，以便公司进行更优质的产品售前和售后服务。

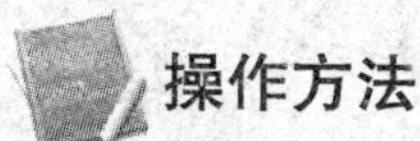

操作方法

6.2.25.1 角色表格

客户关系经理：客户关系经理需要在当月结束之前进行服务系统维护，在附表 3“服务系统配置维护表”中填入相应的经费数额，如表 6－55 所示。

表 6－55 服务系统配置维护表

项目	呼叫中心系统	网站平台系统	电子邮件系统	驻点服务中心	小计（K）
建设费（K）					
扩建费（K）					
紧急扩建费（K）					
维护费（K）					
合计（K）					

6.2.25.2 角色盘面

客户关系经理：客户关系经理需要确认附表3“服务系统配置维护表”中的各项数据，在盘面对应处放置相应的服务系统维护费，如图6－19所示。

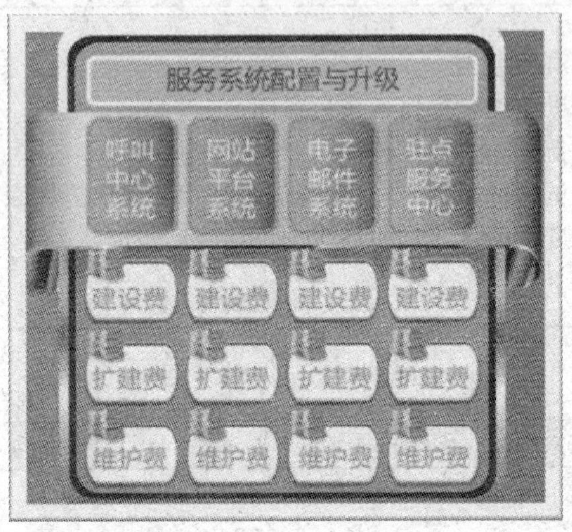

图6－19 服务系统配置维护

6.2.25.3 流程表

客户关系经理：客户关系经理在确认附表3“服务系统配置维护表”填写完成后，在流程表相应栏内填入相应的数据，如表6－56所示。

表6－56 流程表填写栏

操作流程		角色分工	填写表格	记录（四个周期）			
				一	二	三	四
25	服务系统维护	客户关系经理	附表3/附表2				

6.2.26 管理费用

公司在运营过程中，每周期都会产生相应的管理费用。

操作方法

6.2.26.1 角色表格

客户关系经理：每期期末运营结束时，客户关系经理需要将公司运营过程中支付的管理费用填入附表2“运营经费流动明细表”中，如表6－57所示。

表6－57　运营经费流动明细表

周期	第一周期	第二周期	第三周期	第四周期	合计
管理费用(－)(K)					

6.2.26.2　角色盘面

客户关系经理:客户关系经理需要确认附表2“运营经费流动明细表”中的费用,在盘面上放置“部门管理费”,如图6－20所示。

图6－20　部门管理费

6.2.26.3　流程表

客户关系经理:客户关系经理在确认附表2“运营经费流动明细表”填写完成后,在流程表相应栏内填入相应的数据,如表6－58所示。

表6－58　流程表填写栏

操作流程		角色分工	填写表格	记录(四个周期)			
				一	二	三	四
26	管理费用	客户关系经理	附表2				

6.2.27　期末总经费支出合计

公司月度运营结束时需要统计当月开展市场活动、客户培养和公司运营等投入的费用,为下一月度公司战略的实施做好准备。

操作方法

6.2.27.1 角色表格

客户关系经理：每月第四周期结束之前，客户关系经理对公司本月度经营所花费的资金进行统计，并在附表2“运营经费流动明细表”中填入相应的经费数额，如表6－59所示。

表6－59 运营经费流动明细表

周期	第一周期	第二周期	第三周期	第四周期	合计
期末支出总费用(K)					

6.2.27.2 角色盘面

客户关系经理：客户关系经理需要对照附表2“运营经费流动明细表”中的各项数据，对盘面总经费支出情况进行核对。

6.2.27.3 流程表

客户关系经理：客户关系经理确认“运营经费流动明细表”填写完成后，在流程表相应栏内填入相应的数据，如表6－60所示。

表6－60 流程表填写栏

操作流程		角色分工	填写表格	记录(四个周期)			
				一	二	三	四
27	期末总经费支出合计	客户关系经理	附表2				

6.2.28 期末剩余总经费

公司在每周期期末统计期末剩余总经费，为下一周期的预算提供便利，也为统计第四周期期末总经费的支出合计提供便利。

操作方法

6.2.28.1 角色表格

客户关系经理：每周期结束之前，客户关系经理对公司本周期经营所花费的资金进行统计，核对公司剩余经费并填写在附表2“运营经费流动明细表”中，如表6－61所示。

表 6－61 运营经费流动明细表

周期	第一周期	第二周期	第三周期	第四周期	合计
期末剩余运营总经费(K)					

6.2.28.2 角色盘面

根据表 6－60 对照盘面总经理总经费。

6.2.28.3 流程表

客户关系经理：客户关系经理确认附表 2“运营经费流动明细表”填写完成后，在流程表相应栏内填入相应的数据，如表 6－62 所示。

表 6－62 流程表填写栏

操作流程		角色分工	填写表格	记录(四个周期)			
				一	二	三	四
28	期末剩余总经费	客户关系经理	附表 2				

6.3 月末工作

6.3.1 销售统计表

每月月末，公司对本月产品销售记录进行统计，依据本月度市场所占份额制订下一步的规划，以更多地满足客户需求。

操作方法

6.3.1.1 角色表格

产品专员：产品专员对本月度公司所销售的所有产品进行统计，并记录在附表 16“销售量统计表”中，如表 6－63 所示。

表 6－63 销售量统计表

周期	第四周期			
产品类型	P1	P2	P3	P4
上月度产品销售量				

续表

周期	第四周期			
产品类型	P1	P2	P3	P4
上月度市场产品平均销售量				
是否符合品牌创建要求				
本月度产品销售量				
本月度市场产品平均销售量				

6.3.1.2 角色盘面

这一步骤的操作无须操作各角色盘面。

6.3.1.3 流程表

产品专员：产品专员在确认附表16“销售量统计表”填写完成后，对流程表相应栏再进行确认，如表6-64所示。

表6-64 流程表填写栏

操作流程		角色分工	填写表格	记录（四个周期）			
				一	二	三	四
月末	销售统计表	产品专员	★附表16				

6.3.2 利润表/总评分表

每月月末，公司对本月度所销售的产品回款和费用支出进行核对，计算出公司所获得的利润，并且计算出本月度的市场排名，即总评分。

操作方法

6.3.2.1 角色表格

客户关系经理：客户关系经理对本月度所销售收入、综合运营成本进行核算，并记录在附表7“利润表”中，如表6-65所示；客户关系经理还需对产品的客户评分进行核对，并填入附表8“总评分表”中，如表6-66所示。

表6-65 利润表

项目	金额(K)
一、公司销售收入	
客户关系管理综合运营成本	

续表

项目	金额(K)
二、营业利润	
三、营业外支出:违约金	
四、净利润	

表 6－66 总评分表

项目	分数
P1 产品客户评分	
P2 产品客户评分	
P3 产品客户评分	
P4 产品客户评分	
净利润	
总评分	
年度公司排名	

6.3.2.2 角色盘面

这一步骤的操作无须操作各角色盘面。

6.3.2.3 流程表

客户关系经理:客户关系经理在确认附表 7“利润表”与附表 8“总评分表”填写完成后,对流程表相应栏再进行确认,如表 6－67 所示。

表 6－67 流程表填写栏

操作流程		角色分工	填写表格	记录(四个周期)			
				一	二	三	四
月末	利润表/总评分表	客户关系经理	★附表 7/附表 8				

7

经营成果分析与点评

在客户关系管理沙盘模拟运营过程中，经过2～3个月的经营后，各个模拟公司之间就会产生一定的差异。当6个月的经营结束时，有些模拟经营的公司已经倒闭了。同样的初始状况，为什么会产生不同的结果？这是需要我们在经营过程直至经营结束持续思考的问题。本章将根据盈利能力、客户关系管理、有效促销、产品成本竞争力四个方面的指标对企业的经营成果进行分析。其中，盈利能力是从财务学的角度进行分析，其余三个方面的指标是从客户关系管理学的角度进行分析。

本章重点：

- 各种评价指标
- 成果的分析与点评

7.1 盈利能力指标

在对企业的经营成果进行分析时，其基本的财务指标是进行分析的基础。本节将主要对销售利润率、净利润增长率、市场份额增长率、成本收益率四个重要指标进行相关分析。

7.1.1 销售利润率

销售利润率是指在一定时期的销售利润总额与销售收入总额的比率。销售利润率的计算公式为：

销售利润率 =（利润 ÷ 销售收入）×100%

销售利润率表明单位销售收入获得的利润，反映销售收入和利润的关系。销售利润率被广泛应用于评估企业营运效益的比率，是企业利润总额与净销售收入的比率。销售利润率是衡量企业销售收入收益水平的指标，属于盈利能力类指标。影响销售利润率的因素是销售额和销售成本，销售额高而销售成本低，则销售利润率高；销售额低而销售成本高，则销售利润率低。

销售利润率通俗地反映了每100元销售额所带来的净利润，如客户关系管理沙盘模拟经营公司的销售收入为100K，实现的净利润为50K，其销售利润率为50%。这样的一个指标，随着公司的发展应该会进一步提高。

7.1.2 净利润增长率

净利润是指利润总额扣减所得税后的余额，是当年实现的可供投资者和经营者分配的净收益，也称为税后利润。净利润增长率的计算公式为：

净利润增长率 =（本年度净利润 ÷ 上年度利润）×100% －1

净利润增长率是一个企业经营的最终成果，净利润多，企业的经营效益就好；净利润少，企业的经营效益就差，它是衡量一个企业经营效益的重要指标。

净利润的多少取决于两个因素：一是利润总额；二是所得税。企业所得税等于当期应纳税所得额乘以企业所得税税率。我国现行的企业所得税税率为25%，对符合国家政策规定条件的企业，可享受企业所得税优惠，如高科技企业所得税率为15%。在客户关系管理沙盘模拟经营中取消了企业所得税。净利润增长率显示出企业当期净利润比上期净利润的增长幅度，其指标值越大，说明企业盈利能力越强。

如客户关系管理沙盘模拟经营中第1个月净利润为100K，经营至第2个月时，净利润为50K，其净利润增长率为－50%。这样的利润率水平说明企业的经营出现了一定的问题，虽然从当月的数据看仍然保持了较高的利润，但与上月相比，利润额明显下降。这是一个警示，需要经营者分析利润迅速下降的关键原因。

7.1.3 市场份额增长率

市场份额增长率是指一个企业的销售量（或销售额）在市场同类产品中所占的比重在比较期内的增长比率，直接反映企业所提供的产品和劳务对消费者和用户的满足程度的变化，表明企业的产品在市场上所处地位的变动趋势。市场份额是企业产品在市场上所占的份额，也就是企业对市场控制能力的体现。市场份额增长率的计算公式为：

市场份额增长率 = 本月市场份额［（本月总销售额 ÷ 本月市场总销售额）÷
上月市场份额（上月总销售额 ÷ 上月市场总销售额）］×100% －1

产品在不同的生命周期，其市场份额增长率表现出不同的特点。

（1）在产品的成长期，产品具有巨大的增长潜力，市场份额增长率保持较高水平。这一阶段是企业争取新顾客、扩大市场占有率的最佳时期，可以为下一阶段取得较多稳定的利润创造条件。企业也只有通过提高销售增长率和扩大市场占有率、增加产品销售和降低成本实现规模效益。

（2）在产品的成熟期，产品市场规模趋于稳定，市场份额增长率降低，此时顾客群已较为固定，企业很难再提高市场占有率，但企业必须注意保持其市场份额。为增强竞争能力，企业不仅要努力保持稳定的销售收入，而且要加强生产环节的管理，致力于降低生产成本。

（3）在产品的衰退期，产品的市场规模逐渐缩小，市场份额增长率降为负数，使产品的利润逐步下降到行业平均利润以下。因此，企业即便拥有较高的市场占有率，也应做出逐步退出市场的决策。企业应尽早推出新产品，争取新产品在市场上的占有率。

如客户关系管理沙盘模拟经营中第2个月G1公司总销售额为200K,G2公司总销售额为300K,第3个月G1公司总销售额为350K,G2公司总销售额为400K,则G1公司第3个月的市场份额增长率为16.67%。这说明,在第3个月G2公司市场被G1公司追赶,甚至有超越的趋势,这也是影响净利润增长率与销售利润率的重要因素。

7.1.4 成本收益率

成本收益率是指企业净利润与成本费用总额的比率。成本收益率的计算公式为:

成本收益率=(净利润总额÷成本费用总额)×100%

成本收益率反映企业生产经营过程中产生的耗费与获得的收益之间的关系。这一比率越高,说明企业为获取收益而付出的代价越小,企业的获利能力越强。因此,这个比率不仅可以评价企业获利能力的高低,也可以评价企业对成本费用的控制能力和经营管理水平。客户关系管理沙盘模拟经营中的成本费用总额包括客户关系管理综合运营成本。

如客户关系管理沙盘模拟经营中净利润总额为129K,实际成本费用总额为89K,其成本收益率为144.94%。这样的一个指标,随着企业的发展应当会进一步提高。

7.2 客户关系管理运作指标

7.2.1 客户获取率

客户获取率是指企业在争取新客户时获得成功的比例,它反映了企业挖掘潜在市场、扩大市场占有率的能力,同时也从侧面反映了企业在公众心目中的声誉。在评价企业吸引和获取客户的数量或比例时,企业开发新的客户的能力是企业提高市场份额的关键。这一指标主要通过客户数量增长率和客户交易额增长率进行描述。

7.2.1.1 客户数量增长率

客户数量增长率是指在一定比较期内企业获取到的客户的数量的增长比率。其计算公式为:

客户数量增长率=[(本月客户数量-上月客户数量)÷上月客户数量]×100%

如客户关系管理沙盘模拟经营中本月公司拥有客户 11 人,上月公司拥有客户 7 人,本月客户数量增长率为 57.14%。这样的指标不仅影响了客户获得率,还影响了企业的直接销售收入等重要指标。

7.2.1.2 客户交易额增长率

客户交易额增长率是指一定比较期内客户交易额的增长比率,是客户为企业创造的经济价值。其计算公式为:

客户交易额增长率 = [(本月客户交易额 - 上月客户交易额) ÷ 上月客户交易额] × 100% - 1

如客户关系管理沙盘模拟经营中本月公司客户交易额为 320K,上月公司交易额为 298K,则本月客户交易额增长率为 7.38%。

7.2.2 客户流失率

客户流失率又称顾客流失率,是指顾客的流失数量与全部消费产品或服务顾客数量的比例,它是顾客流失的定量表述,是判断顾客流失的主要指标,直接反映了企业经营与管理的现状。

客户流失率有绝对客户流失率和相对客户流失率之分,因而客户流失率有两种计算方法:

绝对客户流失率 = (流失的顾客数量 ÷ 全部顾客数量) × 100%

相对客户流失率 = [(流失的顾客数量 ÷ 全部顾客数量) × 流失顾客的相对购买额] × 100%

在本沙盘的实际操作中采用绝对客户流失率,其计算公式为:

客户流失率 = (流失的客户数量 ÷ 全部客户数量) × 100%

如果一家银行的顾客数量从 500 减少到 475,那么它流失的顾客数量为 25,绝对顾客流失率即为 5% (25 ÷ 500 × 100%)。绝对顾客流失率把每位流失的顾客同等看待,相对顾客流失率则以顾客的相对购买额为权数考虑顾客流失率。若流失的 25 位顾客的单位购买额是平均数的 3 倍,那么相对顾客流失率即为 15% (25 ÷ 500 × 3 × 100%)

如客户关系管理沙盘模拟经营中本月 P1 客户数量为 2,上月 P1 客户数量为 4,本月 P1 客户流失率为 50%。这样的经营指标对企业的发展是非常不利的,应该尽快找出原因,选择适当的对策,弥补经营损失。

7.2.3 客户忠诚度

客户忠诚度又称为客户黏度,是指客户对某一特定产品或服务产生好感,形成"依附性"偏好,进而重复购买的一种趋向。在本沙盘中,为了方便比较各公司的客户忠诚度情况,采用平均计算公司客户忠诚度的方法,其计算公式为:

客户平均忠诚度 = 本月客户总忠诚度 ÷ 本月交易完成的客户数量

客户忠诚是指客户对企业产品或服务的信任或喜爱的情感,它主要通过客户的情感忠诚、行为忠诚和意识忠诚表现出来。其中,情感忠诚表现为客户对企业的理念、行为和视觉形象的高度认同和满意;行为忠诚表现为客户再次消费时对企业的产品和服务的重复购买行为;意识忠诚表现为客户对企业的产品和服务的未来消费意向。这样,由情感、行为和意识三个方面组成的客户忠诚营销理论,着重于对客户行为趋向的评价,通过这种评价活动的开展,反映企业在未来经营活动中的竞争优势。

7.2.4 客户满意度

客户满意度又称顾客满意度,是客户对一个产品可感知的效果(或结果)与期望值相比较后,顾客形成的愉悦或失望的感觉状态。在本沙盘中通过采用客户的平均综合满意度指标评价客户对公司的满意度,其计算公式为:

客户平均综合满意度 = 本月客户总综合满意度 ÷ 本月交易完成的客户数量

当前,市场竞争主要表现在对顾客的全面争夺,而是否拥有顾客取决于企业与顾客的关系,取决于顾客对企业产品和服务的满意程度。顾客满意程度越高,企业竞争力越强,市场份额就越大,企业效益就越好,这是不言而喻的。在本沙盘中涉及客户对产品价格的满意即价格满意度,对服务的满意即服务满意度,对客户关系培养的满意即关系满意度,最终形成一个综合的客户满意度。

7.3 有效的促销指标

7.3.1 成交率

成交率是分析各部门各岗位工作效率的指标,相同的产品不同人员的销售成交率比较,可以分析出销售人员的水平;相同人员不同月份的成交率比较,可以分析出产品因销售季节变化带来的影响。相同功能的产品、不同的外观,通过成交率比较,可以分析出顾客对新产品的接受程度,其计算公式为:

成交率 =(成交总笔数 ÷ 预约客户总数)×100%

如客户关系管理沙盘模拟经营中本月预约两个客户,但却完成了 4 笔交易,使本月的成交率高达 200%。这样的指标是非常可观的,企业保持较高的成交率,可以节省不少经营成本。

7.3.2 促销回报率

促销是指企业利用各种有效的方法和手段,使消费者了解和注意企业的产品,激发消费者的购买欲望,并促使其实现最终的购买行为。

在产品正式进入市场以前,企业必须及时向中间商和消费者传递有关产品销售的信息。通过产品销售信息的传递,使社会各方了解产品销售的情况,建立起企业的良好声誉,引起他们的关注和好感,从而为企业产品销售的成功创造前提条件。针对消费者的心理动机,通过采取灵活有效的促销活动,诱导或激发消费者某一方面的需求,才能扩大产品的销售量。并且,通过企业的促销活动创造需求,发现新的销售市场,从而使市场需求朝着有利于企业销售的方向发展。企业通过促销活动,宣传本企业的产品与竞争对手产品的不同特点,以及给予消费者的特殊利益,使消费者充分了解本企业产品的特色,引起他们的注意和欲望,进而扩大产品的销售,提高企业的市场竞争能力。从促销回报率中可以看到企业促销之后获得的经济效益。其计算公式为:

$$促销回报率=(销售收入÷促销成本)\times 100\%$$

如客户关系管理沙盘模拟经营中某公司销售收入为200K,促销成本为40K,公司销售的促销回报率高达500%。这样的指标对企业的发展是极为有利的。

7.4 产品成本竞争力

企业产品的价格竞争力不是建立在规模实力基础上的,而是建立在成本管理水平不断提高基础上的。所以,提升企业产品价格竞争力的途径,必然是成本管理规范化。

通过成本管理的规范化,才能保障企业从整体统一的角度实施成本控制,以保证成本管理不流于任何形式上顾此失彼的偏颇。成本管理规范化,并不是寻求单独一个岗位或者一个环节投入的最小化,而是要保证在企业整体效益最大化的前提下,实现成本控制的优化,使每一个岗位、每一个环节的投入都实现最小化。企业是一个有机的整体,成本控制不能盯住局部算小账,只有通过实施规范化管理,才能避免局部算小账、整体发生大浪费的事件。

以战略思考的原则分析,要求企业跳出为成本管理而进行管理,要立足于企业未来的成长,立足于企业持续稳定发展的目标,从企业发展的中期和长期目标的战略高度进行成本管理,避免节省小的、丢失大的,节省现在的、丢失未来的。影响企业持续稳定发展的投入,在任何时候都是不能节省的,这就是强化成本管理控制的前瞻性。通过完善投入预算,对企业组织运行的所有活动都全面实现预算控制,把成本控制置于每一项活动的开始之前,从一开始就形成严格的约束,杜绝可能的浪费。成本竞争力的计算公式如下:

成本竞争力 = [(个性化包装成本 + 产品采购成本 + 邮寄成本) ÷ 产品数量] × 100%

如客户关系管理沙盘模拟经营中本月个性化包装成本为 16K,采购 4 个三等品 P2 的成本为 20K,邮寄成本为 6K,本月成本竞争力为 1 050%。

8

客户关系管理沙盘模拟案例

企业经营面对的是一个不断变化、充满机遇与竞争的市场,在这个市场中,每位经营者所面对的资源和规则是完全相同的,经营者运用自己的智慧、策略,抓住市场机遇,使公司不断发展,但也有可能由于决策错误或不恰当指挥,导致公司走下坡路,甚至破产。成功与失败不是永远的,我们只有尽可能地减少失误才能更接近成功。在决策中,失误是在所难免的,所以,我们要学会总结,以减少失误。本章正是基于这样的目的,对一个真实的案例进行分析。

8.1 案例基本情况介绍

8.1.1 案例简介

本案例是在相同的市场环境中由6个组(代表6个公司)参与经营竞争,经营时间为6个月,每四周期为一个月,6个组的编号依次是G1、G2、G3、G4、G5、G6。

8.1.2 市场环境介绍

本案例6个月的客户一共有13个,客户编号从C001至C013,其中C010至C013为转介绍客户。客户分为Ⅰ类、Ⅱ类、Ⅲ类、Ⅳ类、Ⅴ类,客户的类型不会随时间的变化而变化,但客户所需求的产品、需求数量、产品等级、价格期望、培养期望、服务期望、个性化需求和名牌需求每月都可能会发生变化,各月市场客户信息如表8-1至表8-6所示。

表8-1 第1个月客户信息表

<table>
<tr><th>客户编号</th><th>客户类型</th><th>需求产品</th><th>需求数量</th><th>产品等级</th><th>价格期望</th><th>感情培养期望</th><th>产品培养期望</th><th>服务期望</th><th>个性化需求</th><th>名牌需求</th></tr>
<tr><td rowspan="4">C001</td><td rowspan="4">Ⅳ</td><td>P1</td><td>6</td><td>三等品</td><td>12</td><td rowspan="4">6</td><td>6</td><td>6</td><td>×</td><td>×</td></tr>
<tr><td>P2</td><td></td><td></td><td></td><td></td><td></td><td></td><td></td></tr>
<tr><td>P3</td><td>4</td><td>二等品</td><td>30</td><td>11</td><td>7</td><td>×</td><td>×</td></tr>
<tr><td>P4</td><td></td><td></td><td></td><td></td><td></td><td></td><td></td></tr>
<tr><td rowspan="4">C002</td><td rowspan="4">Ⅲ</td><td>P1</td><td>6</td><td>三等品</td><td>13</td><td rowspan="4">8</td><td>7</td><td>6</td><td>×</td><td>×</td></tr>
<tr><td>P2</td><td></td><td></td><td></td><td></td><td></td><td></td><td></td></tr>
<tr><td>P3</td><td>4</td><td>三等品</td><td>31</td><td>11</td><td>7</td><td>×</td><td>×</td></tr>
<tr><td>P4</td><td></td><td></td><td></td><td></td><td></td><td></td><td></td></tr>
</table>

续表

客户编号	客户类型	需求产品	需求数量	产品等级	价格期望	感情培养期望	产品培养期望	服务期望	个性化需求	名牌需求
C003	Ⅴ	P1	5	三等品	13	7	8	6	×	×
		P2	4	三等品	20		10	7	×	×
		P3								
		P4								
C004	Ⅴ	P1				7				
		P2	6	三等品	21		9	7	×	×
		P3								
		P4								

表 8-2 第 2 个月客户信息表

客户编号	客户类型	需求产品	需求数量	产品等级	价格期望	感情培养期望	产品培养期望	服务期望	个性化需求	名牌需求
C001	Ⅳ	P1	6	三等品	12	9	7	6	×	×
		P2	6	二等品	22		9	7	×	×
		P3								
		P4								
C002	Ⅲ	P1				11				
		P2	6	二等品	22		10	7	×	×
		P3	5	三等品	32		12	8	√	×
		P4								
C003	Ⅴ	P1	6	三等品	12	7	7	6	×	×
		P2	5	三等品	21		10	7	×	×
		P3								
		P4								
C004	Ⅴ	P1				7				
		P2	6	三等品	21		9	7	×	×
		P3	4	三等品	30		10	7	×	×
		P4								

续表

客户编号	客户类型	需求产品	需求数量	产品等级	价格期望	感情培养期望	产品培养期望	服务期望	个性化需求	名牌需求
C005	Ⅳ	P1	7	三等品	12	9	8	6	×	×
		P2								
		P3	4	三等品	30		11	8	√	×
		P4								
C010	Ⅳ	P1	6	三等品	12	6	6	6	×	×
		P2								
		P3	4	二等品	30		11	7	×	×
		P4								
C011	Ⅲ	P1	6	三等品	13	8	7	6	×	×
		P2								
		P3	4	三等品	31		11	7	×	×
		P4								
C012	Ⅴ	P1	5	三等品	13	7	8	6	×	×
		P2	4	三等品	20		10	7	×	×
		P3								
		P4								
C013	Ⅴ	P1				7				
		P2	6	三等品	21		9	7	×	×
		P3								
		P4								

表8－3　第3个月客户信息表

客户编号	客户类型	需求产品	需求数量	产品等级	价格期望	感情培养期望	产品培养期望	服务期望	个性化需求	名牌需求
C001	Ⅳ	P1	7	一等品	14	9	6	7	√	×
		P2								
		P3								
		P4								

续表

客户编号	客户类型	需求产品	需求数量	产品等级	价格期望	感情培养期望	产品培养期望	服务期望	个性化需求	名牌需求
C002	Ⅲ	P1				11		8		
		P2								
		P3								
		P4	5	三等品	43		13		√	×
C003	Ⅴ	P1	6	三等品	12	7	7	6	×	×
		P2								
		P3								
		P4								
C004	Ⅴ	P1				8		7		
		P2	6	一等品	23		9		√	√
		P3								
		P4	5	三等品	43		13		√	×
C005	Ⅳ	P1				11		8		
		P2								
		P3	5	三等品	30		12		√	×
		P4								
C006	Ⅱ	P1				11		8		
		P2	6	二等品	22		10		√	√
		P3								
		P4	4	三等品	44		13		√	×
C010	Ⅳ	P1				8		7		
		P2								
		P3								
		P4	5	三等品	38		14		×	×

表 8－4　第 4 个月客户信息表

客户编号	客户类型	需求产品	需求数量	产品等级	价格期望	感情培养期望	产品培养期望	服务期望	个性化需求	名牌需求
C001	Ⅳ	P1				9		8		
		P2								
		P3								
		P4	5	三等品	45		13		√	×
C002	Ⅲ	P1				11		9		
		P2								
		P3	7	三等品	33		11		√	×
		P4								
C003	Ⅴ	P1				8		7		
		P2	6	二等品	22		10		×	×
		P3								
		P4								
C004	Ⅴ	P1				8		6		
		P2	6	一等品	23		9		√	×
		P3								
		P4								
C005	Ⅳ	P1	8	二等品	13	11	9	7	√	×
		P2								
		P3								
		P4	5	三等品	44		13		√	×
C006	Ⅱ	P1				12		9		
		P2	6	一等品	23		11		×	√
		P3								
		P4								
C007	Ⅰ	P1				13		11		
		P2								
		P3	6	一等品	33		11		×	×
		P4	5	三等品	43		14		√	√

表 8－5 第 5 个月客户信息表

客户编号	客户类型	需求产品	需求数量	产品等级	价格期望	感情培养期望	产品培养期望	服务期望	个性化需求	名牌需求
C001	Ⅳ	P1	7	二等品	14	8	6	7	√	×
		P2								
		P3	5	二等品	30		11		×	√
		P4								
C002	Ⅲ	P1	10	一等品	13	11	8	8	×	√
		P2								
		P3								
		P4								
C003	Ⅴ	P1				8		6		
		P2	6	三等品	21		9		√	×
		P3								
		P4								
C004	Ⅴ	P1				8		7		
		P2								
		P3	8	二等品	35		10		×	√
		P4								
C005	Ⅳ	P1	12	二等品	13	10	9	8	×	√
		P2								
		P3								
		P4								
C006	Ⅱ	P1				12		8		
		P2								
		P3								
		P4	5	三等品	48		12		√	×
C007	Ⅰ	P1				14		11		
		P2								
		P3	7	一等品	33		12		×	×
		P4	5	二等品	49		13		√	√

续表

客户编号	客户类型	需求产品	需求数量	产品等级	价格期望	感情培养期望	产品培养期望	服务期望	个性化需求	名牌需求
C008	Ⅲ	P1				11		9		
		P2								
		P3								
		P4	5	三等品	48		12		√	×

表 8-6　第 6 个月客户信息表

客户编号	客户类型	需求产品	需求数量	产品等级	价格期望	感情培养期望	产品培养期望	服务期望	个性化需求	名牌需求
C001	Ⅳ	P1				8		7		
		P2	7	二等品	22		10		√	×
		P3								
		P4								
C002	Ⅲ	P1				12		8		
		P2								
		P3	7	二等品	33		11		√	√
		P4	4	三等品	47		13		√	√
C003	Ⅴ	P1	9	二等品	12	8	9	6	√	√
		P2								
		P3								
		P4								
C004	Ⅴ	P1	8	三等品	13	7	8	7	×	×
		P2								
		P3								
		P4								

续表

客户编号	客户类型	需求产品	需求数量	产品等级	价格期望	感情培养期望	产品培养期望	服务期望	个性化需求	名牌需求
C005	Ⅳ	P1				10		8		
		P2								
		P3	6	二等品	32		12		√	√
		P4								
C006	Ⅱ	P1				12		9		
		P2								
		P3								
		P4	4	二等品	48		12		√	√
C007	Ⅰ	P1				14		11		
		P2								
		P3								
		P4	7	一等品	49		13		√	√
C008	Ⅲ	P1				11		9		
		P2								
		P3	6	一等品	33		12		√	×
		P4								
C009	Ⅱ	P1	7	一等品	14	13	9	10	×	√
		P2								
		P3								
		P4	5	一等品	49		14		√	√

8.2 各公司经营情况展示

8.2.1 各公司各月总评分表

各公司在每月经营结束后都会获得一个总评分，评分涉及市场占有率、客户平均综合满意度、客户平均忠诚度和净利润。各公司每月的评分及排名如表8－7至表8－12所示。

表8－7 各公司第1个月总评分表

公司编号	G1	G2	G3	G4	G5	G6
客户P1市场占有率(%)	0	29	0	71	0	0
客户P2市场占有率(%)	0	40	60	0	0	0
客户P3市场占有率(%)	0	0	0	100	0	0
客户P4市场占有率(%)	0	0	0	0	0	0
客户平均综合满意度(%)	0	173	119	360	0	0
客户平均忠诚度(%)	0	50	25	49	0	0
净利润(K)	－196	－130	－27	－274	－94	－107
总评分(K)	－196	－509.6	－82.08	－1 863.2	－94	－107
月度公司排名	4	5	1	6	2	3

表8－8 各公司第2个月总评分表

公司编号	G1	G2	G3	G4	G5	G6
客户P1市场占有率(%)	0	37	0	20	23	20
客户P2市场占有率(%)	22	33	44	0	0	0
客户P3市场占有率(%)	0	0	29	24	24	24
客户P4市场占有率(%)	0	0	0	0	0	0
客户平均综合满意度(%)	83	154	241	416	238	216
客户平均忠诚度(%)	25	73	58	50	50	50
净利润(K)	150	－24	－24	240	83	1
总评分(K)	345	－95.28	－113.48	1464	361.05	4.1
年度公司排名	3	5	6	1	2	4

表 8－9 各公司第 3 个月总评分表

公司编号	G1	G2	G3	G4	G5	G6
客户 P1 市场占有率(%)	0	0	0	0	0	100
客户 P2 市场占有率(%)	0	50	50	0	0	0
客户 P3 市场占有率(%)	0	0	0	0	100	0
客户 P4 市场占有率(%)	26	21	26	26	0	0
客户平均综合满意度(%)	91	227	253	145	128	108
客户平均忠诚度(%)	25	50	100	25	50	25
净利润(K)	210	544	396	174	－113	53
总评分	508.2	2 437.12	2 096.11	515.04	－427.14	176.49
年度公司排名	4	1	2	3	6	5

表 8－10 各公司第 4 个月总评分表

公司编号	G1	G2	G3	G4	G5	G6
客户 P1 市场占有率(%)	0	0	0	0	100	0
客户 P2 市场占有率(%)	0	33	33	0	0	33
客户 P3 市场占有率(%)	54	0	0	46	0	0
客户 P4 市场占有率(%)	33	0	0	33	33	0
客户平均综合满意度(%)	201	174	147	244	192	111
客户平均忠诚度(%)	50	50	100	50	75	25
净利润(K)	318	44	－100	641	362	96
总评分	1 392.84	157.08	－380.33	3 031.93	1 810	258.24
年度公司排名	3	5	6	1	2	4

表 8－11 各公司第 5 个月总评分表

公司编号	G1	G2	G3	G4	G5	G6
客户 P1 市场占有率(%)	37	0	0	0	63	0
客户 P2 市场占有率(%)	0	0	0	0	0	100
客户 P3 市场占有率(%)	0	0	53	47	0	0
客户 P4 市场占有率(%)	25	25	0	25	0	25
客户平均综合满意度(%)	228	162	125	305	121	234
客户平均忠诚度(%)	50	50	25	100	75	75
净利润(K)	63	158	166	514	51	258

续表

公司编号	G1	G2	G3	G4	G5	G6
总评分	277.2	532.46	503.53	2 965.78	183.09	1 377.72
年度公司排名	5	3	4	1	6	2

表 8－12　各公司第 6 个月总评分表

公司编号	G1	G2	G3	G4	G5	G6
客户 P1 市场占有率(%)	0	0	33	0	29	38
客户 P2 市场占有率(%)	100	0	0	0	0	0
客户 P3 市场占有率(%)	0	0	37	0	32	32
客户 P4 市场占有率(%)	0	20	20	60	0	0
客户平均综合满意度(%)	111	153	353	124	204	210
客户平均忠诚度(%)	25	75	100	38	75	50
净利润(K)	49	60	358	434	121	177
总评分	164.64	208.8	2 301.94	1 397.48	532.4	761.1
年度公司排名	6	5	1	2	4	3

8.2.2　各公司 6 个月利润表

各公司 6 个月的利润表如表 8－13 所示。

表 8－13　各公司 6 个月利润表　　单位:%,K

月份	公司编号	G1	G2	G3	G4	G5	G6
1 月	公司销售收入	0	179	156	174	0	0
	客户关系管理综合运营成本	196	309	183	448	94	107
	营业利润	－196	－130	－27	－274	－94	－107
	营业外支出:违约金	0	0	0	0	0	0
	净利润	－196	－130	－27	－274	－94	－107

续表

月份	公司编号	G1	G2	G3	G4	G5	G6
2 月	公司销售收入	261	215	374	540	265	172
	客户关系管理综合运营成本	111	239	398	300	182	171
	营业利润	150	-24	-24	240	83	1
	营业外支出:违约金	0	0	0	0	0	0
	净利润	150	-24	-24	240	83	1
3 月	公司销售收入	437	886	774	322	55	274
	客户关系管理综合运营成本	227	322	378	148	168	221
	营业利润	210	544	396	174	-113	53
	营业外支出:违约金	0	0	0	0	0	0
	净利润	210	544	396	174	-113	53
4 月	公司销售收入	678	192	186	986	646	224
	客户关系管理综合运营成本	360	148	286	345	284	128
	营业利润	318	44	-100	641	362	96
	营业外支出:违约金	0	0	0	0	0	0
	净利润	318	44	-100	641	362	96
5 月	公司销售收入	326	363	347	938	187	565
	客户关系管理综合运营成本	263	205	181	424	136	307
	营业利润	63	158	166	514	51	258
	营业外支出:违约金	0	0	0	0	0	0
	净利润	63	158	166	514	51	258
6 月	公司销售收入	204	285	781	981	402	501
	客户关系管理综合运营成本	155	225	423	547	281	324
	营业利润	49	60	358	434	121	177
	营业外支出:违约金	0	0	0	0	0	0
	净利润	49	60	358	434	121	177

8.2.3 各公司各月客户培养表

各公司各月客户培养如表 8－14 至表 8－19 所示。

表 8－14 各公司第 1 个月客户培养表

公司编号		G1				G2				G3				G4				G5				G6			
预约成功客户		C002	C004			C001	C002	C003	C004	C001	C004			C001	C002			C002							
客户类型		Ⅲ	Ⅴ			Ⅳ	Ⅲ	Ⅴ	Ⅴ	Ⅳ	Ⅴ			Ⅳ	Ⅲ			Ⅲ							
感情满意度(%)		150	200			100	100	100	100	150	129			333	300			125							
产品满意度(%)	P1	243				200	129	100						233	214			143							
	P2		156					120	189		222														
	P3	245				164	100			164				245	345			164							
	P4																								
产品促销(K)	P1	20				10	5	5						10	10			5							
	P2		20					10	14		11														
	P3	20				24				5				20	20			10							
	P4																								
价格满意度(%)	P1	52				75	54	87						67	81			52							
	P2		70					77	75		81														
	P3	52				81				88				67	78			52							
	P4																								
关系价格	P1	11.71				9.44	20.68	14.64						6.27	5.65			19.19							
	P2		16.46					22.37	17.08		13.34														
	P3	29.71				25.25				21.24				15.43	11.72			43.20							
	P4																								
服务满意度(%)		0	0			0	0	57	0	0	57			186	186			0							
综合满意度(%)	P1	98				149	68	86						173	174			74							
	P2		96					87	94		119														
	P3	98				89	40			98				176	196			78							
	P4																								

注：G6 没有任何记录是因为没成功预约任何客户。

表 8－15 各公司第 2 个月客户培养表

公司编号		G1				G2				G3				G4				G5				G6			
预约成功客户		C002				C003	C012			C002	C004	C013		C010				C005				C011			
客户类型		Ⅲ				Ⅴ	Ⅴ			Ⅲ	Ⅴ	Ⅴ		Ⅳ				Ⅳ				Ⅲ			
感情满意度(%)		125				113	114			164	219	129		300				200				133			
产品满意度(%)	P1					137	150							467				200				200			
	P2	140				144	110				289	133													
	P3									208				273				191				164			
	P4																								
产品促销(K)	P1					5	5							30				0				5			
	P2	0				8	8				22														
	P3									19		12		30				0				2			
	P4																								
价格满意度(%)	P1					75	68							80				80				120			
	P2	51				74	67				78	68													
	P3									68				77				75				107			
	P4																								
关系价格	P1					12.05	13.61							3.08				7.50				5.75			
	P2	32.97				20.88	26.51				9.57	22.84													
	P3									24.25				12.78				20.52				18.88			
	P4																								
服务满意度(%)		50				129	129			100	57	57		200				50				43			
综合满意度(%)	P1													232				122				114			
	P2	83									149	91													
	P3									121				184				116				102			
	P4																								

表 8-16　各公司第 3 个月客户培养表

公司编号		G1				G2				G3				G4				G5				G6			
预约成功客户		C002				C006				C004	C005			C010				C005				C001	C003		
客户类型		Ⅲ				Ⅱ				Ⅴ	Ⅳ			Ⅳ				Ⅳ				Ⅳ	Ⅴ		
感情满意度(%)		121				182				191	55			308				151				133	171		
产品满意度(%)	P1																					200	171		
	P2					150				227															
	P3										117							264							
	P4	154				154				115				121											
产品促销(K)	P1																						5		
	P2					11				8															
	P3										2							2							
	P4	5				12				2				14											
价格满意度(%)	P1																					70	75		
	P2					63				85															
	P3										77							76							
	P4	55				63				79				82											
关系价格(%)	P1																					11.56	9.15		
	P2					19.66				12.36															
	P3										42.11							17.97							
	P4	57.43				39.80				38.56				23.07											
服务满意度(%)		75				100				114	0			171				50				57	43		
综合满意度(%)	P1																					109	107		
	P2					113				142															
	P3										68							128							
	P4	91				114				111				145											

表 8－17 各公司第 4 个月客户培养表

公司编号		G1				G2				G3				G4				G5				G6			
预约成功客户		C001	C002			C006				C004	C007			C007				C005				C003			
客户类型		Ⅳ	Ⅲ			Ⅱ				Ⅴ	Ⅰ			Ⅰ				Ⅳ				Ⅴ			
感情满意度(%)		133	126			308				229	123			208				135				180			
产品满意度(%)	P1																	134							
	P2					277				227												180			
	P3		182								182			182											
	P4	154									157			229				146							
产品促销(K)	P1																	0							
	P2					12				10												0			
	P3		5								5			15											
	P4	0									5			25				0							
价格满意度(%)	P1																	70							
	P2					72				74												70			
	P3		61								44			44											
	P4	75									44			44				73							
关系价格	P1																	13.66							
	P2					10.19				13.31												17.40			
	P3		35.13								51.46			36.33											
	P4	41.1									71.93			43.49				41.12							
服务满意度(%)		50	89			133				133	0			109				57				58			
综合满意度(%)	P1																	93							
	P2					174				147												111			
	P3		103											119											
	P4	98												125				99							

表 8-18　各公司第 5 个月客户培养表

公司编号		G1				G2				G3				G4				G5				G6			
预约成功客户		C001				C006				C004	C005			C007				C005				C003	C008		
客户类型		Ⅳ				Ⅱ				Ⅴ	Ⅳ			Ⅰ				Ⅳ				Ⅴ	Ⅲ		
感情满意度(%)		180				243				218	150			249				144				115	164		
产品满意度(%)	P1	200									111							227							
	P2																					273			
	P3	164								150				283											
	P4					167								372									167		
产品促销(K)	P1	0									5							0							
	P2																					0			
	P3	0								5				25											
	P4					15								50									0		
价格满意度(%)	P1	72									76							84							
	P2																					76			
	P3	78								81				48											
	P4					66								53									60		
关系价格	P1	10.07									13.04							8.07							
	P2																					12.62			
	P3	22.55								24.69				24.49											
	P4					33.03								28.34									48.19		
服务满意度(%)		57				250				133	0			109				50				67	67		
综合满意度(%)	P1	117																121							
	P2																					131			
	P3	111												145											
	P4					162								160									103		

表 8－19 各公司第 6 个月客户培养表

公司编号		G1				G2				G3				G4				G5				G6			
预约成功客户		C001				C006				C002	C004			C007	C009			C005	C009			C003	C008		
客户类型		Ⅳ				Ⅱ				Ⅲ	Ⅴ			Ⅰ	Ⅱ			Ⅳ	Ⅱ			Ⅴ	Ⅲ		
感情满意度(%)		165				226				125	308			238	100			132	138			169	178		
产品满意度(%)	P1										100								200			133			
	P2	180																							
	P3									182								150					200		
	P4					283				154				167	143										
产品促销(K)	P1										5								10			0			
	P2	0																							
	P3									5								0					0		
	P4					14				8				12	21										
价格满意度(%)	P1										85								58			69			
	P2	76																							
	P3									64								82					57		
	P4					68				63				47	50										
关系价格	P1										8.37								13.65			11.85			
	P2	16.76																							
	P3									34.02								27.38					30.57		
	P4					27.76				53.62				31.91	80.85										
服务满意度(%)		57				133				150	133			178	200			50	80			67	67		
综合满意度(%)	P1										127								104			99			
	P2	111																							
	P3									116								100					111		
	P4					153				110				140	107										

8.2.4 各公司各月产品销售统计表

各公司各月产品销售统计表如表 8－20 至表 8－25 所示。

表 8－20 各公司第 1 个月产品销售统计表

公司编号	G1	G2	G3	G4	G5	G6
P1 销售量		5		12		
P2 销售量		4	6			
P3 销售量				8		
P4 销售量						
P1 市场总销售量	17					
P2 市场总销售量	10					
P3 市场总销售量	8					
P4 市场总销售量	0					
P1 交货单数		1		2		
P2 交货单数		1	1			
P3 交货单数				2		
P4 交货单数						
P1 市场平均销售量	6					
P2 市场平均销售量	5					
P3 市场平均销售量	4					
P4 市场平均销售量	0					

表 8－21 各公司第 2 个月产品销售统计表

公司编号	G1	G2	G3	G4	G5	G6
P1 销售量		11		6	7	6
P2 销售量	6	9	12			
P3 销售量			5	4	4	4
P4 销售量						
P1 市场总销售量	30					
P2 市场总销售量	27					
P3 市场总销售量	17					
P4 市场总销售量	0					
P1 交货单数		2		1	1	1
P2 交货单数	1	2	2			

续表

公司编号	G1	G2	G3	G4	G5	G6
P3 交货单数			1	1	1	1
P4 交货单数						
P1 市场平均销售量	6					
P2 市场平均销售量	6					
P3 市场平均销售量	5					
P4 市场平均销售量	0					

表 8－22　各公司第 3 个月产品销售统计表

公司编号	G1	G2	G3	G4	G5	G6
P1 销售量						13
P2 销售量		6	6			
P3 销售量					5	
P4 销售量	5	4	5	5		
P1 市场总销售量	13					
P2 市场总销售量	12					
P3 市场总销售量	5					
P4 市场总销售量	19					
P1 交货单数						2
P2 交货单数		1	1			
P3 交货单数					1	
P4 交货单数	1	1	1	1		
P1 市场平均销售量	7					
P2 市场平均销售量	6					
P3 市场平均销售量	5					
P4 市场平均销售量	5					

表 8－23　各公司第 4 个月产品销售统计表

公司编号	G1	G2	G3	G4	G5	G6
P1 销售量					8	
P2 销售量		6	6			6
P3 销售量	7			6		

续表

公司编号	G1	G2	G3	G4	G5	G6
P4 销售量	5			5	5	
P1 市场总销售量	8					
P2 市场总销售量	18					
P3 市场总销售量	13					
P4 市场总销售量	15					
P1 交货单数					1	
P2 交货单数		1	1	1		1
P3 交货单数	1					
P4 交货单数	1				1	
P1 市场平均销售量	8					
P2 市场平均销售量	6					
P3 市场平均销售量	7					
P4 市场平均销售量	5					

表 8-24　各公司第 5 个月产品销售统计表

公司编号	G1	G2	G3	G4	G5	G6
P1 销售量	7				12	
P2 销售量						6
P3 销售量			8	7		
P4 销售量	5	5		5		5
P1 市场总销售量	19					
P2 市场总销售量	6					
P3 市场总销售量	15					
P4 市场总销售量	20					
P1 交货单数	1				1	
P2 交货单数						1
P3 交货单数			1	1		
P4 交货单数	1	1		1		1
P1 市场平均销售量	10					
P2 市场平均销售量	6					

续表

公司编号	G1	G2	G3	G4	G5	G6
P3 市场平均销售量	8					
P4 市场平均销售量	5					

表 8－25　各公司第 6 个月产品销售统计表

公司编号	G1	G2	G3	G4	G5	G6
P1 销售量			8		7	9
P2 销售量	7					
P3 销售量			7		6	6
P4 销售量		4	4	12		
P1 市场总销售量	24					
P2 市场总销售量	7					
P3 市场总销售量	19					
P4 市场总销售量	20					
P1 交货单数			1		1	1
P2 交货单数	1					
P3 交货单数			1		1	1
P4 交货单数		1	1	2		
P1 市场平均销售量	8					
P2 市场平均销售量	7					
P3 市场平均销售量	7					
P4 市场平均销售量	5					

8.3　各公司经营战略分析

前两节展示的是各公司的经营数据，各表中体现了各个公司的经营过程和经营业绩，本节将对各公司的经营过程和经营结果进行分析，客观评价各公司的经营策略。

8.3.1 G1 公司经营分析

G1 公司在客户关系管理模拟经营中的情况较差,在前两个月的运营过程中是历经磨难,在孤注一掷中成功取巧回笼部分资金,使销售收入稳步上升,但是在5月、6月因决策失误,致使净利润额滑入谷底。由此可以看出,合理的市场规划才有助于公司的稳定发展。

根据前述各表提供的经营数据,可以对G1公司的运营成本、销售收入和净利润的变化情况做出具体分析,如图8-1所示。

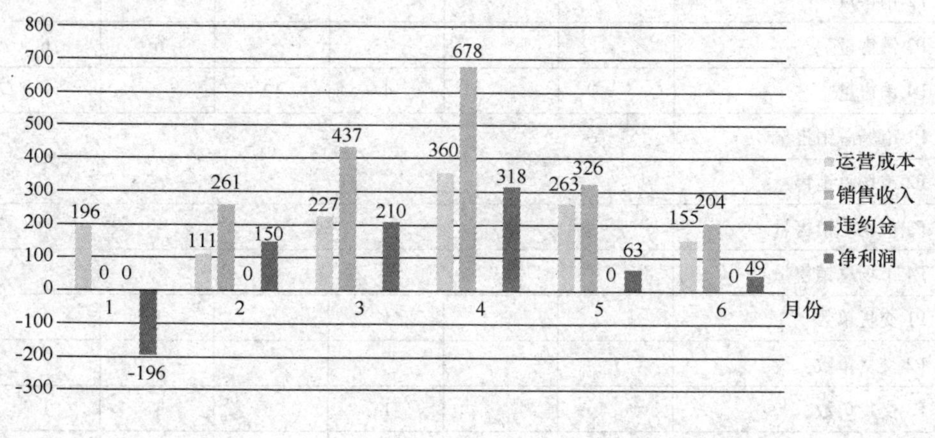

图8-1 G1公司运营成本、销售收入和净利润的变化

从表8-20和图8-1可以明显地看出,G1公司在第1个月没有获取任何客户,导致运营成本接近公司起始资金的2/3;到第2、第3、第4个月公司稳步发展,利润丰厚;在第5、第6个月放弃现有客户,转入低端市场,导致净利润严重下降。那么是什么原因使G1公司决定放弃高端市场而转入低端市场呢?

8.3.1.1 客户的错误选择

G1公司在对客户的培养上毫不吝啬,无论是感情关系培养或是产品关系培养都动用了大量资源,但是在客户选择上出现了失误,同时选择了两个市场的热门客户,也是其他公司竞相争夺着重培养的客户。因为巨大的培养资金投入,该公司选择从推销价格上入手回笼资金,选择了客户的最大承受能力,但是事与愿违,其他公司以更合理的价格夺走客户,使G1公司在第2个月被迫选择了现有客户进行再培养,幸运的是获得了G4公司放弃的客户,使得公司缓了一口气。在其余的运营月份中,G1公司总结第1个月产品推销中的教训,进行合理的产品推销,逐步推进了公司的发展。

8.3.1.2 过于保守的经营

在经营中期,G1 公司稳步发展,但第 5、第 6 个月为何净利润额大幅下降?因为该公司放弃了现有客户的高端市场,选择了中、低端市场进行产品销售。从表8-23中可以看出,第 4 个月 G1 公司通过高端产品进行销售,销售收入达到第二。从第 1 至第 4 个月,中、高端产品占据市场较大份额,市场竞争压力较大,该公司刚从第 1 个月的竞争失利中缓过来,生怕再一次陷入困境,因而选择了竞争压力较小的低端市场,但是在客户的选择上公司又出现了失误,只选择了现有客户进行产品销售,并没有培养更多的客户,固步自封,导致净利润严重下滑,变成小本经营,最后的经营结果就不尽如人意了。

8.3.2 G2 公司经营分析

G2 公司在客户关系管理模拟经营中历经坎坷,经营状况跌宕起伏。从其实施的策略和竞争结果来看,该公司在第 1 个月表现不佳,在第 2 个月休养生息之后,终于在第 3 个月抓住机遇,销售收入迅速增长,将公司从绝对的劣势转到了绝对优势的地位,并且获得了大量资金,但是这也为公司埋下了一颗“定时炸弹”,幸运的是这颗炸弹没有爆炸。

根据前述各表提供的经营数据,可以对 G2 公司的运营成本、销售收入和净利润的变化情况做出分析,如图 8-2 所示。

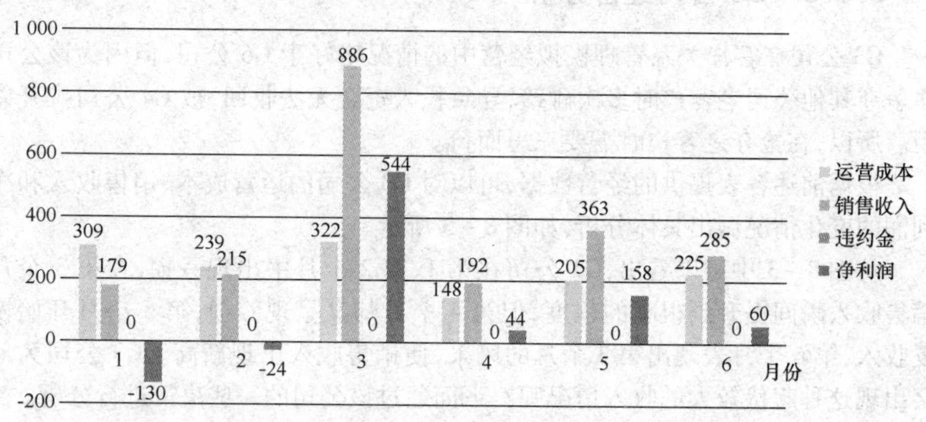

图 8-2 G2 公司运营成本、销售收入和净利润的变化

从图 8-2 中可以看出,G2 公司在第 1、第 2 个月净利润呈现亏损状态,第 3 个月突然迅速上升,收回了亏损的资金,但其后第 4、第 5、第 6 个月运营成本与销售收入均相对较低。

8.3.2.1 客户分析不透彻

G2 公司经营失败的原因之一,在于第 1 个月同时进行了两项市场活动,

"讲座/演讲"与"短期促销",获得了大量客户资料,同时登记了客户信息,但没有整理客户资料,无法判断客户资料是从哪项市场活动中获取的,应该采用哪种服务系统进行客户预约,导致公司在第1个月浪费了大量预约能力预约客户。在第4至第6个月,该公司除了第3个月获取的老客户C006,没有预约任何新客户,所有的产品销售处于被动地位,完全依赖客户C006的需求,如果客户当月期望过高,公司无法回笼资金,公司经营就会陷入泥沼,寸步难行。

8.3.2.2 客户培养不合理

G2公司经营失败的原因之二是不合理的客户培养。公司试图将市场仅有的客户资源独享,对所有客户进行预约并投入资金进行培养。因为资金投入分散,使客户的感情满意度以及产品满意度不如其他公司高,导致客户被其他公司获取,以至于公司资金流失。公司在第2个月对仅获得的客户与其转介绍的客户进行培养,销售产品回笼了第1个月流失的资金,转亏为盈。但在第3个月,公司放弃了现有的客户资源,转而对新客户投入大量资金培养,这是不明智的。如果客户被其余公司获取,那么公司便会陷入经营困境,幸运的是该公司获取了没有公司培养的客户C006,在第3个月扭转乾坤登上销售第一的位置。经营业绩如此突出,在随后的第4、第5、第6个月,公司对这位"救星"产生依赖,只对该客户进行培养,完全放弃其他大量的客户资源,使最终的经营结果不够理想。

8.3.3 G3公司经营分析

G3公司在客户关系管理模拟经营中的情况略好于G6公司,但因为该公司在争夺其他公司老客户时多次碰壁,导致投入资金无法收回,被G4公司拉开差距。所以,在抢夺老客户时需要三思而行。

根据前述各表提供的经营数据,可以对G3公司的运营成本、销售收入和净利润的变化情况做出具体分析,如图8-3所示。

从图8-3中可以看出,G3公司在第1、第2个月中出现亏损,在第3个月销售收入瞬间提升到很高的程度,但第4个月却又呈现亏损,第5个月开始恢复收入,第6个月表现出第3个月的风采,使销售收入出现新高。G3公司为何会出现这种起伏较大的收入情况呢?下面通过该公司的一些决策进行分析。

8.3.3.1 良好的客户分析与客户选择

G3公司在服务系统的建设与客户资源的选择方面比较突出。公司在第1个月中首先建设了网站平台系统与驻点服务中心,从中我们可以判断出该公司倾向于获取Ⅲ类与Ⅴ类客户;然后,该公司利用短期促销活动获得C001、C003、C004客户资料,选择C001与C004客户进行登记,利用现有的服务系统排除式地进行客户预约,成功判断客户类型并完成预约。而后,公司通过展览会获得C002客户资料,但却没有进行资料登记,该公司判断C002客户的期望无法满

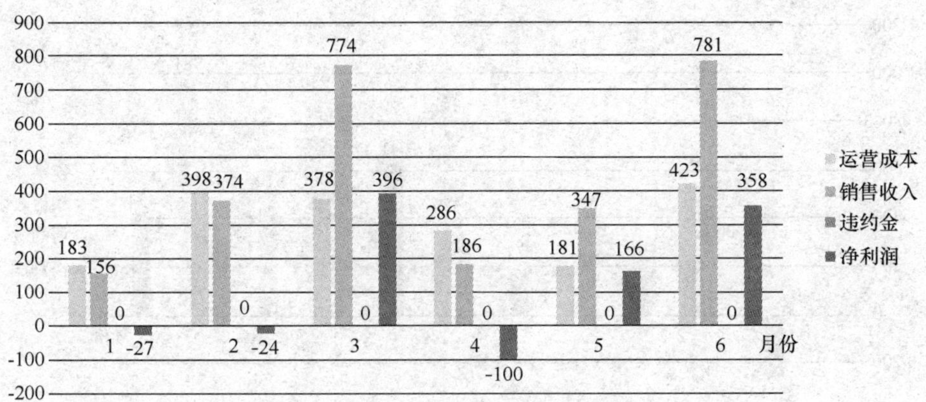

图 8－3　G3 公司运营成本、销售收入和净利润的变化

足,所以放弃。正是利用这种排除式的预约方法,G3 公司在其余运营月份中都以最快的方式成功预约客户,为客户培养和应对竞争打下了良好基础。

8.3.3.2 培养客户的投入过于保守

G3 公司在客户预约中表现得十分出彩,但是在客户竞争方面却显欠缺,数次在与其他公司争夺老客户的竞争中失利。

G3 公司通过自身在预约客户方面打下的良好基础,利用客户自身的特点,进行针对性的感情关系培养以及产品关系培养,例如,对于第 1 个月获取的客户正确判断其类型并采用“重产品轻感情”的培养方式进行培养,但是在竞争中未获取的客户与其他公司培养差距相差较大,获取客户与其他公司培养差距相差甚小,可谓是险胜。从表 8－14 至表 8－18 可以看出,该公司在第 1 至第 5 个月中一直与其他公司竞争客户,但是一直未获得客户,因为 G3 公司对客户的感情满意度、产品满意度的培养投入太过保守,促销力度不够,致使客户被其他公司获取,损失了资金。

8.3.4 G4 公司经营分析

G4 公司以绝对的优势获得了客户关系管理模拟经营的第一名。在开展市场活动和客户培养中,G4 公司可谓是有勇有谋,在客户竞争中,可谓是激进但不冒进,通过利用一切资源将公司利润最大化,将成本最小化。

根据前述各表提供的经营数据,可以对 G4 公司的运营成本、销售收入和净利润的变化情况做出具体分析,如图 8－4 所示。

从图 8－4 中可以看出,G4 公司在第 1 个月经营的净利润为负,运营成本远远超出销售收入;然而,在第 2 个月以后的运营中,公司便呈现出稳步发展的趋

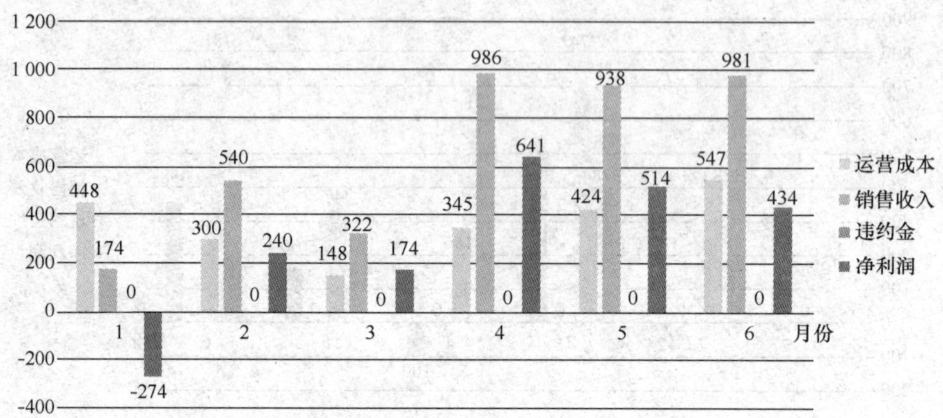

图 8-4　G4 公司运营成本、销售收入和净利润的变化

势，净利润占销售收入的 44% -65%。下面具体分析该公司在经营中所采用的方法和策略。

8.3.4.1　独特的客户选择方式

G4 公司在客户选择上有着独特的方式，每月只通过一项市场活动获取客户资料，并只选择同时需求多个产品的客户。进行一项市场活动所获取的客户只有两种类型可以选择，该公司便利用这一方式进行客户预约，能以最快的速度判断出公司所需客户的类型并进行针对性的培养。该公司之所以只选择同时需求多个产品的客户也是有原因的，这就是，如果能够同时获得该客户的多个产品的销售，就可以节省一部分培养客户的资金，以最少的资金投入完成对客户的培养。

8.3.4.2　走高端路线的策略

G4 公司作为经营冠军，在客户的培养以及竞争方面可算是一只“猛虎”。基于公司在客户选择上的策略，准确地判断出预约客户的类型，在第 1、第 2 个月的竞争中，采用针对客户类型的特定培养方式，将获取客户的成本提高至与销售收入几乎无差别的高度，以打压试图获取选定客户的对手公司，减少对手公司的资金。在第 3 个月，为选择老客户增加资金投入，第 4 个月直接选择拥有需求中、高端产品的 C007 客户，以绝对的优势获取客户并实现模拟经营中最高月销售收入，在第 5 个月针对客户 C007 对中、高端产品的需求加大培养力度进行客户的保护，第 6 个月在维护现有客户的基础上进行新客户的开发，将需求高端产品的客户收入囊中，让尝试进军高端市场的大部分公司全部铩羽而归。

8.3.4.3 巧妙的资金控制

G4 公司前两个月的经营几乎是无利润,那么为何能在第 1 个月的 4 次交易中不违约并且顺利交货呢? 该公司通过不同的快递方式和相对应的不同回款周期,利用特快专递将一次交易完成,再利用快递方式快速回笼的资金为其他 3 笔所需的产品进行交易,在第 1 个月中顺利完成产品销售。在第 2 个月的经营中使用普通快递将一部分销售收入转移至第 3 个月,并在第 3 个月进行少量产品销售,第 4 至第 6 个月占领中、高端市场,进行大部分产品销售,再次通过特快专递将前 3 个月的"劣势"扳回。

8.3.5 G5 公司经营分析

在 6 家公司中,G5 公司的经营情况较差。该公司在 6 个月的经营中经历坎坷,发展十分缓慢。该公司的决策者过于高估自己、低估对手,决策上有不少失误,无法带领团队摆脱困境,导致公司一直难以发展。

G5 公司的运营成本、销售收入和净利润的变化情况如图 8 - 5 所示。

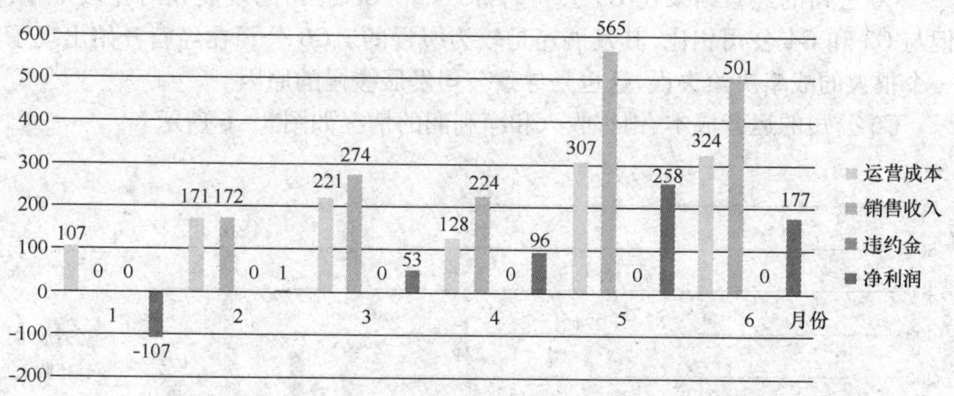

图 8 - 5 G5 公司运营成本、销售收入和净利润的变化

从图 8 - 5 可以看出,G5 公司在第 1 个月没有任何销售收入,直接导致了净利润为负;第 3 个月销售收入过低,成本过高,也导致了净利润为负;在第 4 个月时,销售收入、净利润都较高,也是该公司经营业绩的顶峰时期,但是"昙花一现"。虽然第 6 个月公司有些收入,但是付出的成本太高,导致净利润不多,无法挽回落后的局面。下面从两个方面对 G5 公司的经营状况进行分析。

8.3.5.1 高估自己,低估对手

G5 公司在第 1 个月培养的是 C002 客户,属于Ⅲ类客户,但最终却没有获得客户,这也是导致公司没有销售收入的原因。第 1 个月的客户本来就不多,而 C002 客户又是Ⅲ类客户,竞争会相当激烈,所以不可避免地会产生激烈竞

争。从各公司客户培养情况表中可以看出，有 4 家公司竞争 C002 客户，G5 公司客户获取排名却是最后的，原因就在于 G5 公司为客户培养投入太少，促销力度不足，最终导致无法获取客户。在总评分表中，G5 公司看似业绩不错，但只是表象，因为没有客户，这对公司前期和中期的发展极为不利。

8.3.5.2 客户选择失当

客户是公司利益的来源，客户决定公司的发展，不同的客户为公司创造的利润是不同的。从客户培养表中可以看出，G5 公司的销售收入主要依靠的是 C005 客户，C005 客户属于Ⅳ类客户，这类客户给出的价格不会很高，而且 C005 客户的产品需求量不大。或许是因为第 1 个月竞争 C002 客户的失败，G5 公司转变策略，选择培养竞争小的低端客户。第 2 至第 5 个月，G5 公司除了 C005 客户就没有再培养新客户，既无法摆脱低收入的困境，也使公司难以发展，这就导致了 G5 公司与其他公司经营的差距越来越大。

8.3.6 G6 公司经营分析

G6 公司的经营结果比 G5 公司略好一些。G6 公司的发展相对比较平稳，但与 G3 和 G4 公司相比，其发展还是较为缓慢的。G6 公司在经营开始出现了一个很大的战略决策失误，这也是导致公司发展缓慢的原因。

G6 公司的运营成本、销售收入和净利润的情况如图 8 – 6 所示。

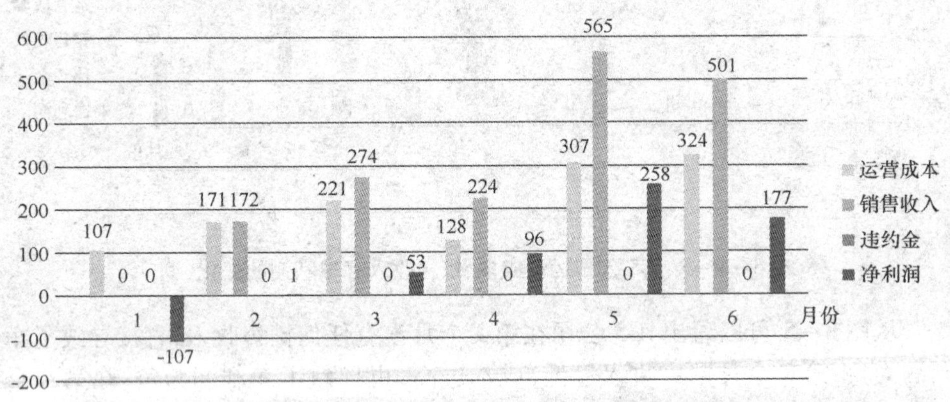

图 8 – 6　G6 公司运营成本、销售收入和净利润的变化

从图 8 – 6 可以看出，G6 公司前 4 个月的销售收入较少，利润也很低，甚至第 1 个月没有销售收入，净利润为负。第 5 个月和第 6 个月的销售收入突然提高，净利润也有了大幅度增长。是什么原因导致 G6 公司第 1 个月没有销售收入，第 2 个月销售收入不高？又是什么原因使公司第 5 个月和第 6 个月的销售收入和净利润突然上涨？下面具体分析其中的原因。

8.3.6.1 客户定位错误

从 G6 公司的客户培养表可以看出，该公司在第 1 个月没有进行客户培养。进一步分析 G6 公司的运营情况，该公司已经开展了市场活动，参与的市场活动是展览会和行业高峰会，而这两项市场活动所拥有的客户类型分别为Ⅰ、Ⅱ类和Ⅱ、Ⅲ类，所以 G6 公司只获取到 C002 客户的信息，这就说明 C002 客户有可能是Ⅰ类、Ⅱ类或Ⅲ类。但 G6 公司在客户分析时出现了失误，将 C002 客户定位为Ⅱ类客户，所以在第一期预约客户时失败了。这次失败后，公司判断出 C002 客户为Ⅲ类，Ⅲ类客户的产品关系培养需要三期，若再进行预约培养就已经到了第四期，C002 客户极有可能在第三期就被其他公司获取了，所以 G6 公司索性放弃了对这位客户 1 个月的培养。

8.3.6.2 服务系统的不合理扩建

G6 公司在第 1 个月没有进行客户培养却支付了不少费用，原因在于进行了多次服务系统的扩建，其中还有几次是紧急扩建。G6 公司在市场活动的两大市场中投入了大量的资金，想一举拿下多名客户，但没想到的是，高端客户如此稀少，导致了服务系统的扩建成为无用功，造成了资金浪费。不过，值得庆幸的是，服务系统的扩建是永久的，扩建的能力不会降低。G6 公司市场活动的选择错误与服务系统的不合理扩建，导致了公司第 1 个月的费用支出非常高，为公司带来了巨大的资金压力。也正是因为这个原因，使 G6 公司在其后的几个月里发展十分缓慢。

8.3.6.3 及时抓住机会

虽然 G6 公司在前几个月发展缓慢，但是它没有放弃，而是等待机会。终于，在第 5 个月抓住了机会，获取了一个新客户 C008。C008 客户是Ⅲ类客户，并且 C008 客户需求的是 P4 产品，高价的 P4 产品让 G6 公司瞬间提升了销售收入。G6 公司将 C008 客户发展成为老客户，使其在第 6 个月继续为公司创造利润。C008 客户的出现，使得 G6 公司在第 5 个月和第 6 个月出现了经营转机。

附　录

附表1　流程表

公司名称:________　　　　　　　　经营月份:________

操作顺序	客户关系管理运行流程中每执行完一项操作,客户关系管理经理请在相应的栏内打"√"或做其他相应标记。						
	操作流程	角色分工	填写表格	一	二	三	四
月初	月度/上月度剩余运营经费	客户关系经理	附表2				
	公司月度战略规划	客户关系经理	★				
1	产品销售回款	客户关系经理	附表5/附表2				
2	追加销售/收入	客户关系经理	附表6/附表2				
3	期初运营总经费	客户关系经理	附表2				
4	服务系统配置	客户关系经理	附表3				
5	服务系统扩建-紧急扩建(随时)	客户关系经理	附表2/附表3				
6	市场活动/收集客户信息	客户开发专员	附表9/附表2				
7	定位目标客户/客户分析	客户开发专员	★/附表10				
8	广告投入/名牌创建	产品专员/客户关系经理	附表17/附表2				
9	客户预约	客户开发专员	★附表4/附表11				
10	客户感情关系培养	客户关系经理/客户培养专员	附表12/附表2				
11	客户产品关系培养	客户关系经理/客户培养专员	附表13/附表2				
12	确认推销资格	客户培养专员	★/附表14				
13	产品促销	产品专员	附表18/附表2				
14	客户获取/登记	客户关系经理	★附表5				
15	产品采购/结算当期采购费用	产品专员/客户关系经理	附表19/附表5				
16	产品配送	产品专员	附表21/附表2				
17	产品个性化包装	产品专员	附表20/附表2				
18	交货	客户关系经理	附表5/附表2				
19	支付违约金	客户关系经理	附表5/附表2				
20	产品售后服务	客户服务专员/客户关系经理	附表22/附表2				

续表

21	客户关怀	客户服务专员/客户关系经理	附表 23/附表 2				
22	清仓收入	产品专员/客户关系经理	附表 19/附表 2				
23	统计客户抱怨与投诉	客户服务专员	★附表 24/附表 25				
24	客户培养折算	客户培养专员	★附表 15				
25	服务系统维护	客户关系经理	附表 3/附表 2				
26	管理费用	客户关系经理	附表 2				
27	期末总经费支出合计	客户关系经理	附表 2				
28	期末剩余总经费	客户关系经理	附表 2				
月末	销售统计表	产品专员	★附表 16				
	利润表/总评分表	客户关系经理	★附表 7/附表 8				

附表 2　运营经费流动明细表(附表 2 至附表 8 为客户关系经理用表)

月初运营经费/上月度剩余运营经费					
周期	第一周期	第二周期	第三周期	第四周期	合计
期初运营总经费					
服务系统建设费(-)					
服务系统扩建费(-)					
服务系统紧急扩建费(-)					
市场活动费用(-)					
广告投放费用(-)					
客户感情关系培养费用(-)					
客户产品关系培养费用(-)					
促销费用(-)					
产品采购费用(-)					
产品个性化包装费用(-)					
产品配送费(-)					
追加销售回款(+)					
销售收入(+)					
违约金(-)					
产品售后服务费用(-)					
客户关系维护费用(-)					

续表

服务系统维护费用(－)					
产品清仓(＋)					
管理费用(－)					
期末支出总费用					
期末剩余运营总经费					

附表3　服务系统配置维护表

项目	呼叫中心系统	网站平台系统	电子邮件系统	驻点服务中心	小计
建设费					
扩建费					
紧急扩建费					
维护费					
合计					

附表4　服务系统基础服务能力统计表

能力分类		售前预约能力				产品服务能力															
周期	项目	呼叫中心系统	网站平台系统	电子邮件系统	驻点服务中心	呼叫中心系统				网站平台系统				电子邮件系统				驻点服务中心			
						P1	P2	P3	P4	P1	P2	P3	P4	P1	P2	P3	P4	P1	P2	P3	P4
期初能力		7	6	5	7	4	6	3	3	4	2	6	3	6	3	2	2	5	4	3	6
第一周期	扩建能力																				
	紧急扩建																				
	使用能力																				
	剩余能力																				
第二周期	紧急扩建																				
	使用能力																				
	剩余能力																				
第三周期	紧急扩建																				
	使用能力																				
	剩余能力																				

续表

第四周期	紧急扩建																				
	使用能力																				
	剩余能力																				

附表5 客户获取与违约表

周期	客户编号	需求产品	需求数量	推销价格	是否为老客户	上月度客户培养费用	实际推销价格	有效促销额	有效促销额影响系数	关系满意度	关系指数	价格期望	价格满意度	是否获取	销售收入	违约产品数量	违约金

附表6 追加销售记录表

客户编号	潜在需求		上月度成交价	销售收入
	产品类型	产品数量		

附表7 利润表

项目	金额
一、公司销售收入	
客户关系管理综合运营成本	
二、营业利润	
三、营业外支出:违约金	
四、净利润	

附表 8　总评分表

项目	分数
P1 产品客户评分	
P2 产品客户评分	
P3 产品客户评分	
P4 产品客户评分	
净利润	
总评分	
年度公司排名	

附表 9　市场活动费用表（附表 9 至附表 11 为客户开发专员用表）

项目		费用
市场活动	讲座/演讲	
	展览会	
	短期促销活动	
	行业高峰会	
合计		

附表 10　定位目标客户与客户分析表

客户编号	需求产品种类	产品等级	需求数量	客户感情关系培养期望	客户产品关系培养期望	价格期望	服务期望	名牌需求	个性化包装需求	产品生命周期	往期培养结果	评估客户类型
C001	P1											
	P2											
	P3											
	P4											

续表

C002	P1										
	P2										
	P3										
	P4										
C003	P1										
	P2										
	P3										
	P4										
C004	P1										
	P2										
	P3										
	P4										
C005	P1										
	P2										
	P3										
	P4										
C006	P1										
	P2										
	P3										
	P4										

注:往期培养结果填写内容:0 代表新客户,1 代表老客户,2 代表已培养为获取客户。

附表 11　预约客户用表

客户编号	评估客户类型	第一周期					第二周期				
		服务系统预约次数				预约结果	服务系统预约次数				预约结果
		呼叫中心	网络平台	电子邮件	驻点服务中心		呼叫中心	网络平台	电子邮件	驻点服务中心	
使用能力											

客户编号	评估客户类型	第三周期					第四周期				
		服务系统预约次数				预约结果	服务系统预约次数				预约结果
		呼叫中心	网络平台	电子邮件	驻点服务中心		呼叫中心	网络平台	电子邮件	驻点服务中心	
使用能力											

附表 12　客户感情关系培养明细表（附表 12 至附表 15 为客户培养专员用表）

	客户编号	往期培养结果	上年度感情关系培养费	短信问候（1K/次）	定期专程拜访（2K/次）	提供亲情服务（3K/次）	费用小计	感情关系培养状态	感情关系培养费用累计
第一周期									
	客户编号	往期培养结果	上年度感情关系培养费	短信问候（1K/次）	定期专程拜访（2K/次）	提供亲情服务（3K/次）	费用小计	感情关系培养状态	感情关系培养费用累计
第二周期									
	客户编号	往期培养结果	上年度感情关系培养费	短信问候（1K/次）	定期专程拜访（2K/次）	提供亲情服务（3K/次）	费用小计	感情关系培养状态	感情关系培养费用累计
第三周期									
	客户编号	往期培养结果	上年度感情关系培养费	短信问候（1K/次）	定期专程拜访（2K/次）	提供亲情服务（3K/次）	费用小计	感情关系培养状态	感情关系培养费用累计
第四周期									

注：往期培养结果填写内容：0 代表新客户，1 代表老客户，2 代表已培养为获取客户。

附表13　客户产品关系培养明细表

周期	客户编号	产品选择	往期培养结果	提供赠品（2K/次）	邮寄资料（3K/次）	上门演示产品（5K/次）	举办产品交流会（6K/次）	费用小计	产品关系培养状态	产品关系培养费用累计
第一周期										
第二周期	客户编号	产品选择	往期培养结果	提供赠品（2K/次）	邮寄资料（3K/次）	上门演示产品（5K/次）	举办产品交流会（6K/次）	费用小计	产品关系培养状态	产品关系培养费用累计
第三周期	客户编号	产品选择	往期培养结果	提供赠品（2K/次）	邮寄资料（3K/次）	上门演示产品（5K/次）	举办产品交流会（6K/次）	费用小计	产品关系培养状态	产品关系培养费用累计
第四周期	客户编号	产品选择	往期培养结果	提供赠品（2K/次）	邮寄资料（3K/次）	上门演示产品（5K/次）	举办产品交流会（6K/次）	费用小计	产品关系培养状态	产品关系培养费用累计

附表 14　推销资格确认表

客户编号	预估客户类型	培养产品	感情关系培养费用累计	感情关系培养期望	感情关系满意度	产品关系培养费用累计	产品关系培养期望	产品关系满意度	关系满意度	符合推销资格	是否推销

附表 15　客户折算表

客户编号	是否完成预约	是否完成培养	培养产品	交易次数	忠诚度	是否为老客户	感情折算值	产品折算值

附表 16　销售量统计表(附表 16 至附表 21 为产品专员用表)

周期	第一周期			
产品类型	P1	P2	P3	P4
上月度产品销售量				
上月度市场产品平均销售量				
是否符合品牌创建要求				
本月度产品销售量				
本月度市场产品平均销售量				

附表 17　名牌创建表

周期	第一周期				第二周期				第三周期				第四周期			
产品类型	P1	P2	P3	P4	P1	P2	P3	P4	P1	P2	P3	P4	P1	P2	P3	P4
本周期广告投入																
广告投入累计																
名牌是否成功																

附表 18　产品促销表

项目	产品类型	人员推销	效果指数	广告促销	效果指数	营业推广	效果指数	公共关系	效果指数	有效促销额
	最低投入	2		5		8		10		
第三周期	P1		0.7		0.9		0.9		0.7	
	P2		0.7		0.8		0.9		0.8	
	P3		0.9		0.7		0.7		0.8	
	P4		0.9		0.6		0.7		0.9	
	费用小计									
第四周期	P1		0.7		0.9		0.9		0.7	
	P2		0.7		0.8		0.9		0.8	
	P3		0.9		0.7		0.7		0.8	
	P4		0.9		0.6		0.7		0.9	
	费用小计									

附表 19　产品采购结算与清仓表

周期	产品类型	P1			P2			P3			P4			合计
	产品等级	一	二	三	一	二	三	一	二	三	一	二	三	
第一周期	本期采购数量													
	单位采购成本	5	4	3	7	6	5	9	8	7	11	10	9	
	交货数量													
	采购成本													
	本期剩余产品数量													
第二周期	上期剩余产品数量													
	本期采购数量													
	单位采购成本	5	4	3	7	6	5	9	8	7	11	10	9	
	交货数量													
	采购成本													
	本期剩余产品数量													
第三周期	上期剩余产品数量													
	本期采购数量													
	单位采购成本	5	4	3	7	6	5	9	8	7	11	10	9	
	交货数量													
	采购成本													
	本期剩余产品数量													

续表

第四周期	上期剩余产品数量													
	本期采购数量													
	单位采购成本	5	4	3	7	6	5	9	8	7	11	10	9	
	交货数量													
	采购成本													
	本期剩余产品数量													
产品清仓	清仓单价	5	4	3	7	6	5	9	8	7	11	10	9	
	清仓收入小计													

附表 20　产品个性化包装表

周期	产品类型	P1			P2			P3			P4		
	产品等级	一	二	三	一	二	三	一	二	三	一	二	三
第一周期	单位包装费用												
	包装数量												
	费用小计												
	合计												
第二周期	产品类型	P1			P2			P3			P4		
	产品等级	一	二	三	一	二	三	一	二	三	一	二	三
	单位包装费用												
	包装数量												
	费用小计												
	合计												
第三周期	产品类型	P1			P2			P3			P4		
	产品等级	一	二	三	一	二	三	一	二	三	一	二	三
	单位包装费用												
	包装数量												
	费用小计												
	合计												

续表

第四周期	单位包装费用												
	包装数量												
	费用小计												
	合计												

附表 21　产品配送交货表

周期	客户编码	产品			交付方式			配送费用小计
		类型	等级	数量	普通平邮 ($1\times N$)	普通快递 ($1+1\times N$)	特快专递 ($2+1\times N$)	
第三周期								
第四周期								
合计								

附表 22　产品售后服务表(附表 22 至附表 25 为客户服务专员用表)

服务周期	客户编号	售后服务产品类型	产品数量	单位服务费用	售后服务费用小计	网站平台系统能力	电子邮件系统能力	呼叫中心系统能力	驻点服务中心能力	售后服务结果

小计										

附表 23　客户关怀记录表

	客户编号											
第三周期	节假日问候(1K/次)											
	上门回访(2K/次)											
	优惠关怀(2K/次)											
	高端沙龙(4K/次)											
	费用小计											
	客户关系维护结果											
第四周期	客户编号											
	节假日问候(1K/次)											
	上门回访(2K/次)											
	优惠关怀(2K/次)											
	高端沙龙(4K/次)											
	费用小计											
	客户关系维护结果											

附表 24　客户抱怨与投诉统计表

	客户编号							
第一周期	客户类型							
	客户抱怨次数							
	投诉产品/次数							
	客户抱怨次数合计							
	P1 投诉累计		P2 投诉累计		P3 投诉累计		P4 投诉累计	

续表

第二周期	客户编号							
	客户类型							
	客户抱怨次数							
	投诉产品/次数							
	客户抱怨次数合计							
	P1 投诉累计		P2 投诉累计		P3 投诉累计		P4 投诉累计	
第三周期	客户编号							
	客户类型							
	客户抱怨次数							
	投诉产品/次数							
	客户抱怨次数合计							
	P1 投诉累计		P2 投诉累计		P3 投诉累计		P4 投诉累计	
第四周期	客户编号							
	客户类型							
	客户抱怨次数							
	投诉产品/次数							
	客户抱怨次数合计							
	P1 投诉累计		P2 投诉累计		P3 投诉累计		P4 投诉累计	

附表 25　下月度客户忠诚度统计表

客户类型	Ⅰ				Ⅱ				Ⅲ				Ⅳ				Ⅴ			
客户抱怨次数																				
累计上升忠诚度																				
投诉产品	P1	P2	P3	P4	P1	P2	P3	P4	P1	P2	P3	P4	P1	P2	P3	P4	P1	P2	P3	P4
投诉次数																				
累计上升忠诚度																				
忠诚度上升合计																				

参考文献

[1]雷群安. 高校实践教学存在的问题及对策研究[J]. 焦作师范高等专科学校学报,2010(1):58-60.

[2]杨力,朱小平. 沙盘模拟环境下的高职经管类专业实践教学体系的构建研究[J]. 漯河职业技术学院学报,2012(4):12-14.

[3]谢东升. 客户关系管理的核心:客户价值管理——以外向型企业为例进行研究[D]. 华中农业大学,2004.

[4]孟庆良. 客户价值驱动的客户关系管理研究[D]. 南京理工大学,2006.

[5]李欣. 基于客户价值的商业银行重点客户管理体系研究[D]. 南开大学,2008.

[6]邹农基. 面向 CRM 的客户知识获取和运用的理论与方法研究[D]. 南京理工大学,2007.

[7]常昊. SDL 酒业有限责任公司客户关系管理研究[D]. 西安理工大学,2006.

[8]尚永伟. 基于客户价值的客户关系管理研究[D]. 武汉理工大学,2008.

[9]唐剑. 西蜀宾馆客户关系管理策略与实施研究[D]. 电子科技大学,2006.

[10]马鹏睿. 基于客户生命周期研究的客户关系管理[D]. 东北财经大学,2007.

[11]邹农基,孟庆良. 面向 CRM 的客户知识管理能力研究[J]. 技术经济,2006(9):28-32.

[12]韩莹. 基于价值链管理的客户关系探讨[J]. 管理学家,2008(12):12-15.

[13]孔庆华. 基于价值链的顾客关系管理研究[D]. 南京理工大学,2007.

[14]彭振国. 浅谈企业价值链管理中客户价值的管理[J]. 机械管理开发,2010(4):133-134.

[15]杨伟明. 建设银行中山分行客户关系管理研究[D]. 电子科技大学,2010.

[16]夏润海. 客户价值导向的企业合作联盟绩效评价研究[D]. 南京理工大学,2007.

[17]荣晓丹. 电信大客户价值体系研究[D]. 华南理工大学,2005.

[18]董世安. 基于客户价值评估的供电企业客户关系管理研究[D]. 华北电力大学, 2010.

[19]向坚持. 互联网环境下的中小企业客户关系管理研究[D]. 中南大学,2009.

[20]郝媛媛,李俊. 浅析台湾农产品大陆营销的客户关系管理[J]. 黑龙江对外经

贸,2011(3):20-22.

[21]秦世波. 基于CRM的客户价值研究[D]. 南京理工大学,2007.

[22]邹农基,冯俊文. 客户知识的关键维度及其管理过程[J]. 技术经济,2006(11):83-88.

[23]王颖,朱嫒玲,乔梅. ERP沙盘模拟实训教学效果分析[J]. 长春大学学报(社会科学版),2008(2):87-90.

[24]周茂军,李岩,齐斌,等. 浅析"三进一出"实践教学改革——对大学生科技创新活动的推动作用[J]. 科技资讯,2013(15):194.

[25]贺永德. 夹具设计精度的计算方法[J]. 机械管理开发,2010(4):126-134.

[26]高鹏斌. 基于客户关系管理的客户知识管理体系构建[J]. 商场现代化,2008(54):94-97.

[27]欧伟. 客户知识管理能力:关键要素识别、测评与提升策略[D]. 东北大学,2008.

[28]王浩. 数据挖掘在客户价值管理中的应用研究[D]. 华中师范大学,2007.

[29]瞿安新. 基于客户价值评估的核心客户关系管理研究[D]. 同济大学,2006.

[30]宋丽. 基于K-means聚类的企业客户价值分析研究[D]. 江西理工大学,2009.

[31]窦维宇. 我国工业品市场增值营销的研究[D]. 长春理工大学,2005.

[32]陈建玲. B2C中的客户终生价值分析及其应用研究[D]. 华中科技大学,2006.

[33]孟庆良,韩玉启. 顾客价值驱动的CRM战略研究[J]. 价值工程,2006(4):27-30.

[34]孙忠. 客户关系管理研究[D]. 华中科技大学,2001.

[35]冯伟. 体验经济背景下情感营销模式研究[D]. 山东大学,2007.

[36]史玉蓉. 客户关系管理及其在商旅企业中的应用[D]. 对外经济贸易大学,2006.

[37]韦秀. 电子商务环境下企业营销的变迁[J]. 中小企业管理与科技,2010(10):277-279.

[38]蒋昕. 狮王公司口腔护理产品终端营销策略研究[D]. 华东师范大学,2011.

[39]刘良惠. ERP实验教学初探[J]. 财会月刊(B综合),2005(6):76-77.

[40]潘淮水. 基于客户价值的客户关系管理研究[J]. 物流技术,2008(11):59-66.

[41]李轶敏. 体验经济时代企业营销战略的调整[J]. 当代经济,2006(12):40-42.

[42]李铁敏. 体验经济时代企业营销战略的调整[J]. 湖南工程学院学报(社会科学版),2005(4):17-20.

[43]裴少桦. 浅析体验经济下消费观的六大变化[J]. 商场现代化,2010(6):38-39.

[44]杜敏,商亚平. 电子商务下营销模式的转变[J]. 集团经济研究,2006(8):122-124.

[45]宋晟. 长沙山河旅行社客户关系管理研究[D]. 湖南大学,2010.

[46]杜鹏. 21世纪的营销:后现代主义视角[J]. 北方经贸,2005(9):49-51.

[47]姚兰,刘英姿. 客户导向的双赢价值观研究[J]. 科技管理研究,2003(4):111-114.

[48]解双箭. 论企业发展电子商务[J]. 长春师范学院学报(自然科学版),2004(1):46-48.

[49]朱武刚. 益阳市烟草公司客户关系管理研究[D]. 中南大学,2008.

[50]王小川. 海洋微藻生物柴油企业市场定位及营销策略分析[D]. 中国海洋大学,2012.

[51]焦旭萍. 网络环境下营销渠道冲突及管理研究[D]. 青岛大学,2007.

[52]刘凤申. 雅康公司经营战略研究[D]. 西南财经大学,2002.

[53]张勇. 基于电子商务的中小果品企业营销策略研究[D]. 北京交通大学,2007.

[54]朱从香. 基于体验式学习的HC公司培训体系构建[D]. 华中科技大学,2009.

[55]王军. XBN公司客户关系管理研究[D]. 西安理工大学,2006.